elas

Ann Spangler
Jean E. Syswerda

elas

52 mulheres da Bíblia que marcaram a história do povo de Deus

Traduzido por Maria Emília de Oliveira

mundocristão

Os textos bíblicos foram extraídos da *Nova Versão Internacional* (NVI), da Biblica, Inc., salvo indicação específica.

Cip-Brasil. Catalogação na publicação
Sindicato Nacional dos Editores de Livros, RJ

S724e

Spangler, Ann
Elas : 52 mulheres da Bíblia que marcaram a história do povo de Deus / Ann Spangler, Jean E. Syswerda ; tradução Maria Emília de Oliveira. - 1. ed. - São Paulo : Mundo Cristão, 2025.
384 p.

Tradução de: Women of the Bible
ISBN 978-65-5988-478-0

1. Mulheres na Bíblia. 2. Histórias bíblicas. I. Syswerda, Jean E. II. Oliveira, Maria Emília de. III. Título.

CDD: 220.92
25-99259.1 CDU: 27-23-055.2

Carla Rosa Martins Gonçalves - Bibliotecária - CRB-7/4782

Categoria: Devocional
1ª edição: Outubro de 2003
Nova edição: Setembro de 2025

Edição
Daniel Faria
Revisão
Ana Luiza Ferreira
Produção
Felipe Marques
Diagramação
Felipe Marques
Gabrielli Casseta
Colaboração
Guilherme Lorenzetti
Capa
Jonatas Belan

Publicado no Brasil com todos os direitos reservados por:

Editora Mundo Cristão
Rua Antônio Carlos Tacconi, 69
São Paulo, SP, Brasil
CEP 04810-020
Telefone: (11) 2127-4147
www.mundocristao.com.br

Sumário

Introdução

Logo depois de publicarmos a primeira edição de *Elas*, um colega da editora confessou estar atônito diante do sucesso imediato do livro. Após ter encontrado o livro por acaso numa livraria local, meu colega teve certeza de que as vendas seriam um fracasso. Ele sorriu quando nos contou isso, feliz por ter se enganado no prognóstico que resultou em nosso favor. Tinha subestimado o desejo das mulheres de conhecer histórias autênticas sobre outras mulheres, que refletem suas lutas para viver com fé e esperança.

A Bíblia é muito mais que uma simples compilação de genealogias, profecias e leis. É a história do relacionamento mais importante do mundo: o relacionamento entre Deus e seu povo. O cenário dessa história muda rapidamente do paraíso para o mundo decaído e culmina no céu, após muita insensatez e sofrimento. A história desvenda o que era, o que é e o que será e, à medida que se desenrola, expõe a natureza dos maiores problemas humanos e as origens de nossos piores sofrimentos. Ao observar a vida das diversas personagens, reconhecemos a batalha que se trava em nossa alma, conforme nos esforçamos para corresponder ao que Deus deseja de nós.

Às vezes, a maneira mais proveitosa e agradável de compreender qualquer período histórico é conhecer a vida dos homens e das mulheres que nele se destacaram, pessoas cuja história reflete a época em que viveram e deixaram suas marcas. A conhecida série de televisão americana *Biography* faz exatamente isso. A série se autopromove com uma chamada intrigante, garantindo que "Cada vida tem uma história". Sem dúvida, o mesmo poderia ser dito a respeito das mulheres da Bíblia, cujas vidas revelam muito a respeito do caráter de Deus e de seu plano para nossa salvação.

Embora alguns dos homens mais dignos de nota de toda a Bíblia — como Adão, Abraão, Noé, Moisés, Sansão, Saul, Davi e Pedro — sejam personagens bem conhecidos, a maioria de nós pouco ou nada conhece a respeito de Hagar, Miriã, Débora, Noemi e Ester, sem mencionar Jael,

Rispa ou Joana. Sabemos como os homens se enquadram na história da salvação, mas e as mulheres? O que a história delas nos revela sobre o amor de Deus e nossa resposta a ele?

ESTRUTURA DO LIVRO

Elas examina de perto a vida de 52 mulheres de destaque — e de pouco destaque — nas Escrituras e apresenta a história da salvação sob uma nova perspectiva. O elenco de personagens é amplo e variado, incluindo prostitutas, rainhas perversas, profetisas, mulheres ricas, mulheres maltratadas, mulheres solteiras e casadas, e viúvas jovens e idosas. Longe de serem personagens lineares, são mulheres de carne e osso, que enfrentaram tragédias e, às vezes, as criaram; mulheres sábias e compassivas que arriscaram a vida e a reputação em favor de outras pessoas para vencer as dificuldades. Embora nossa cultura seja muito diferente da dessas mulheres, compartilhamos muitas de suas preocupações e reações emocionais. Sofremos com a esterilidade, preocupamo-nos com nossos filhos, ansiamos por carinho, buscamos a sabedoria e, algumas vezes, duvidamos das verdadeiras intenções de Deus a nosso respeito. A história dessas mulheres revela muito sobre a graça de Deus, seu amor incessante e sua criatividade para extrair o bem das circunstâncias mais desesperadoras.

Esta edição atualizada e aumentada de *Elas* oferece vários aprimoramentos e mudanças para nossas leitoras. Reconhecemos que muitas mulheres realizam os estudos das quartas-feiras em grupo, portanto todos os 52 estudos foram revisados e aperfeiçoados, a fim de torná-los úteis e pertinentes, tanto para estudo em grupo como individual. Acrescentamos também alguns apêndices que se encontram no fim do livro. Esses índices e quadros apresentam informações e dados sobre outras mulheres cujas vidas formam uma parte de suma importância da Bíblia.

Para entender melhor a relevância das histórias dessas mulheres, preparamos um programa devocional que ajudará as leitoras a refletir sobre a vida de uma mulher por semana durante um ano inteiro. Cada devocional combina cinco elementos principais: inspiração, informações históricas, estudo bíblico, promessas bíblicas e oração. Veja o exemplo de como foi estruturado o estudo de uma semana:

Segunda-feira: Sua história — descrição inspiradora da vida de uma mulher.

Terça-feira: Sua vida e sua época — informações sobre a cultura da época da personagem.

Quarta-feira: Seu legado nas Escrituras — um breve estudo bíblico sobre a vida da personagem com aplicação prática para nossa vida.

Quinta-feira: Sua promessa — promessas bíblicas que se aplicam à vida da personagem e à nossa também.

Sexta-feira: Seu legado de oração — oração baseada na história da personagem.

Ao nos concentrarmos em cada mulher por cinco dias consecutivos, esperamos oferecer um programa devocional ímpar, um programa que incentive a leitura, a meditação, o estudo e a oração, com foco nas principais personagens femininas da Bíblia. As leituras das quintas e sextas-feiras foram encurtadas de propósito, para que você tenha tempo suficiente para refletir e orar.

COMO USAR ESTE LIVRO

Sugerimos que você comece com a descrição da segunda-feira, a fim de entender os principais elementos da história da mulher. Depois disso, talvez queira ler os textos específicos da Bíblia referentes à vida dela, que chamamos de "Texto-chave" na introdução que precede a história. Embora nossa narrativa inspiradora das segundas-feiras se baseie, às vezes, em elementos de ficção para destacar as várias dimensões de uma história e as reações emocionais da personagem, esforçamo-nos ao máximo para ser fiéis ao texto original, extraindo conclusões pertinentes ao relato bíblico. Na meditação das terças-feiras, você terá a oportunidade de examinar um aspecto particular da vida e da cultura da mulher que está sendo estudada. No estudo de quarta-feira, elaborado para contrabalançar a descrição da segunda-feira, você encontrará o texto específico da Bíblia sobre a vida da personagem, para entender e aplicar as Escrituras à sua vida. As promessas das quintas-feiras a levarão a dar um passo a mais, oferecendo versículos bíblicos para você meditar neles, memorizá-los ou copiá-los em cartões que poderão servir de lembretes no trabalho ou em casa. As orações das sextas-feiras foram elaboradas para consolidar todos os seus estudos e meditações durante a semana. Incluímos um toque de louvor, agradecimento, confissão e petição como base da oração com a finalidade de intensificar sua comunhão com Deus. Talvez algumas de vocês prefiram pular as seções de estudo, ao passo que outras vão querer examiná-las por mais tempo. Não há maneira certa ou errada de usar este livro. Esperamos que você se permita lê-lo da forma que lhe for mais conveniente.

Ann escreveu os textos das segundas e sextas-feiras, e Jean escreveu os textos das terças às quintas-feiras. Juntas, esperamos que sejam ferramentas úteis para o uso em oração e estudo bíblico individual ou dentro do contexto de um pequeno grupo. Seja qual for a maneira que você utilizará este livro, as leituras diárias destinam-se a ajudá-la a desacelerar o ritmo diário e a absorver as palavras da Bíblia, saboreando suas riquezas e ganhando uma nova compreensão de como Deus age de maneira surpreendente e maravilhosa, a fim de nos atrair para si.

Agradecemos especialmente nossas editoras, Sandy Vander Zicht, por seu discernimento, estímulo e apoio; Rachel Boers, por seu trabalho especializado e minucioso no manuscrito original; e Verlyn Verbrugge, por seu trabalho criterioso nesta edição atualizada. Agradecemos também nosso empresário, Robert Wolgemuth, e Sue Brower, Sherry Guzzy e sua equipe criativa de marketing por terem entendido perfeitamente o propósito deste livro. Nossa gratidão a Leanne Van Dyk por sua excelente revisão teológica e seus comentários. Poucos livros têm sucesso sem um sólido grupo de apoio, e somos gratas por esses profissionais terem se dedicado a este livro.

Queremos deixar claro que somos responsáveis por quaisquer falhas neste livro. Sejam quais forem, no entanto, esperamos que não a impeçam de adquirir (como nós adquirimos) um apreço maior por todas as mulheres de fé que nos precederam e que viveram sob a luz da presença de Deus.

ANN SPANGLER
JEAN SYSWERDA

elas

SEMANA 1

Eva

SEU NOME SIGNIFICA *"doadora da vida" ou "mãe de todos os que têm vida"*

SEU CARÁTER: Eva veio ao mundo em plena paz com Deus e com seu marido, o único outro ser humano do planeta. Vivia no paraíso e desfrutava de todos os prazeres imagináveis. Desconhecia o constrangimento, a mágoa, as desavenças, a inveja, a amargura, o sofrimento e a culpa até dar ouvidos ao inimigo e começar a duvidar de Deus.

SEU SOFRIMENTO: Porque foi expulsa com o marido do paraíso e da presença de Deus e porque seu primeiro filho foi um assassino, e o segundo, a vítima do irmão.

SUA ALEGRIA: Provar o paraíso e receber a promessa de Deus de que seu descendente triunfaria sobre o inimigo.

TEXTOS-CHAVE: Gênesis 1.26-31; Gênesis 2—4.

SEGUNDA-FEIRA • *Sua história*

A mulher mexeu-se e esticou-se. Sua pele era macia e suave como a de um recém-nascido. Movimentou um dedo, depois o outro, explorando delicadamente com as mãos o chão que, como um berço, a embalava. Podia sentir o calor invadindo seu corpo, provocando-lhe cócegas na garganta até o ponto de explodir no som forte e alegre de uma risada. Sentia-se envolvida por mil alegrias. De repente, um toque acalmou-a sem diminuir sua felicidade.

Um Clarão forçou-a a abrir os olhos e uma Voz chegou-lhe aos ouvidos. E ela ouviu uma voz suave, ecoando numa reação de grande alegria: "Esta, sim, é osso dos meus ossos e carne da minha carne! Ela será chamada mulher, porque do homem foi tirada". Adão segurou-a nos braços, e o riso deles se misturou como dois rios convergentes.

O homem e a mulher andavam nus no paraíso, sem sentir vergonha. Nenhuma sombra cobria o Éden — não havia desordem, discórdia ou medo.

Certo dia, a serpente falou à mulher: "Foi isto mesmo que Deus disse: 'Não comam de nenhum fruto das árvores do jardim? [...] Certamente não morrerão! Deus sabe que, no dia em que dele comerem, seus olhos se abrirão, e vocês, como Deus, serão conhecedores do bem e do mal".

A mulher ouviu com atenção. Lembrou-se do Clarão, da Voz de Deus que a enchera de alegria. Será que poderia realmente ser como Deus? Instigada pelo desejo, ela pegou o fruto e dividiu-o com o marido. De repente, a escuridão tomou conta do Éden. Não veio de fora, mas de dentro, enchendo o homem e a mulher de sombras, desejos e sofrimento. A ordem deu lugar à desordem, a harmonia à discórdia e a confiança ao medo.

Logo depois, Adão e Eva ouviram os passos do Criador andando no jardim e esconderam-se.

— Onde está você? — Deus chamou Adão.

— Ouvi teus passos no jardim e fiquei com medo, porque estava nu; por isso me escondi — Adão respondeu.

O pecado abriu caminho e penetrou no coração deles, e Deus expulsou-os do Éden, pronunciando o primeiro julgamento sobre a serpente astuta que tentara a mulher, e depois sobre a mulher e o marido. À maldição sobre a serpente, Deus acrescentou esta promessa:

— Porei inimizade entre você e a mulher, entre a sua descendência e a descendência dela; este lhe ferirá a cabeça, e você lhe ferirá o calcanhar.

À mulher, Deus disse:

— Multiplicarei grandemente o seu sofrimento na gravidez; com sofrimento você dará à luz filhos. Seu desejo será para o seu marido, e ele a dominará.

A seguir, Deus advertiu Adão de que, depois de uma vida de trabalho árduo, sua força declinaria até que seu corpo finalmente voltasse ao pó, do qual Deus o formara. A maldição da morte caiu subitamente sobre o novo mundo.

Assim, Adão e sua mulher foram forçados a sair do paraíso, e Adão deu a ela o nome de Eva, porque viria a ser mãe de toda a humanidade. Porém, o primogênito do casal, Caim, tornou-se assassino, e o segundo filho, Abel, vítima do irmão.

Com o passar dos anos, tristeza após tristeza tomaram conta do coração da primeira mulher, e, quando a vemos pela última vez, a imagem que temos não é a de uma criatura recém-formada pela mão de Deus, mas a de uma mulher aflita, dando à luz um filho após outro. Agora, a pele que cobre seu corpo parece desgastada, as mãos agarram o chão pedregoso na tentativa de encontrar algo que suavize seu sofrimento. Sente a criança no ventre, pressionando seu corpo para encontrar um meio de sair. Os gritos da mãe e do filho se misturam como rios convergentes. E Sete nasce.

Com o filho aconchegado ao seio, o alívio começa a estampar-se no rosto de Eva. Enquanto ela descansa, a esperança retorna; um sorriso brota em seus lábios e, por fim, o riso irrompe com força. Por mais que tente, ela não consegue sufocar a alegria ao recordar-se do Clarão, da Voz e da promessa de Deus: mais cedo ou mais tarde, apesar de muito sofrimento, sua semente esmagaria a serpente. No final, a mulher venceria.

TERÇA-FEIRA • *Sua vida e sua época*

Parto

Eva foi a primeira mulher a conceber um filho, a primeira a abrigar um óvulo fertilizado no útero. Será que ela entendeu o milagre que ocorria dentro de seu corpo à medida que a barriga aumentava e a criança começava a movimentar-se? Será que ela sabia o significado da maravilha do amor por uma criança em gestação? A Bíblia não fornece essas respostas, mas conta que Eva reconheceu que a vida estava sob o controle de Deus. Quando Caim nasceu, Eva exclamou: "Com o auxílio do SENHOR, tive um filho homem" (Gn 4.1).

O julgamento de Deus sobre Eva — "com sofrimento você dará à luz filhos" — foi, sem dúvida, exatamente o que ela sentiu na pele por ocasião do nascimento desse primeiro filho. Trata-se do processo que chamamos de trabalho de parto. Eva deve ter suportado as dores, contando apenas com a ajuda de Adão durante o parto inteiro.

Mais tarde, as mulheres hebreias contaram com a ajuda de parteiras experientes, que conheciam soluções para as dificuldades comuns do parto. As responsabilidades das parteiras após o nascimento incluíam cortar o cordão umbilical, lavar o recém-nascido, esfregá-lo com sal para higienizá-lo e, depois, enrolá-lo em faixas.

O "assento" mencionado em Êxodo 1.16 (ARC) era provavelmente um banquinho baixo, no qual a parturiente se apoiava para permitir que a força da gravidade ajudasse no processo do parto. A parteira e talvez outras parentes próximas seguravam as mãos da mãe para dar-lhe conforto e estabilidade, enquanto ela forçava a saída do bebê.

Ao longo dos séculos, as mulheres continuaram a sofrer as consequências do pecado de Eva. A dor de parto as une no laço comum de uma experiência compartilhada. Essa experiência é uma combinação ímpar das coisas terrenas com as coisas sobrenaturais. As dores, as contrações, a confusão e a comoção associadas ao nascimento de uma criança são terrenas, da própria Eva. Mas o resultado disso, bem como o laço entre a mãe e a criança, é sobrenatural, algo que apenas o Criador da vida poderia formar.

QUARTA-FEIRA • *Seu legado nas Escrituras*

Leia Gênesis 2.18-25.

1. Quais as necessidades de Adão que somente uma mulher é capaz de satisfazer?
2. O que significa ser "uma só carne" no casamento, tanto no sentido físico como no espiritual?

Leia Gênesis 3.1-24.

3. Quando a serpente se aproxima de Eva para tentá-la, que desejos e medos ela evoca na mulher?
4. Que desejos e medos tornam você vulnerável à tentação?
5. Quando foi pega após ter pecado, como Eva enfrentou cada um destes sentimentos?
   - Vergonha
   - Culpa
   - Dor

QUINTA-FEIRA • *Sua promessa*

Embutida na maldição lançada sobre Eva em razão de seu pecado há uma promessa maravilhosa. Deus promete a ela e às gerações seguintes: "Você dará à luz filhos" (Gn 3.16). A graça e a misericórdia de Deus manifestam-se de forma admirável, mesmo quando ele pronuncia seu julgamento. Deus promete que a raça humana continuará, embora anuncie que, a partir de então, a morte será inevitável.

Ao longo de toda a Escritura, a graça de Deus evidencia-se com todo o esplendor nos julgamentos que ele profere. Quando o mundo ficou tão impregnado de pecado a ponto de Deus precisar destruí-lo, a graça divina salvou Noé e sua família. Quando os israelitas se rebelaram de maneira tão radical que o cativeiro foi uma medida inevitável, a graça divina prometeu restauração. Quando o julgamento veio sobre Davi por causa de seu pecado com Bate-Seba, a graça divina deu-lhes Salomão como filho e sucessor.

Quando você estiver em completo abatimento, prostrada diante do julgamento de Deus, nunca se esqueça de que a graça dele perdura até hoje. E isso é realmente maravilhoso.

Promessas nas Escrituras

> Todos recebemos da sua plenitude, graça sobre graça.
>
> João 1.16

> Mas onde aumentou o pecado, transbordou a graça, a fim de que, assim como o pecado reinou na morte, também a graça reine pela justiça para conceder vida eterna, mediante Jesus Cristo, nosso Senhor.
>
> Romanos 5.20-21

SEXTA-FEIRA • *Seu legado de oração*

> Criou Deus o homem à sua imagem, à imagem de Deus o criou; homem e mulher os criou.
>
> Gênesis 1.27

MEDITE: Gênesis 2.15—25.3.

LOUVE A DEUS: Porque ele a criou à sua imagem, tornando-a uma mulher capaz de refletir o amor, a verdade, a força, a bondade, a sabedoria e a beleza dele.

AGRADEÇA: Porque embutida no julgamento de Deus sobre Adão e Eva está a promessa de um Redentor que esmagará a cabeça de nosso inimigo — o diabo.

CONFESSE: Sua tendência de desfigurar a imagem de Deus ao dar prioridade à sua vontade em detrimento à dele.

PEÇA A DEUS: Que a ajude a submeter sua vida a ele, a fim de cumprir o propósito para o qual ele a criou.

Eleve o coração

Procure um lugar tranquilo, cercado da beleza da criação, e medite em como deve ter sido a vida no jardim do Éden. Imagine como seria sua vida se você sentisse paz em todos os seus relacionamentos, nunca sofresse dor física ou emocional, jamais se sentisse confusa, envergonhada ou culpada, sempre desfrutando o amor e a amizade de Deus. Dê asas à imaginação e preencha os detalhes do plano original de Deus para sua vida e para a vida daqueles que você ama.

A seguir, pense nisto: você foi criada para viver no paraíso. As alegrias que experimenta agora são infinitamente menores quando comparadas com as que a aguardam no céu, porque está escrito: "Olho nenhum viu, ouvido nenhum ouviu, mente nenhuma imaginou o que Deus preparou para aqueles que o amam" (1Co 2.9).

Pai, dá-me maior compreensão de teu plano original para este mundo. Ajuda-me a vislumbrar sua beleza, de modo que eu seja capaz de ter sempre em mente que pretendes restaurar o paraíso a todos os que te pertencem. Que eu possa entregar todo pecado e sofrimento a ti, tendo plena confiança de que cumprirás teu propósito para a minha vida. Oro em nome de Jesus. Amém.

Sara

SEU NOME SIGNIFICA *"líder" ou "princesa"*

SEU CARÁTER: Bela o suficiente para atrair a atenção de reis no mundo antigo, ela também era obstinada e ciumenta. Sara foi, todavia, uma esposa leal e correta, que não cedeu ao medo.

SEU SOFRIMENTO: Não ter tido filhos durante a maior parte de sua vida.

SUA ALEGRIA: Ter dado à luz Isaque, o filho da promessa, aos 90 anos.

TEXTOS-CHAVE: Gênesis 12.1-20; 16.1-8; 17.1-22; 18.1-15; 21.1-13; Gálatas 4.22-31.

SEGUNDA-FEIRA • *Sua história*

Sara tinha 65 anos, a idade em que a maioria de nós se aposenta, quando partiu em viagem para um território espiritual desconhecido. Ao deixar para trás sua terra natal, ela e o marido, Abraão, percorreram centenas de quilômetros em direção ao sul, até Canaã, uma terra fértil das promessas de Deus, mas vazia de tudo que amavam e conheciam. Deus prometera a terra a Abraão e sua descendência. Dele seria gerada não apenas uma família, um clã ou uma tribo, mas uma nação inteira, um povo que pertenceria a Deus como jamais havia pertencido.

A promessa se propagou como as ondas que se formam quando se atira uma pedra na água. Se Abraão seria o pai de uma nova nação, certamente Sara seria a mãe. Ela, porém, ansiava por dar à luz, não uma nação, mas um bebê para poder beijar e embalar nos braços.

No início, Abraão e Sara tiveram dificuldade em encontrar sustento na nova terra. Em seguida sobreveio uma fome e a vida tornou-se tão difícil que eles tiveram de mudar-se para o Egito, onde Abraão, com medo do faraó, sugeriu uma manobra enganosa para salvar a própria vida:

— Bem sei que você é bonita. Quando os egípcios a virem, dirão: "Esta é a mulher dele". E me matarão, mas deixarão você viva. Diga que é minha irmã [ela era sua meia-irmã], para que me tratem bem por amor a você e minha vida seja poupada por sua causa.

Sara atendeu ao pedido do marido e em breve o faraó a acrescentou a seu harém de belas mulheres. Pelo privilégio, pagou a Abraão na moeda da época — ovelhas e bois, jumentos e jumentas, camelos e servos e servas. Embora os dois homens parecessem satisfeitos com o acordo, Deus não se agradou e lançou doenças sobre o faraó e toda a sua casa. O rei egípcio chamou Abraão e exigiu uma explicação. Tão logo soube a verdade, permitiu que Sara e Abraão partissem e levassem com eles toda a riqueza que haviam adquirido no Egito.

O casal mudou-se, então, mais uma vez. Mas, passados vários anos desde que ouviram a extraordinária promessa de Deus, Abraão e Sara ainda não tinham filhos. Sara decidiu resolver o assunto por conta própria. Seguindo uma prática comum no mundo antigo, ela deu permissão a Abraão para deitar-se com Hagar, sua serva egípcia. A serva de Sara se tornaria mãe substituta do filho prometido.

Pouco tempo depois, Ismael nasceu. A criança, porém, só serviu para provocar discórdia entre as duas mulheres.

Vários anos depois, o Senhor apareceu a Abrão quando ele estava sentado à entrada de sua tenda.

— Onde está Sara, sua mulher?

— Ali na tenda — Abraão respondeu.

Disse, então, o Senhor:

— Voltarei a você na primavera, e Sara, sua mulher terá um filho.

Sara, que estava escutando à entrada da tenda, riu e disse:

— Depois de já estar velha e meu senhor já idoso, ainda terei esse prazer?

O Senhor, porém, perguntou a Abraão:

— Por que Sara riu e disse: "Poderei realmente dar à luz, agora que sou idosa?". Existe alguma coisa impossível para o Senhor? Na primavera voltarei a você, e Sara terá um filho.

Com medo, Sara mentiu e disse:

— Eu não ri.

O Senhor, porém, pressionou-a e disse:

— Não negue, você riu.

Um ano depois, Sara deu à luz Isaque, cujo nome significa "riso". Evidentemente, aquela mãe de 90 anos fez um jogo de palavras com o nome do filho ao exclamar: "Deus me encheu de riso, e todos os que souberem disso rirão comigo".

No entanto, o bom humor de Sara durou pouco. As duas mulheres voltaram a trocar farpas até Sara expulsar Hagar e Ismael da casa de Abraão, deixando-os abandonados na aridez do deserto. Apesar de Deus ter cuidado da mãe e do filho expulsos por Sara, foi por meio de Isaque que ele cumpriu sua promessa de uma nova nação e de um libertador para seu povo.

Sara morreu com 127 anos e foi enterrada em Hebrom. Entre o nascimento de Isaque e a morte de Sara houve um período de 37 anos, tempo suficiente para que refletisse sobre sua jornada com Deus. Será que se envergonhou do tratamento dado à desafortunada Hagar? Lembrou-se de ter rido quando Deus disse a Abraão que ela teria um filho aos 90 anos? Gostou da ironia repercutida na risada do jovem Isaque? Tinha ideia de que um dia seria reverenciada como mãe de Israel — o símbolo da promessa, da mesma forma que Hagar se tornaria o símbolo da escravidão sob a lei? As Escrituras não mencionam nada sobre isso, mas é animador saber que Deus realiza seus propósitos apesar de nossas fragilidades, de nossa fé pequena, de nossa autossuficiência obstinada.

As tentativas práticas de Sara de ajudar Deus a cumprir sua promessa por certo causaram muita angústia. (A luta entre Israel e seus vizinhos árabes nos dias de hoje tem raízes naquela antiga briga entre as duas mulheres e os filhos por elas gerados.) No entanto, apesar do ciúme, da ansiedade e do ceticismo sobre a capacidade de Deus para cumprir suas promessas, não se pode negar que Sara foi corajosa ao assumir um grande risco. Despediu-se de tudo o que lhe era familiar e viajou para uma terra completamente desconhecida. Sara foi uma dama de carne e osso cuja vida foi uma aventura mais emocionante do que a de qualquer heroína de contos de fada, aventura essa que começou com uma promessa e terminou com riso.

TERÇA-FEIRA • *Sua vida e sua época*

Nomes

Nos tempos bíblicos, os nomes tinham um significado que, em geral, deixaram de ter nos dias de hoje. Os nomes que os pais davam aos filhos refletia a experiência pessoal deles e, às vezes, suas reações emocionais a uma situação. Quando Sara tinha 90 anos, Deus lhe disse que ela e Abraão finalmente teriam o filho com o qual ela tanto sonhara. Sara mal pôde acreditar! "Depois de já estar velha e meu senhor já idoso, ainda terei esse prazer?", ela perguntou (Gn 18.12). Quando o filho nasceu, Sara deu-lhe o nome de Isaque, que significa "riso", e disse: "Deus me encheu de riso, e todos os que souberem disso rirão comigo" (21.6).

Talvez uma das cenas mais comoventes da Bíblia seja aquela em que Raquel, padecendo muito e sabendo que estava morrendo, deu ao filho o nome de Benoni, que significa "filho da minha aflição". Mas Jacó, pai da criança, apesar de sua tristeza, amou aquele pequenino e deu-lhe o nome de Benjamim, "filho da minha direita" (35.16-20). Quando o filho de Ana nasceu, ela deu-lhe o nome de Samuel, cujo som assemelha-se à expressão hebraica "ouvido por Deus", porque Deus ouvira seu clamor por um filho (1Sm 1.20). Muitos profetas do Antigo Testamento tinham nomes que falavam de sua missão: o nome de Isaías significa "o SENHOR salva"; o de Obadias, "servo do SENHOR"; o de Naum, "consolo"; o de Malaquias, "meu mensageiro".

Em toda a Escritura, Deus dá a seu povo nomes que retratam o significado e o valor que tinham para ele. Somos seu "tesouro pessoal" (Êx 19.5; Ml 3.17), "povo de sua herança" (Dt 4.20) e "filhos do Deus vivo" (Os 1.10). Somos seus "amigos" (Jo 15.15). Seja qual for seu nome, Deus a conhece. Com amor, ele a chama pelo nome, e você lhe pertence (Is 43.1).

QUARTA-FEIRA • *Seu legado nas Escrituras*

Leia Gênesis 12.10-20.

1. Coloque-se na posição de Sara no Egito. O que está sentindo em cada fase daquela situação no que diz respeito a Abraão? No que diz respeito a Deus? No que diz respeito a ser mulher?

Leia Gênesis 16.1-6.

2. Que impressão Sara lhe causa nesse episódio? O que ela deseja? De que tem medo? Como se relaciona com as pessoas?

Leia Gênesis 18.10-15; 21.1-7.

3. O que essas cenas lhe dizem a respeito de Sara?
4. Deus agiu por meio da vida de Sara apesar de suas fraquezas. Como Deus pode usar você apesar de suas imperfeições?

5. Sua situação atual assemelha-se a qual situação de Sara — antes ou depois que Deus cumpriu as promessas feitas a ela? Explique sua resposta.

QUINTA-FEIRA • *Sua promessa*

Foi muito difícil para Sara (assim como é para nós) relembrar as promessas de Deus e esperar que ele as cumprisse. As promessas de Deus são reveladas e cumpridas no tempo dele e, em geral, num calendário muito diferente do nosso.

Esperar pacientemente em Deus talvez seja uma das experiências mais difíceis da vida cristã. Vivemos na época do imediatismo. Achamos que esperar, e agir em completo silêncio, seja uma atitude menos digna, até mesmo um pouco indolente. Somos excelentes no quesito "faça você mesmo", mas quase sempre interferimos no caminho de Deus quando agimos por conta própria.

Você está aguardando uma resposta de Deus? Pediu a ele a salvação de seu marido? Ou de um membro da família? Está orando por um filho rebelde, pedindo que volte para casa? Sejam quais forem as circunstâncias, o tempo de Deus é sempre perfeito. Quando se sentir tentada a interferir e a agir por conta própria, pense em Sara. Suas tentativas de cumprir a promessa de Deus ao ter um filho por meio de sua serva Hagar tiveram resultados desastrosos. Lembre-se de que Deus tem seu próprio tempo e, portanto, descanse na certeza de que ele a ama e cumprirá as promessas que lhe fez.

Promessas nas Escrituras

Espere no SENHOR.
    Seja forte! Coragem!
Espere no SENHOR.

Salmos 27.14

Espero no SENHOR com todo o meu ser,
    e na sua palavra ponho a minha esperança.

Salmos 130.5

Contudo, o SENHOR espera o momento de ser bondoso com vocês;
ele ainda se levantará para mostrar-lhes compaixão.
Pois o SENHOR é Deus de justiça.
Como são felizes todos os que nele esperam!

Isaías 30.18

Mas, quanto a mim,
ficarei atento ao SENHOR,
esperando em Deus, o meu Salvador,
pois o meu Deus me ouvirá.

Miqueias 7.7

SEXTA-FEIRA • *Seu legado de oração*

Disse também Deus a Abraão: "De agora em diante sua mulher já não se chamará Sarai; seu nome será Sara. Eu a abençoarei e também por meio dela darei a você um filho. Sim, eu a abençoarei e dela procederão nações e reis de povos".

Gênesis 17.15-16

MEDITE: Gênesis 17.1-22.
LOUVE A DEUS: Porque ele cumpre suas promessas.
AGRADEÇA: Porque Deus, pela sua graça, tem um plano para você que se cumprirá no tempo dele, de acordo com os caminhos dele.
CONFESSE: Sua ansiedade e autossuficiência.
PEÇA A DEUS: Que a ajude a aguardar com ouvidos atentos e com o coração disposto a fazer a vontade dele.

Eleve o coração

Deus fornece pistas de seu propósito para você quando incute sonhos em seu coração. O sonho de Sara era ter um filho. Encontre um lugar tranquilo e passe algum tempo concentrando-se em seus sonhos. Pergunte a si mesma que sonhos a deixam agitada demais, medrosa demais ou decepcionada demais para batalhar por eles. Anote-os num papel e ore em favor de cada um. Deus poderá dizer que espere ou lhe dará o sinal verde para batalhar por um deles em particular. Se for o momento de mergulhar de cabeça, talvez você queira repetir jubilosamente as palavras de Sara em Gênesis 21.6: "Deus me encheu de riso".

Pai, obrigada por me amares embora minha alma contenha sombras que às vezes bloqueiam a luz de teu Espírito. À medida que envelheço, quero confiar mais plenamente em ti com relação aos sonhos que incutiste em minha alma e às promessas que me fizeste. Permite que, como Sara, eu possa estar cheia de riso ao ver a maneira maravilhosa que cumpres teu propósito, apesar de minhas fraquezas. Oro em nome de Jesus. Amém.

SEMANA 3

Hagar

SEU NOME (EGÍPCIO) PODE SIGNIFICAR *"fugitiva" ou "imigrante"*

SEU CARÁTER: Estrangeira e escrava, Hagar deixou-se levar pelo orgulho quando se tornou mulher de Abraão. Mulher solitária e com poucos recursos, sofreu severa punição por causa de seu erro. Obedeceu à voz de Deus no momento em que a ouviu e recebeu a promessa de que seu filho se tornaria pai de um grande povo.

SEU SOFRIMENTO: Ter sido tirada de sua terra natal para ser escrava numa nação estrangeira, onde foi maltratada por muitos anos.

SUA ALEGRIA: Saber que Deus se importava com ela, que viu seu sofrimento e ouviu seu clamor, e ajudou-a quando mais precisou dele.

TEXTOS-CHAVE: Gênesis 16; 21.8-21; Gálatas 4.22-31.

SEGUNDA-FEIRA • *Sua história*

Houve um aspecto em que Hagar, a escrava egípcia e rival implacável de Sara, teve vantagem em relação à sua dona: recebeu uma revelação de Deus, que interveio carinhosamente em seu favor, não apenas uma vez, mas em duas ocasiões. Foi quando ela estava sozinha e com medo, sem recurso algum — mas isso é adiantar a história.

Talvez você se lembre de que Abraão, a quem reverenciamos como pai da fé, deu poucas provas dessa fé quando ele e Sara chegaram ao Egito para fugir da fome em Canaã. Certo de que os egípcios o matariam tão logo vissem sua bela esposa, ele aconselhou-a a fingir que era sua irmã. O faraó logo acrescentou Sara a seu harém e recompensou Abraão com muitos camelos, ovelhas, bois, jumentos e servos. Deus, porém, castigou o faraó de tal forma por seu engano involuntário que, ao descobrir que Sara era na verdade mulher de Abraão, o faraó ordenou aos dois que deixassem o Egito e levassem todos os seus pertences. É possível que

Hagar fizesse parte dos despojos que Abraão e Sara levaram com eles — um presente que, mais tarde, só lhes causaria aborrecimento.

Vale notar, porém, que, das três pessoas envolvidas no plano de tornar Hagar mãe substituta, talvez ela tenha sido a única parte inocente, pois na condição de escrava tinha pouco poder para resistir. Quando Sara disse a Abraão que se deitasse com sua escrava, ela abriu a porta para uma catástrofe espiritual. Assim que soube que estava grávida, Hagar começou a tratar sua senhora com desprezo — uma atitude nem um pouco inteligente por parte de uma jovem estrangeira contra uma mulher respaldada pelo amor do marido.

Sara tornou a vida tão difícil para Hagar que ela acabou fugindo para o deserto, um ato de desespero para uma mulher grávida e tão longe de casa. Pouco tempo depois, ela ouviu uma voz chamando-a:

— Hagar, serva de Sarai, de onde você vem? Para onde vai? Volte à sua senhora e sujeite-se a ela.

Mas, logo depois, como que para suavizar a ordem, vieram palavras de confiança:

— Você está grávida e terá um filho, e lhe dará o nome de Ismael, porque o SENHOR a ouviu em seu sofrimento.

Curiosamente, Hagar não discutiu e voltou a Abraão e Sara. Como uma fonte de água fresca no deserto, a palavra de Deus penetrou na aridez do coração dela. A escravidão, a amargura, a ansiedade quanto ao futuro — Deus vira tudo aquilo. Ele conhecia a criança no ventre de Hagar e deu-lhe o nome de Ismael, que significa "Deus ouve". Nos anos seguintes, sempre que Hagar abraçasse o filho, observasse suas brincadeiras ou se preocupasse com seu futuro, ela se lembraria de que Deus estava perto, com ouvidos atentos ao choro da criança. Não é de admirar que ela tenha respondido à voz no deserto ao chamar o Senhor de "o Deus que me vê".

Cerca de dezesseis anos mais tarde, Hagar viu-se de novo no deserto, desta vez não por escolha própria. Cada vez mais desgostosa com sua jovem rival, Sara expulsou Hagar e Ismael de casa. Morrendo de sede, Hagar colocou Ismael debaixo de um arbusto e afastou-se, sem forças para ver o sofrimento do filho.

Seu clamor foi logo interrompido pela voz de um anjo: "O que a aflige, Hagar? Não tenha medo; Deus ouviu o menino chorar, lá onde você o deixou. Levante o menino e tome-o pela mão, porque farei dele um grande povo". Tendo dito isso, o anjo do Senhor abriu os olhos de Hagar para que ela visse uma fonte ali perto, que salvaria a vida de seu filho.

A última referência a Hagar diz que ela está vivendo no deserto de Parã, na Península do Sinai, tratando de encontrar uma esposa e, consequentemente, um futuro para Ismael. Deus abriu um caminho no deserto para uma mulher sozinha e seu filho, sem amigos, sem família, sem recursos. Ele viu, ouviu e foi verdadeiramente fiel.

TERÇA-FEIRA • *Sua vida e sua época*

Escravidão

A escravidão era uma prática comum nos tempos antigos na cultura do Oriente, tão comum que as leis de Deus continham uma cláusula para sua prática justa e segura, não para sua anulação. Os escravos eram adquiridos de várias maneiras: prisioneiros de guerra tornavam-se escravos, especialmente as mulheres virgens (Nm 31.7-32); homens, mulheres e seus filhos eram escravizados em pagamento de dívidas (Lv 25.39); os escravos podiam ser comprados (Lv 25.44); e algumas vezes a escravidão era voluntária, como no caso de um servo liberto que permanecia na escravidão para ficar com a mulher a quem amava (Êx 21.2-6).

Hagar, uma egípcia, provavelmente tornou-se escrava de Abraão e Sara quando eles partiram do Egito (Gn 12.20). Deixando sua terra natal para trás, ela mostrou-se útil e confiável, tornando-se, portanto, serva de Sara, uma posição de certa importância na casa.

Sara deve ter tido um pouco de confiança e talvez até afeto por Hagar quando quis que fosse a mãe substituta de seu filho. Tais práticas eram razoavelmente comuns naquela época. As mulheres estéreis insistiam com os maridos para coabitarem com as servas, a fim de ganharem um filho e herdeiro para a família. As escravas passavam, muitas vezes, a ser concubinas ou esposas do senhor ou de um de seus filhos. Os filhos delas tornavam-se propriedade e, por vezes, herdeiros dos senhores. Como escravas, elas não tinham escolha. Estavam sozinhas, sem nenhum direito e sem ninguém para defendê-las.

Hoje, muitas mulheres ocupam posição semelhante à de Hagar. Talvez não sejam escravas de nome, mas encontram-se em posição de fraqueza, sem ter ninguém que as defenda. Ninguém, exceto Deus. O mesmo Deus que defendeu Hagar e que ouviu o choro de seu filho no deserto, ouve até hoje o clamor das mulheres desamparadas e de seus filhos. Quando estamos mais fracas, Deus apronta-se para interferir e dizer (como disse a Hagar): "Não tenha medo" (Gn 21.17).

QUARTA-FEIRA • *Seu legado nas Escrituras*

Leia Gênesis 16.1-16.

1. A proposta feita por Sara era comum naqueles dias. Quando ela pediu a Hagar que fosse mãe substituta, qual você acha que foi a reação de Hagar?
2. Como você reage em situações sobre as quais não tem nenhum controle? Como Deus pode ajudá-la quando você se encontra em tal situação?
3. Hagar fugiu para uma terra árida e praticamente desabitada. Você já esteve em uma situação tão desesperadora? Se sim, quais foram as circunstâncias?
4. Que impressões você teve de Deus nessa história?

Leia Gênesis 21.8-21.

5. Em que esse episódio se assemelha ao anterior? Em que é diferente?
6. Você ou alguém de seu grupo encontra-se numa situação desesperadora? Leia Gênesis 21.19 de novo. Há uma "fonte" na qual você seja capaz de buscar sustento, se conseguir enxergá-la? Ore sozinha ou em grupo, pedindo a Deus que lhe abra os olhos do mesmo modo que ele abriu os olhos de Hagar e a ajudou em seu desespero.

QUINTA-FEIRA • *Sua promessa*

A mulher franzina encolhida no carro, sentada no banco do motorista, tapa os ouvidos para não ouvir o filho chorando de frio no banco de trás. Ela e o filho haviam sido abandonados pelo marido dois meses antes. Sem nenhum recurso, não demorou muito para ela ser despejada do apartamento. O carro é agora seu único lar. A última gota de gasolina secou há tempos, e o interior do veículo desgastado proporciona pouca proteção contra o inverno e o vento lá fora.

Essa Hagar dos tempos modernos não está mais longe das promessas de Deus do que a Hagar de antigamente, quando extravazou sua tristeza no deserto. Deus vê o sofrimento dela, como viu o de Hagar. Talvez você não tenha enfrentado circunstâncias tão desesperadoras como as de Hagar da Bíblia ou dos tempos modernos, mas pode ter passado por experiências difíceis que a levaram a temer pelo futuro. Se você estiver vivendo num deserto de pobreza, solidão ou tristeza, as promessas, o amor e a proteção de Deus continuam tão acessíveis a você agora como estiveram para Hagar.

Promessas nas Escrituras

Em paz me deito e logo adormeço,
pois só tu, SENHOR,
me fazes viver em segurança.

Salmos 4.8

Este é o meu consolo no meu sofrimento:
A tua promessa dá-me vida.

Salmos 119.50

Ainda que eu passe por angústias,
tu me preservarás a vida da ira dos meus inimigos;
estendes a tua mão direita e me livras.

Salmos 138.7

SEXTA-FEIRA • *Seu legado de oração*

"O que a aflige, Hagar? Não tenha medo; Deus ouviu o menino chorar, lá onde você o deixou. Levante o menino e tome-o pela mão, porque dele farei um grande povo."

Gênesis 21.17-18

MEDITE: Gênesis 21.8-21.

LOUVE A DEUS: Porque ele é um Pai onisciente que ouve o clamor de seus filhos. Nada que nos acontece escapa a seus olhos.

AGRADEÇA: Porque o Senhor cuida dos fracos e desamparados, a fim de mostrar-lhes sua misericórdia e seu plano de bênção para a vida de cada um deles.

CONFESSE: Sentimentos de orgulho, egoísmo ou outro pecado que possam ter contribuído para as situações difíceis em sua vida.

PEÇA A DEUS: Que lhe abra os olhos, para que veja como ele a está protegendo e cuidando de você e de seus filhos. Peça a ele que a ajude a viver cada dia, não como escrava da lei, mas como filha da graça.

Eleve o coração

Convide alguns amigos chegados para uma refeição tradicional do Oriente Médio com azeitonas, figos, pão sírio, nozes, homus, tabule e sua bebida favorita. Faça uma oração especial de gratidão a Deus por ter suprido suas necessidades de maneira tão plena mesmo quando você sentiu estar vivendo na aridez de um deserto. Compartilhem histórias sobre como Deus cuidou de vocês até nos momentos em que não sabiam se ele estava ouvindo suas orações.

Homus

No processador ou liquidificador, misture 2 xícaras de grão-de-bico cozido ou em lata, escorrido, com ⅔ de xícara de pasta de gergelim (tahine), ¾ de xícara de suco de limão, sal e pimenta do reino moída na hora a gosto e 2 dentes de alho descascados. Adicione ¼ de xícara de cebolinha picada bem fino.

Rende cerca de 3 xícaras. Vai bem com pães, batatinhas fritas ou legumes frescos.

Tabule

1. Coloque ¾ de xícara de trigo para kibe numa tigela de vidro e cubra com água fresca por 30 minutos. Escorra toda a água. (Para uma textura mais macia, cubra com água quente e deixe de molho por 1 hora antes de escorrer.)
2. Adicione 1½ xícara de salsinha fresca picada, 3 tomates médios picados; 5 talos de cebolinhas picadas bem fino (com as pontas) e 2 colheres de sopa de folhas de hortelã fresca (ou 2 colheres de chá de hortelã picada e desidratada).
3. Em outra tigela, misture ¼ de xícara de azeite, ¼ de xícara de suco de limão, ¾ de colher de chá de sal e ¼ de colher de chá de pimenta. Misture esses ingredientes com o trigo.

4. Cubra e leve à geladeira por 1 hora no mínimo. Sirva enfeitado com um raminho de hortelã.
5. Rende 6 porções, cerca de ¾ de xícara cada.

Senhor, sinto-me às vezes abandonada, como se ninguém me entendesse ou se preocupasse comigo. Mostra-me, por favor, que estás perto de mim realmente e que vês e ouves tudo o que acontece. Refrigera-me com tua presença, mesmo quando eu estiver atravessando o deserto. Ajuda-me também a consolar outras pessoas desamparadas e sozinhas. Oro em nome de Jesus. Amém.

SEMANA 4

A mulher de Ló

SEU CARÁTER: Era rica e talvez mais apegada à boa vida do que era bom para ela. Embora não haja nenhuma indicação de que tenha participado do pecado de Sodoma, sua história deixa implícito que aprendeu a tolerá-lo, e que seu coração se dividiu por causa disso.

SEU SOFRIMENTO: A escolha feita em seu coração levou-a ao julgamento e não à misericórdia, e por fim ela rejeitou as tentativas de Deus para salvá-la.

TEXTOS-CHAVE: Gênesis 18.16—19.29; Lucas 17.28-33.

SEGUNDA-FEIRA • *Sua história*

A mulher de Ló tinha apenas algumas horas de vida, embora nem desconfiasse disso. Deve ter realizado suas tarefas diárias, como de costume: arrumou a casa, cozinhou e jogou conversa fora com as vizinhas, tudo sem imaginar que uma tragédia estava prestes a acontecer.

Anos antes, ela se casara com o sobrinho de Abraão e o casal amealhou grande fortuna em terras e gado. Com o passar do tempo, instalaram-se em Sodoma, sentindo-se desconfortavelmente confortáveis numa cidade tão perversa que o céu mandou anjos para investigar as acusações contra ela.

Ló estava na porta da cidade no momento em que os anjos chegaram. Depois de cumprimentar os estranhos, implorou que passassem a noite em sua casa, com medo do que poderia ocorrer com eles quando escurecesse.

A mulher de Ló deve ter também acolhido os desconhecidos com gentileza, pois a hospitalidade era um dever sagrado no mundo antigo. Pouco antes de dormir, ela deve ter ouvido as vozes. A princípio, palavras abafadas, depois gargalhadas ruidosas e, por fim, uma gritaria horrível quando um grupo de homens violentos cercou a casa. Vozes ásperas gritavam para que o marido dela abrisse a porta e entregasse os hóspedes para que abusassem deles.

— Não, meus amigos! Não façam essa perversidade! — Ló gritou.

Mas a multidão furiosa queria satisfazer seus desejos. Ló, então, fez uma proposta estarrecedora:

— Olhem, tenho duas filhas que ainda são virgens. Vou trazê-las para que vocês façam com elas o que bem entenderem. Mas não façam nada a estes homens, porque se acham debaixo da proteção do meu teto.

No entanto, os homens de Sodoma não aceitaram ser contrariados e avançaram para arrombar a porta.

De repente, os anjos intervieram, puxaram Ló para dentro da casa e feriram de cegueira os que estavam fora. Depois, viraram-se para Ló e perguntaram-lhe com insistência:

— Você tem mais alguém na cidade? Genros, filhos ou filhas, ou qualquer outro parente? Tire-os daqui, porque estamos para destruir este lugar.

Os genros de Ló acharam que ele estava brincando e recusaram-se a partir.

De madrugada, os anjos insistiram novamente com Ló para que se apressasse, a fim de que ele, a mulher e as filhas não perecessem com o resto da cidade. Ainda assim, a família hesitou até que anjos agarraram todos pela mão e os arrastaram, ordenando a Ló:

— Fuja por amor à vida! Não olhe para trás e não pare em lugar nenhum da planície! Fuja para as montanhas, ou você será morto!

Quando Ló e sua família chegaram à pequena cidade de Zoar, o sol havia surgido sobre a terra, e tudo em Sodoma achava-se envolto em fogo e enxofre. Homens, mulheres, crianças e rebanhos — tudo fora destruído. Um julgamento terrível devido a um pecado terrível.

O julgamento, porém, foi pior ainda do que Ló e suas filhas entenderam a princípio. Finalmente salvos, eles devem ter olhado uns para os outros, aliviados por terem escapado. Em seguida, viraram-se, espantados, ao perceber que faltava uma pessoa. Devem ter procurado, depositando todas as esperanças naquela busca, até ver a silhueta branca de uma coluna de sal contra o céu, um monumento solitário na forma de uma mulher olhando para Sodoma.

Se você já viu fotos da antiga cidade de Pompeia, destruída pela erupção do vulcão Vesúvio em 79 d.C., na qual formas humanas são preservadas até hoje pela lava que as matou enquanto fugiam, pode imaginar a calamidade que sobreveio à mulher de Ló.

Por que ela olhou para trás, apesar da advertência do anjo? Seu coração estaria apegado a tudo o que deixara para trás na cidade — uma vida confortável, sossegada e prazerosa? Haveria membros de sua família naquela cidade? Ou apenas sentiu-se fascinada pelo trágico espetáculo que se desenrolava atrás dela, como um motorista curioso diante da cena de um acidente sangrento? Talvez a combinação de todas essas coisas tenha retardado seus passos, forçando-a a virar-se para trás e ser surpreendida pelo castigo do qual Deus queria poupá-la. Ao fazer essa derradeira escolha, ela preferiu o julgamento à misericórdia.

Jesus insistiu com seus discípulos para que se lembrassem da mulher de Ló:

> Acontecerá exatamente assim no dia em que o filho do Homem for revelado. Naquele dia, quem estiver no telhado de sua casa, não deve descer para apanhar os seus bens dentro de casa. Semelhantemente, quem estiver no campo, não deve voltar por coisa alguma. Lembrem-se da mulher de Ló! Quem tentar conservar a sua vida a perderá, e quem perder a sua vida a preservará.
>
> Lucas 17.30-33

Palavras duras que lembram uma história triste. Palavras com o propósito de nos desviar das ilusões persuasivas da perversidade e de nos lançar em segurança nos braços da misericórdia.

TERÇA-FEIRA • *Sua vida e sua época*

Sal

A história não nos deixa um bom exemplo, não é mesmo? A mulher de Ló é menos lembrada pelo que foi — esposa, mãe, filha, irmã — do que pelo que se tornou — uma coluna de sal. Bastou um olhar irresistível, porém proibido, para trás, a fim de ver o que estava acontecendo, e ela virou sal. Sal! Um produto químico dos mais comuns e mais usados no mundo.

A Palestina, na verdade, possuía ricos depósitos de sal, que deram nome a lugares como Mar Salgado (também conhecido como Mar Morto), Vale do Sal e Cidade do Sal. Os romanos deviam considerar Israel uma conquista valiosa só pelo sal existente ali.

Os hebreus usavam o sal para temperar comida: "Come-se sem sal uma comida insípida?" (Jó 6.6). As mulheres hebreias esfregavam as crianças recém-nascidas com sal ou as lavavam com ele. "No dia em você nasceu, o seu cordão umbilical não foi cortado, você não foi lavada com água para que ficasse limpa, não foi esfregada com sal nem enrolada em panos" (Ez 16.4). O sal era um complemento necessário para todas as ofertas de cereal do Antigo Testamento: "Acrescentem sal a todas as suas ofertas" (Lv 2.13).

A palavra *sal* é usada várias vezes no Novo Testamento, em todas as ocorrências com um sentido simbólico. Jesus lembrou-nos de que, como cristãos, somos o sal da terra (Mt 5.13; Mc 9.50; Lc 14.34). Nossas atitudes e ações podem limpar, temperar e purificar o ambiente em que vivemos. Quando respondemos com amabilidade a uma pessoa ríspida, temperamos nosso mundo com sal. Quando tratamos com bondade um filho irritado, temperamos nosso lar com sal. Quando consolamos os que sofrem e os solitários, quando encorajamos os desanimados ou acalmamos os perturbados, temperamos nosso mundo com sal. Como seguidoras de Cristo, somos saleiros (esperamos que saleiros cheios!), sempre prontas a salpicar nosso mundo com o sal que dá sabor à vida.

QUARTA-FEIRA • *Seu legado nas Escrituras*

Leia Gênesis 19.1-26.

1. Na cultura do mundo antigo, quando Ló abriu sua casa para os hóspedes, ele garantiu-lhes não apenas conforto, mas também segurança. A honra da família estava em jogo. Em sua opinião, quais foram os pensamentos e sentimentos da mulher de Ló quando seu marido ofereceu as filhas aos invasores em lugar dos hóspedes?
2. Sabendo o que se passava em Sodoma, por que a mulher de Ló hesitou em sair de lá?
3. Apesar de ter sido advertida a não olhar para trás, ela não resistiu. Em sua opinião, por que ela se virou para trás?
4. Na mulher de Ló, nós nos vemos olhando para trás, arrependendo-nos de decisões tomadas, lamentando oportunidades perdidas, ansiando por relacionamentos rompidos. Você passa muito tempo olhando para trás? Se sim, de que forma isso afeta a maneira como vive no presente?
5. Neste momento, o que significa para você deixar o passado para trás?

QUINTA-FEIRA • *Sua promessa*

Pouco antes, Deus prometera a Abraão que pouparia a cidade de Sodoma se nela encontrasse apenas dez justos, porém ele não encontrou nem dez. Portanto, Deus enviou seus anjos a Sodoma para resgatar Ló e sua família (Gn 18) da destruição iminente. Diante da hesitação de todos até o último minuto, os anjos tiveram de tomar Ló, sua mulher e suas duas filhas pela mão e conduzi-los para fora da cidade.

Será que Deus sabia que Abraão estava pensando em Ló quando suplicou que as cidades fossem poupadas, mesmo que houvesse só cinquenta, quarenta e cinco, quarenta, trinta, vinte ou dez justos? Será que a misericórdia de Deus foi estendida a Ló por amor a ele ou por amor a Abraão? Não sabemos. Sabemos, contudo, que a misericórdia de Deus foi concedida a Ló e sua família. Essa misericórdia está disponível para você também, mesmo nas piores ocasiões, nas situações mais difíceis, nas circunstâncias mais adversas. Deus está presente, estendendo a mão para levá-la a um lugar seguro.

Promessas nas Escrituras

> Tendo ele hesitado, os homens o agarraram pela mão, como também a mulher e as duas filhas, e os tiraram dali à força e os deixaram fora da cidade, porque o SENHOR teve misericórdia deles.
>
> Gênesis 19.16

> Ele terá misericórdia e compaixão de vocês.
>
> Deuteronômio 13.17

> Lembra-te, SENHOR, da tua compaixão e da tua misericórdia,
> que tens mostrado desde a antiguidade.
>
> Salmos 25.6

> "Volte, ó infiel Israel",
> declara o SENHOR,
> "Não mais franzirei a testa
> cheio de ira contra você,
> pois eu sou fiel", declara o SENHOR,
> "Não ficarei irado para sempre."
>
> Jeremias 3.12

SEXTA-FEIRA • *Seu legado de oração*

> Tendo [Ló] hesitado, os homens o agarraram pela mão, como também a mulher e as duas filhas, e os tiraram dali à força e os deixaram fora da cidade, porque o Senhor teve misericórdia deles. Assim que os tiraram da cidade, um deles disse a Ló: "Fuja por amor à vida! Não olhe para trás e não pare em lugar nenhum da planície!".
>
> Gênesis 19.16-17

MEDITE: Gênesis 19.1-26.

LOUVE A DEUS: Porque, embora odeie o pecado, ele ama a misericórdia.

AGRADEÇA: A maneira como Deus tem mostrado misericórdia a você e aos membros de sua família.

CONFESSE: Qualquer inclinação para desprezar a voz de Deus por desejar agir por conta própria.

PEÇA A DEUS: Que a graça jamais deixe de fluir em sua vida por causa de seu apego ao pecado.

Eleve o coração

Numa sociedade como a nossa, é raro encontrar alguém que não seja apegado ao conforto material. Examine seu nível de apego ficando uma semana longe da televisão, do computador, de jornais e revistas, de catálogos de compras e de shoppings. Em lugar disso, separe um tempo e um cantinho em sua casa e passe, mesmo que apenas alguns minutos, em oração, em silêncio e em louvor diante de Deus. Peça a ele que revele apegos prejudiciais ou dureza de coração que possam ter-se desenvolvido em seu espírito. Diga a ele que deseja ser uma mulher livre e flexível para responder-lhe com prontidão e rapidez.

Senhor, tu me chamas para viver no mundo sem aceitar o estilo de vida do mundo. Ajuda-me a ter uma vida que preserve minha liberdade para seguir-te aonde quer que me levares e da forma que me conduzires. Se eu deixar para trás um monumento, que ele seja um lembrete de fé, e não de insensatez, para os outros.

SEMANA 5

Rebeca

SEU NOME SIGNIFICA *provavelmente "laço" ou "elo"*

SEU CARÁTER: Trabalhadora e generosa. Possuía uma fé tão grande, que deixou sua casa para sempre, a fim de casar-se com um homem que nunca vira. No entanto, favoreceu um dos filhos e não confiou plenamente na promessa que Deus fizera.

SEU SOFRIMENTO: Ter sido estéril durante os primeiros vinte anos de sua vida de casada e nunca mais ter visto seu filho favorito, Jacó, depois que ele fugiu do irmão Esaú.

SUA ALEGRIA: Deus fez coisas extraordinárias para alcançá-la, a fim de convidá-la a fazer parte de seu povo e de suas promessas.

TEXTOS-CHAVE: Gênesis 24; 25.19-34; 26.1—28.9.

SEGUNDA-FEIRA • *Sua história*

O sol começava a desaparecer no horizonte quando a jovem se aproximou do poço fora da cidade de Naor, cerca de oitocentos quilômetros a nordeste de Canaã. Cabia às mulheres buscar água no poço todos os fins de tarde, e Rebeca colocou o cântaro cheio no ombro, grata pela sensação refrescante do recipiente contra a pele.

Ao virar-se para partir, um estranho cumprimentou-a e pediu água para beber. Atenciosamente, ela se ofereceu para tirar água para os camelos dele também. Rebeca notou um ar de agradável surpresa no rosto do homem. Dez camelos consumiriam muita água, ela sabia disso. Porém, se tivesse ouvido esta oração que o homem havia sussurrado momentos antes, seu espanto teria sido maior que o dele:

> SENHOR, Deus do meu senhor Abraão, dá-me neste dia bom êxito e seja bondoso com o meu senhor Abraão. Como vês, estou aqui ao lado desta fonte, e as jovens do povo desta cidade estão vindo para tirar água.

> Concede que a jovem a quem eu disser: Por favor, incline o seu cântaro e dê-me de beber, e ela me responder: "Bebe. Também darei água aos teus camelos", seja essa a que escolheste para teu servo Isaque.
>
> Gênesis 24.12-14

Um gesto simples. Uma resposta generosa. O futuro de uma jovem mudado num instante. O homem que Rebeca encontrou junto ao poço, o servo de Abraão, partira com uma missão sagrada: encontrar uma esposa para Isaque entre o povo de Abraão, e não entre os vizinhos cananeus. À semelhança do que ocorrera com sua tia-avó Sara, Rebeca faria uma viagem ao sul para aceitar um futuro que mal conseguia vislumbrar. Noiva de um homem com o dobro de sua idade, cujo nome significava "riso", ela sentiu-se subitamente atordoada. O Deus de Abraão e de Sara estava tentando persuadi-la, chamando seu nome e não de outra, oferecendo uma participação na promessa. Deus estava idealizando uma nova nação para ser seu povo exclusivo.

Isaque tinha 40 anos quando pôs os olhos em Rebeca pela primeira vez. Seu coração deve ter sentido uma alegria parecida com a do primeiro homem: "Esta, sim, é osso dos meus ossos e carne da minha carne!". E assim, Isaque e Rebeca entraram na tenda de Sara, mãe dele, e se casaram. A Bíblia diz que Rebeca consolou Isaque após a morte de Sara.

Rebeca era formosa e forte como Sara, no entanto não gerou filhos nos primeiros vinte anos de vida conjugal com Isaque. Será que ela sofreria como Sara a maldição da esterilidade? Isaque orou e Deus ouviu, dando a Rebeca não apenas um, mas dois filhos, que lutavam em seu ventre. E Deus disse a ela: "Duas nações estão em seu ventre, já desde as suas entranhas dois povos se separarão; um deles será mais forte que o outro, mas o mais velho servirá ao mais novo".

Durante o parto, Jacó agarrou o calcanhar do irmão Esaú, como que tentando nascer primeiro. Embora tenha sido o segundo a nascer, Jacó ocupou o primeiro lugar no amor da mãe. Isaque, porém, amava mais Esaú.

Anos mais tarde, quando estava velho e quase cego, Isaque chamou seu primogênito, Esaú, e disse:

— Pegue agora suas armas, o arco e a aljava, e vá ao campo caçar alguma coisa para mim. Prepare-me aquela comida saborosa que tanto aprecio e traga-me, para que eu a coma e o abençoe antes de morrer.

Rebeca, muito esperta, ouviu tudo e chamou rapidamente Jacó, sugerindo um plano para enganar Isaque e impedir que a bênção fosse dada ao irmão. Disfarçado de Esaú, Jacó apresentou-se ao pai para receber a tão esperada bênção.

Assim, Isaque acabou abençoando Jacó pensando que era Esaú:

— Que as nações o sirvam e os povos e curvem diante de você. Seja senhor dos seus irmãos, e curvem-se diante de você os filhos de sua mãe. Malditos sejam os que o amaldiçoarem e benditos sejam os que o abençoarem.

Isaque havia estendido a mão e dado a melhor bênção ao filho mais novo, evocando as palavras ditas sobre os dois filhos quando ainda lutavam no ventre de Rebeca. Depois de entregue, a bênção não pôde ser retirada, apesar do engano, das lágrimas de Esaú e de seu juramento de matar Jacó.

Com medo da vingança de Esaú, Rebeca convenceu Isaque a enviar Jacó ao norte, para que encontrasse uma esposa entre as filhas de seu irmão Labão.

Rebeca deve ter sentido muita saudade de Jacó com o passar dos anos, esperando ter o privilégio de abraçar os netos. Porém, mais de vinte anos se passaram até Jacó voltar. Apesar de Isaque ter sobrevivido para dar as boas-vindas ao filho, Rebeca não sobreviveu.

Quando Rebeca ainda era jovem, Deus a convidou para desempenhar um papel vital na história de seu povo. Ele não mediu esforços para alcançá-la. Como Sara, Rebeca se tornaria matriarca do povo de Deus e, também como Sara, seu coração se dividiria entre a fé e a dúvida por acreditar que a promessa de Deus requeria sua intervenção para cumprir-se. Pensando ser difícil descansar no que Deus lhe prometera, ela recorreu a subterfúgios para obter o que desejava.

Os resultados, que refletem o estado de seu coração, foram confusos. Apesar de ter-se tornado, de fato, herdeiro da promessa, Jacó foi afastado de casa e da mãe que tanto o amava. Além disso, ele e seus descendentes viveriam eternamente em conflito com Esaú e seu povo, os edomitas. Dois mil anos depois, Herodes, o Grande, natural da Idumeia (nome grego e romano para Edom), mataria muitas crianças inocentes na tentativa de destruir o menino Jesus.

Deus, porém, continuou a agir e usou a vida daquela mulher, que, mesmo longe de ser perfeita, realizaria seus propósitos.

TERÇA-FEIRA • *Sua vida e sua época*

Joias

> "Então coloquei o pendente em seu nariz e as pulseiras em seus braços" [...]. Então o servo deu joias de ouro e de prata e vestidos a Rebeca.
>
> Gênesis 24.47,53

Um pendente no nariz! O que costuma ser sinal de rebeldia da juventude de hoje era uma forma aceitável de adorno nos tempos antigos. Quando percebeu que Rebeca era a mulher com quem Isaque se casaria, o servo de Abraão pegou imediatamente as joias que levara para a ocasião, dando-lhe duas pulseiras de ouro e um pendente de ouro para o nariz. Rebeca colocou as joias e correu para casa, com os olhos brilhando, para contar as novidades à família.

O pendente no nariz é mencionado apenas duas vezes nas Escrituras — em Provérbios 11.22 e Ezequiel 16. Em Ezequiel 16, Deus descreve, em linguagem figurada, quanto ama a cidade de Jerusalém. Ele a banha carinhosamente, depois a veste com roupas bordadas e sandálias de couro macio. A seguir, cobre-a ternamente com joias. "Também te adornei com enfeites e te pus braceletes nas mãos e colar à roda do teu pescoço. Coloquei-te um pendente no nariz, arrecadas nas orelhas e linda coroa na cabeça. Assim, foste ornada de ouro e prata" (v. 11-13, ARA).

O Antigo Testamento menciona pedras preciosas e joias várias vezes. Mulheres e homens usavam brincos (Êx 32.2) e também "braceletes, pulseiras, anéis-selo, brincos e colares" (Nm 31.50). A maioria das joias dos israelitas era tomada de outros povos com quem guerreavam; ouro, prata e pedras preciosas aparecem muitas vezes relacionados entre os despojos tomados nas batalhas. De acordo com 2Samuel 8.11, Davi ganhou enormes quantidades de ouro, prata e bronze quando conquistou as nações ao redor de Israel. Dedicou tudo ao Senhor, e seu filho Salomão usou esse tesouro para construir o grandioso templo de Jerusalém. Acredite ou não, Salomão tinha tanta riqueza em seu reino que "tornou tão comuns a prata e o ouro em Jerusalém quanto as pedras" (2Cr 1.15).

Na Nova Versão Internacional, a palavra grega para diversos adornos é traduzida como "joia" apenas uma vez. Ao dirigir-se às mulheres, Pedro recomenda que deem mais atenção à sua beleza interior que à exterior. "A beleza de vocês não deve estar nos enfeites exteriores, como cabelos trançados e joias de ouro ou roupas finas. Ao contrário, esteja no seu interior, que não perece, beleza demonstrada num espírito dócil e tranquilo, o que é de grande valor para Deus" (1Pe 3.3-4). Evidentemente, as mulheres dos tempos do Novo Testamento eram tão fascinadas por joias quanto as do Antigo Testamento — e as de hoje. É fácil olhar-se no espelho para avaliar a aparência externa e esquecer-se de passar um bom tempo examinando a aparência interior.

Amanhã cedo, ao colocar anéis nos dedos, revista-se também de um espírito de paz. Quando puser brincos nas orelhas, aproveite para revestir-se de alegria. Quando puser um colar no pescoço, não se esqueça de pôr também um espírito de doçura em seu coração. As joias que você usa não farão muita diferença em seu dia, mas o espírito do qual estiver revestida, esse com certeza fará.

QUARTA-FEIRA • *Seu legado nas Escrituras*

Leia Gênesis 24.15-27.

1. O que você observa na aparência e no caráter da jovem Rebeca?

Leia Gênesis 24.67.

2. Essas são algumas das palavras mais doces encontradas na Bíblia a respeito do casamento. Descreva, com suas palavras, como deve ter sido o casamento de Isaque com Rebeca naqueles tempos.

Leia Gênesis 25.21-28.

3. O versículo 28 contém algumas das palavras mais lamentáveis sobre paternidade e maternidade encontradas na Bíblia. Em sua opinião, de que forma o favoritismo dos pais afetou Jacó e Esaú?

Leia Gênesis 27.1-13.

4. Em sua opinião, por que Rebeca recorreu a uma prática enganosa para conseguir aquilo que Deus havia lhe prometido quando estava grávida?
5. Você se identifica com Rebeca em algum momento de sua história? Em quais aspectos você e Rebeca são parecidas ou diferentes?

QUINTA-FEIRA • *Sua promessa*

Rebeca ouviu o servo de Abraão descrever como havia orado e porque tinha certeza de que ela era a mulher que Deus escolhera para Isaque. O próprio Deus orquestrara divinamente os acontecimentos. Rebeca parecia saber disso, pois respondeu simplesmente: "Sim, quero".

Será que Rebeca entendeu plenamente o plano de Deus? Estava disposta a segui-lo? Ou apenas se deixou encantar pelas ideias românticas de uma jovem em busca de um cavaleiro de armadura brilhante? Seja qual tenha sido sua motivação, aqueles eventos *foram* planejados por Deus, e ele tinha poder e determinação para continuar a cumprir fielmente suas promessas por intermédio dela.

A fidelidade de Deus, apesar de nossa desobediência e antagonismo, é evidente em toda a Escritura e ao longo de nossa vida. Ele será fiel, conforme prometeu.

Promessas nas Escrituras

> Saibam, portanto, que o SENHOR, o seu Deus, é Deus; ele é o Deus fiel, que mantém a aliança e a bondade por mil gerações daqueles que o amam e obedecem aos seus mandamentos.
>
> Deuteronômio 7.9

> O SENHOR é fiel em todas as suas promessas
> e é bondoso em tudo o que faz.
>
> Salmos 145.13

> Apeguemo-nos com firmeza à esperança que professamos, pois aquele que prometeu é fiel.
>
> Hebreus 10.23

SEXTA-FEIRA • *Seu legado de oração*

> Que você cresça, nossa irmã,
> até ser milhares de milhares;
> e que a sua descendência conquiste
> as cidades dos seus inimigos.
>
> Gênesis 24.60

MEDITE: Gênesis 27.

LOUVE A DEUS: Porque, diferentemente de Isaque, que tinha uma única bênção para dar a seus filhos, Deus tem bênçãos específicas destinadas a cada uma de nós.

AGRADEÇA: Porque Deus não espera até alcançarmos a perfeição para nos incluir em seus planos.

CONFESSE: Sua tendência de tentar controlar o futuro em vez de confiar em Deus para direcioná-la de acordo com seus propósitos.

PEÇA A DEUS: Que a impeça de ter favoritos entre seus filhos e que a ajude a confiar que ele tem um plano generoso para cada um.

Eleve o coração

Reserve alguns minutos esta semana para escrever um cartão de bênção a cada um de seus filhos. Use um cartão simples ou enfeite-o com adesivos ou desenhos. (Se não tiver filhos, faça isso para uma sobrinha, sobrinho ou outra criança especial em sua vida.)

Comece orando em favor de cada filho, pedindo a bênção de Deus sobre eles. Depois, escreva as bênçãos que sente que Deus quer lhes dar. Coloque os cartões embaixo do travesseiro deles ou ao lado do prato na mesa de refeições. Diga-lhes que se trata de bênçãos que está pedindo a Deus em favor deles. Guarde uma cópia de cada cartão para orar frequentemente por essas bênçãos.

> *Senhor, tu nos dás poder para abençoar nossos filhos mediante nosso exemplo, nossos ensinamentos, nosso amor e nossas orações. Permite que nossos filhos venham a superar-nos na fé, que em todas as dificuldades que enfrentarem sejam capazes de sentir tua presença, e que a alegria deles se renove a cada manhã. Permite também que cada um seja uma pessoa que atraia outros a ti. Oro em nome de Jesus. Amém.*

Raquel

SEU NOME SIGNIFICA *"ovelha"*

SEU CARÁTER: Manipulada pelo pai, tinha pouco controle sobre as circunstâncias e os relacionamentos em sua vida. Em vez de lidar criativamente com as situações difíceis, comportou-se como vítima constante, reagindo ao pecado com mais pecado e piorando as coisas ao competir com a irmã e ao enganar o pai.

SEU SOFRIMENTO: O desejo de ter filhos levou-a a morrer no parto.

SUA ALEGRIA: O marido a amava e fazia o possível para torná-la feliz.

TEXTOS-CHAVE: Gênesis 29—35; Jeremias 31.15; Mateus 2.18.

SEGUNDA-FEIRA • *Sua história*

Como um vento forte batendo a porta repetidas vezes, a pergunta atormentava Raquel: "Seria melhor ser amada e não ter filhos ou não ser amada e ter uma casa cheia de crianças?".

Lia acabara de dar à luz seu quarto filho, Judá. Em sua alegria, gritou: "Desta vez louvarei o SENHOR". O nome do primogênito, Rúben, significava "veja, um filho"; Simeão, "aquele que ouve"; e Levi, "apegado", como se Jacó pudesse um dia apegar-se àquela esposa tão pouco atraente! Raquel estava farta daquele hábito da irmã de dar nome aos filhos como se quisesse enfatizar a esterilidade dela.

Lia se tornara esposa de Jacó por meio de uma cilada do próprio pai, mas Raquel ganhara o amor de Jacó desde o primeiro encontro junto ao poço, nos arredores de Harã. Cada gesto dele comunicava que ela era sua favorita. O favoritismo, contudo, não era capaz de gerar filhos, assim como o desejo de enriquecer não é capaz de gerar riquezas. Raquel deveria ter sido a primeira, a única esposa de Jacó, assim como tia Rebeca foi a única esposa de tio Isaque.

Labão, pai de Raquel, prometera a filha a Jacó, seu sobrinho, desde que ele trabalhasse sete anos em sua propriedade. Sete anos era um prazo longo para aguardar uma esposa, mas Jacó concordou com a troca, considerando-a boa. E Raquel o amou ainda mais por isso.

Mas, quando se aproximou o dia do casamento, Labão inventou um estratagema para conseguir que Jacó trabalhasse mais sete anos para ele. O dia feliz de Raquel se desfez no momento em que o pai mandou que Lia, a irmã mais velha, se disfarçasse vestindo as roupas nupciais de Raquel.

Assim que escureceu, ele levou Lia, com um véu no rosto, até a tenda de Jacó, e os dois dormiram juntos como marido e mulher. Quando a luz da madrugada começou a clarear o chão da tenda, Jacó procurou Raquel, mas encontrou Lia a seu lado. A traição de Labão atingiu-o em cheio. Era inacreditável. Mesmo assim, apesar das recriminações e lágrimas, o casamento não podia ser desfeito.

Raquel sentiu-se arrasada por sua bênção ter sido apoderada pela irmã. O plano distorcido de Labão continuava, contudo, a pleno vapor. E ele fez outro negócio, entregando Raquel a Jacó na semana seguinte em troca de mais sete anos de trabalho. As duas irmãs passaram a morar juntas num clima desagradável. Os filhos de Lia eram uma lembrança dolorosa de que Raquel, a segunda esposa, continuava a ser passada para trás.

"Dê-me filhos ou morrerei!", ela gritou a Jacó um dia, como se ele pudesse tomar o lugar de Deus e fazê-la conceber. Raquel entregou, então, ao marido sua serva Bila, que engravidou e teve dois filhos. Quando Naftali, o segundo filho, nasceu, Raquel proclamou a quem quisesse ouvir: "Tive grande luta com minha irmã e venci". Mas a luta entre Raquel e Lia estava longe de terminar.

A amargura de Raquel foi novamente aliviada quando ela deu à luz um filho, a quem chamou José, que significa "possa ele acrescentar" — uma oração profética de que Deus acrescentaria à sua linhagem mais um filho.

Certo dia, Deus disse a Jacó que voltasse à terra de Isaque, seu pai. Mais de vinte anos antes, Jacó havia tirado a bênção de Esaú e fugido da ira assassina do irmão. Naqueles longos anos, será que havia recebido em dobro pelo que havia feito? A traição de Labão e a luta entre Raquel e Lia o faziam lembrar-se dos conflitos com o irmão? Será que Deus — e Esaú — teria dado o caso por encerrado? Só o Senhor poderia protegê-lo nesse assunto com o irmão.

Enquanto Jacó reunia seus rebanhos, servos e filhos, preparando-se para partir, Raquel furtou os deuses da casa do pai, pequenos ídolos que, segundo a crença, garantiam prosperidade. Dez dias após a partida, Labão alcançou a família nas terras montanhosas de Gileade e acusou o genro de roubo. Sem saber o que Raquel fizera, Jacó convidou Labão para vasculhar o acampamento e prometeu matar quem estivesse de posse dos ídolos.

Por ter aprendido algumas trapaças com seu pai ardiloso, Raquel escondeu os ídolos numa sela e sentou-se em cima. Quando Labão entrou na tenda, ela cumprimentou-o com astúcia feminina, dizendo: "Não se irrite, meu senhor, por não poder me levantar em sua presença, pois estou com o fluxo das mulheres". O artifício de Raquel deu certo, da mesma forma que o de Jacó ao enganar o pai, e Labão finalmente desistiu da busca. Mais tarde, Jacó providenciou a eliminação de todos os antigos ídolos de sua casa.

Enquanto atravessava o deserto, Jacó encontrou seu irmão Esaú, e os dois se reconciliaram. Mas a tragédia logo se abateria sobre a família, quando Raquel teve dificuldade em dar à luz um segundo filho, resposta às suas muitas orações. Ironicamente, a mulher que dissera certa vez que morreria se não tivesse filhos, estava à beira da morte por causa de um filho. As últimas palavras de Raquel ao dar ao filho o nome de Benoni, "filho da minha aflição", refletem sua angústia durante o parto.

Jacó, porém, segurou a criança nos braços e, com a ternura de um pai, chamou-o de Benjamim, "o filho da minha direita".

Da mesma forma que o marido, a formosa Raquel foi autora de planos astuciosos e, ao mesmo tempo, vítima deles. Enganada pelo pai, via os filhos como armas no conflito com a irmã. Como acontece com frequência, as lições de traição e competição foram passadas de geração a geração. José, o filho de Raquel, sofreria muito por causa disso ao ser vendido como escravo por seus meios-irmãos, os filhos de Lia.

Deus, contudo, permaneceu fiel. Mediante uma série de extraordinárias voltas e reviravoltas, o José de Raquel governaria um dia o Egito, proporcionando refúgio para o pai e os irmãos durante um período de fome. Passo a passo, por meio de situações impossíveis de prever, o plano de Deus desenrolava-se — um plano para acabar com as divisões, pôr fim às lutas e restaurar a esperança. Por meio de pessoas com intenções e desejos confusos (o único tipo de pessoas que de fato existe), Deus revelou sua graça e misericórdia, sem jamais abrir mão de sua promessa.

TERÇA-FEIRA • *Sua vida e sua época*

Ciclos menstruais

"Raquel disse a seu pai: 'Não se irrite, meu senhor, por não poder me levantar em sua presença, pois estou com o fluxo das mulheres'. Ele procurou os ídolos, mas não os encontrou" (Gn 31.35). Essas palavras de Raquel são a única menção nas Escrituras de um ciclo menstrual típico, além da descrição das leis cerimoniais relativas à menstruação encontradas em Levítico e novamente citadas em Ezequiel.

Raquel tinha certeza de que sua manobra impediria o pai de encontrar os ídolos. Ao afirmar que estava menstruada, ela não só escondeu os ídolos falsos que furtara como também preservou a própria vida, pois Jacó prometera matar quem tivesse furtado os ídolos de Labão.

Durante a menstruação, a mulher hebreia era considerada impura, o que não é de surpreender, em razão da natureza pouco asseada do fluxo menstrual, principalmente naquela época, muito antes da invenção dos produtos de higiene femininos. As leis que tratavam dessa questão, porém, eram mais rigorosas que justas. Os que tocavam uma mulher nesses dias, mesmo por acaso, tornavam-se impuros até o anoitecer. O lugar onde a mulher dormia ou se sentava era considerado impuro. Qualquer pessoa que tocasse em suas roupas de cama ou em seu assento era considerada impura até lavar as roupas, banhar-se e esperar o anoitecer.

A mulher era considerada impura durante sete dias, o prazo normal da menstruação. Depois disso, era costume ela se banhar para purificar-se. Provavelmente, esse foi o banho que Bate-Seba estava tomando quando o rei Davi a viu (2Sm 11.2-4). A menstruação de Bate-Seba havia acabado, por isso Davi teve certeza de que o filho gerado nela era seu quando ela lhe contou que estava grávida (o marido dela era soldado e encontrava-se na guerra).

O fluxo natural da menstruação da mulher não exigia oferta de sacrifícios para que ela fosse purificada; devia simplesmente tomar banho e aguardar o prazo prescrito. No caso de um fluxo mais longo, menos natural, geralmente causado por infecção ou doença, exigia-se um sacrifício para que a mulher fosse purificada. Nenhum dos casos implicava falha moral por parte da mulher, porém, uma vez que o sangue era considerado fonte da vida, tudo o que se referia a ele se tornava parte importante da lei cerimonial.

Muitas mulheres consideram o período menstrual, e o desconforto e a irritabilidade que geralmente o acompanham, um sofrimento mensal que elas têm de suportar e do qual os homens, criaturas de sorte, são poupados. No entanto, é só mediante essa função particular de seu corpo que a mulher pode reproduzir e conceber filhos. Embora algumas vezes seja desagradável e em outras, doloroso, só por meio desse processo é que a mulher tem a oportunidade que não foi dada ao homem — a oportunidade de gerar uma nova vida. E, ao fazer isso, ela fica ligada, de maneira singular, ao Criador de toda vida.

QUARTA-FEIRA • *Seu legado nas Escrituras*

Leia Gênesis 29.26—30.24.

1. Como você acha que a maioria das mulheres reagiria diante da situação na qual Raquel se encontrava no início de seu casamento (Gn 29.30)? De que forma elas tratariam a outra esposa/irmã?
2. Ao longo dos séculos, muitas mulheres têm sofrido a agonia que Raquel expressa em Gênesis 30.1. Por que a convivência diária de Raquel com Lia aumentou o sofrimento de Raquel? Como o relacionamento entre elas poderia ter minimizado esse sofrimento?
3. O descontentamento é insidioso. Faz-nos cair na armadilha de pensar que o bastante já não basta mais. No entanto, é normal desejar coisas, como amor e filhos. O que você deseja e que não tem? Você pode dizer se esse desejo cruzou a linha do anseio positivo e caiu no descontentamento pernicioso? Explique.

Leia Gênesis 35.16-20.

4. Como você descreveria a situação na qual Raquel deu à luz, considerando o fato de que ela estava no meio de uma viagem?
5. O que Raquel mais queria —um filho — lhe custou a vida. Pense no que você deseja muito. Que preço pagaria? Que preço, para você ou outras pessoas, é alto demais?

QUINTA-FEIRA • *Sua promessa*

Gênesis 30.22 diz: "Então Deus lembrou-se de Raquel. Deus ouviu o seu clamor e a tornou fértil". Deus *lembrou-se* de Raquel, mas, na verdade, nunca se esquecera dela. Quando a Bíblia usa a palavra *lembrar*, não significa que Deus esquece e depois recorda subitamente — como se o Deus onisciente e todo-poderoso do universo batesse de repente na testa com a mão e dissesse: "Xiii! Tinha esquecido da Raquel! É melhor fazer alguma coisa e já!".

Não. Quando diz que Deus se lembra de algo, a Bíblia expressa o amor e a compaixão de Deus por seu povo. Lembra-nos da promessa de Deus de nunca nos abandonar nem nos deixar sem apoio ou alívio. Ele nunca nos abandonará. Jamais nos esquecerá. Sempre *se lembrará* de nós.

Promessas nas Escrituras

> Então Deus lembrou-se de Raquel. Deus ouviu o seu clamor e a tornou fértil.
>
> Gênesis 30.22

> Lembra-te, SENHOR,
> da tua compaixão e da tua misericórdia,
> que tens mostrado desde a antiguidade.
>
> Salmos 25.6

> Tu me conheces, SENHOR,
> lembra-te de mim, vem em meu auxílio.
>
> Jeremias 15.15

> Pois o Poderoso fez grandes coisas em meu favor;
> santo é o seu nome.
>
> Lucas 1.49

SEXTA-FEIRA • *Seu legado de oração*

> Então Deus lembrou-se de Raquel. Deus ouviu o seu clamor e a tornou fértil.
>
> Gênesis 30.22

MEDITE: Gênesis 30.1-24.

LOUVE A DEUS: Porque ele não se esquece de nós nem por um momento sequer. Está presente e atento e conhece nossos desejos mais íntimos, mesmo quando temos certeza de que ele nos perdeu de vista.

AGRADEÇA: Porque Deus é o único Criador. Por causa dele, toda vida humana é sagrada.

CONFESSE: Que algumas vezes usamos nossos filhos, maridos, lares ou até o tamanho de nossa conta bancária para competir com outras mulheres.

PEÇA A DEUS: Que a ajude a formar laços de verdadeira amizade com outras mulheres, para que você conheça a alegria de ter irmãs em Cristo.

Eleve o coração

Pense numa mulher que você gostaria de conhecer melhor nos próximos meses. Anote o telefone dela e marque um almoço, ou convide-a para ir com você ao teatro, ao cinema ou a um concerto. Faça o possível para separar um tempo para conversar e iniciar um relacionamento. Um especialista afirma que construir uma amizade sólida é um processo que leva cerca de três anos. Não perca nem mais um minuto!

> *Pai, perdoa-me por permitir que minha identidade se baseie em de quem sou esposa ou mãe ou em minha profissão. Não quero ver outras mulheres como rivais, mas sim como amigas em potencial e até como irmãs em Cristo. Peço que me conduzas às amizades que almejo e que me ajudes a ser paciente durante o processo. Amém.*

SEMANA 7

Lia

SEU NOME PODE SIGNIFICAR *"impaciente" ou "vaca selvagem"*

SEU CARÁTER: Capaz de amar de modo firme e duradouro, ela foi mãe e esposa fiel. Manipulada pelo pai, passou a invejar a irmã, com quem, ao que parece, nunca se reconciliou.

SEU SOFRIMENTO: Não ter a beleza da irmã, e seu amor pelo marido ser unilateral.

SUA ALEGRIA: Ter dado a Jacó seis filhos e uma filha.

TEXTOS-CHAVE: Gênesis 29—35; Rute 4.11.

SEGUNDA-FEIRA • *Sua história*

Sepultamos minha irmã Raquel hoje, mas ela continua viva. Vejo sinais dela no coração partido de Jacó, nos olhos sombrios de José e no choro do pequeno Benjamim, os filhos favoritos do pai. Os filhos de Raquel. Posso ouvir minha formosa e decidida irmã pranteando pelos filhos que poderia ter tido, recusando-se obstinadamente a ser consolada. No entanto, quem nota minhas lágrimas? Mesmo que inundassem o deserto, ninguém as notaria.

Rúben, Simeão, Levi, Judá, Issacar, Zebulom, Diná e também Gade e Aser, gerados por minha serva — são esses os filhos que Deus me deu e que dei a meu amado Jacó. Mas ele continua a amar Raquel mais que a mim. Mesmo que meu marido e eu vivamos mais cem anos, nunca serei sua única esposa.

...

Ao contrário do que Lia possa ter sentido, Deus *tinha* notado seu sofrimento. Sabendo muito bem que o coração de Jacó era pequeno demais para conter Raquel e Lia ao mesmo tempo, ele gerou filhos em Lia sete vezes, aumentando a influência dela na casa de Jacó.

Com o nascimento de cada filho, a infeliz Lia esperava conseguir o afeto do marido, mas sua decepção era cada vez maior. Ela parecia sentir que a antiga maldição se concretizava: "Seu desejo será para o seu marido, e ele a dominará" (Gn 3.16).

Talvez Jacó continuasse ressentido pelo fato de Lia o ter enganado na noite de núpcias, disfarçando-se de sua amada Raquel. Com certeza o amor de Lia foi apaixonado o suficiente para iludi-lo até o raiar do dia. Ela se sentia alegre e, ao mesmo tempo, culpada pelo que fizera, embora, para dizer a verdade, tivesse pouca escolha, exceto obedecer ao pai, Labão. E ela agradecia a Deus todos os dias por lhe permitir que concebesse os filhos de Jacó, embora os filhos sempre causassem muito sofrimento à mãe.

Diná, sua única filha, foi estuprada por um príncipe da localidade na volta da família à terra natal de Jacó. Lia teve dificuldade para consolá-la. E, para piorar as coisas, dois dos filhos de Lia, Levi e Simeão, vingaram a irmã assassinando de modo selvagem uma cidade inteira. Depois, Rúben caiu em desgraça por ter dormido com Bila, a concubina do pai.

"Deus não havia prometido protegê-los se voltassem àquela terra da promessa? Por que, então, essas coisas estavam acontecendo?", Lia se perguntava. Deus cuidara deles quando enfrentaram Esaú e seus quatrocentos homens. Mas a alegria de Lia ao presenciar o reencontro amigável dos irmãos foi ofuscada pela tristeza ao saber que continuava a ser a esposa menos amada. Jacó deixara isso bem claro ao colocar Raquel e seus filhos em último lugar na longa caravana, dando a eles mais facilidade para fugir, caso Esaú se mostrasse violento.

No entanto, o amor de Jacó não foi capaz de impedir Raquel de morrer no parto. Lia, não Raquel, destinava-se a ser sua primeira e última mulher. Ao lado do marido, o pai de Israel, ela seria reverenciada como mãe de Israel. De fato, a promessa de um Salvador não se cumpriu por meio de José, filho de Raquel, mas de Judá, filho de Lia, cujos descendentes incluiriam Davi, o grande rei de Israel, e Jesus, o tão aguardado Messias. No fim, Jacó foi sepultado na caverna Macpela junto à primeira esposa, Lia, não de sua esposa favorita, Raquel, sepultada em algum lugar perto de Efrata.

As duas irmãs, Raquel e Lia, lembram-nos de que a vida está repleta de tristezas e perigos, em grande parte por causa de nosso pecado e egoísmo. As duas mulheres sofreram — cada uma a seu modo — a maldição de Eva depois de ter sido expulsa do paraíso. Embora Raquel tivesse sofrido muito ao dar à luz filhos, Lia sofreu a angústia de amar um homem que parecia indiferente a ela. Ambas, no entanto, tornaram-se mães em Israel, deixando sua terra natal para desempenhar papéis essenciais na história do grandioso plano de Deus para seu povo.

TERÇA-FEIRA • *Sua vida e sua época*

Costumes relativos ao casamento

Os costumes relativos ao casamento nos tempos bíblicos eram muito diferentes dos modernos. Era raro um homem e uma mulher se casarem por amor. Jacó é uma notável exceção ao expressar seu amor por Raquel e seu desejo de casar-se com ela. Jacó se casou com Raquel e com Lia, prática essa que mais tarde foi proibida por lei (Lv 18.18).

A noiva e o noivo eram, em geral, muito jovens quando se casavam. Quase sempre a noiva tinha cerca de doze anos, e o noivo, treze. O casamento era arranjado pelos pais, e o consentimento dos filhos não era exigido nem solicitado. Mesmo assim, tais casamentos poderiam vir a ser uma união de amor, como no caso de Isaque e Rebeca (Gn 24.67).

Na época do Novo Testamento, a cerimônia do casamento era geralmente bem curta, mas as festividades ligadas a ele duravam vários dias. O noivo vestia-se de roupa colorida e dirigia-se, pouco antes do pôr do sol, à casa do pai da noiva, acompanhado de amigos, servos e músicos. A noiva o esperava ali, de banho tomado, perfumada e vestida com roupas enfeitadas e joias. Depois, os noivos atravessavam as ruas do povoado, à frente do cortejo, acompanhados de músicos e portadores de tochas, até a casa dos pais do noivo. As festas e a celebração começavam naquela noite e quase sempre duravam sete dias.

O plano de Deus para o casamento, ordenando que o marido se case com apenas uma esposa, nem sempre foi praticado no princípio dos tempos bíblicos. Lia dividiu o marido, Jacó, não apenas com a irmã, Raquel, mas também com as servas Zilpa e Bila. Embora a poligamia tenha-se tornado menos comum depois do êxodo do Egito, Gideão teve várias mulheres (Jz 8.30) e Salomão, como se sabe, teve muitas (1Rs 11.3). Mas, como o Novo Testamento indica, a união entre um marido e uma esposa continua a ser o desígnio e o desejo de Deus (1Tm 3.2,12; Tt 1.6).

QUARTA-FEIRA • *Seu legado nas Escrituras*

Leia Gênesis 29.20-35.

1. O que você acha que Lia sentiu durante sua noite de núpcias, quando Jacó foi enganado?
2. Em sua opinião, como Lia se sentiu e agiu em relação a Jacó com o passar dos anos? Qual você acha que foi a reação dele?
3. Muitas mulheres de hoje têm maridos que amam algo mais que a esposa; amam mais o trabalho, a posição, o dinheiro, o esporte. Outras sentem falta do amor de outra pessoa, como o amor do pai ou da mãe. Você já teve a sensação de não ser amada? Se sim, como se sentiu e agiu?
4. Deus viu o sofrimento de Lia e teve compaixão dela (Gn 29.31). Até que ponto você está ciente da compaixão de Deus por você? Em que áreas de sua vida você vê a compaixão dele operando?
5. O que a ajuda a receber amor de Deus ou o que a impede de recebê-lo?

QUINTA-FEIRA • *Sua promessa*

> Quando o SENHOR viu que Lia era desprezada, concedeu-lhe filhos.
>
> Gênesis 29.31

O Senhor *viu* o sofrimento de Lia. Ele olhou para ela e viu uma mulher solitária e triste porque o marido amava mais a outra esposa do que ela. Então, para aliviar sua tristeza, para consolá-la, Deus concedeu-lhe filhos — belos, inteligentes, fortes, um dos quais iniciaria a linhagem dos sacerdotes de Israel e outro que seria ascendente do próprio Jesus.

O mesmo Deus de Abraão, Isaque, Jacó e Lia é nosso Deus. Ele vê nossas aflições, sejam grandes ou pequenas. Conhece nossas circunstâncias, sentimentos ou mágoas. Assim como agiu na vida de Lia, ele está disposto a intervir e criar algo maravilhoso em nós e por meio de nós.

Promessas nas Escrituras

> [O SENHOR] enviou-me para cuidar dos que estão
> com o coração quebrantado,
> anunciar liberdade aos cativos
> e libertação das trevas aos prisioneiros [...]

para consolar todos os que andam tristes,
e dar a todos os que choram em Sião
uma bela coroa em vez de cinzas,
o óleo da alegria em vez de pranto,
e um manto de louvor
em vez de espírito deprimido.

Isaías 61.1-3

Transformarei o lamento deles em júbilo;
eu lhes darei consolo e alegria em vez de tristeza.

Jeremias 31.13

SEXTA-FEIRA • *Seu legado de oração*

Quando o SENHOR viu que Lia era desprezada, concedeu-lhe filhos; Raquel, porém, era estéril. Lia engravidou, deu à luz um filho, e deu-lhe o nome de Rúben, pois dizia: "O SENHOR viu a minha infelicidade. Agora, certamente o meu marido me amará".

Gênesis 29.31-32

MEDITE: Gênesis 29.16-31.

LOUVE A DEUS: Porque, embora as pessoas costumem julgar pelas aparências, Deus sempre vê nosso coração e nos julga de acordo com ele.

AGRADEÇA: Porque Deus se comove com nosso sofrimento.

CONFESSE: Sua inclinação para se comparar com outras mulheres, julgando-as e a si mesma simplesmente pelas aparências.

PEÇA A DEUS: Que a capacite a basear sua identidade em seu relacionamento com ele, e não naquilo que você vê no espelho.

Eleve o coração

Nesta semana, dedique cinco minutos por dia para fazer um elogio a si mesma, agradecendo a Deus porque ele a fez como você é. Lembre-se de tudo o que gosta em você — seu senso de humor peculiar, seu amor à leitura, sua compaixão pelos outros, seu cabelo encaracolado e até o formato de seus dedos dos pés. Resista à tentação de pensar no que não gosta. (Imagine, por um momento, como Deus deve se sentir quando ouve nossas queixas sobre como ele nos fez!) Em vez disso, decida agora honrá-lo com sua gratidão. No fim de semana, almoce com uma amiga ou saboreie um chá demorado em sua confeitaria favorita para comemorar todos os dons naturais com os quais Deus a abençoou.

> *Senhor, não quero criticar a forma como me criaste nem depender do que os outros pensam de mim para me sentir bem comigo mesma. Torna-me uma mulher confiante de que sou digna de ser amada, não por causa da beleza exterior, mas porque me amaste desde o momento em que me deste vida. Oro em nome de Jesus. Amém.*

SEMANA 8

Tamar, nora de Judá

SEU NOME SIGNIFICA *"tamareira" ou "palmeira"*

SEU CARÁTER: Impelida por uma necessidade avassaladora, sacrificou sua reputação e quase sua vida para alcançar seus objetivos.

SEU SOFRIMENTO: Os homens em sua vida falharam no cumprimento de suas responsabilidades e a abandonaram. Ela ficou viúva e sem filhos.

SUA ALEGRIA: Porque seu comportamento ousado não resultou em destruição, mas sim no cumprimento de sua esperança de ter filhos.

TEXTOS-CHAVE: Gênesis 38; Mateus 1.3.

SEGUNDA-FEIRA • *Sua história*

As genealogias não são uma leitura muito convidativa na hora de dormir — ou em qualquer outra ocasião, a bem da verdade. Talvez você as receba com um bocejo, ou passe completamente por cima delas quando lê a Bíblia. Mas até as longas listas de nomes enigmáticos podem revelar visões interessantes do plano misterioso de Deus. É assim que as Escrituras funcionam — produzindo riquezas ocultas em cada página.

Veja, por exemplo, a genealogia no primeiro capítulo de Mateus. Ela relaciona um total de 41 ascendentes de Jesus do sexo masculino, a começar de Abraão, e apenas cinco ascendentes femininas, três das quais (Tamar, Raabe e Bate-Seba) com histórias recheadas de detalhes desagradáveis, inclusive incesto, prostituição, fornicação, adultério e assassinato.

Jesus, o Filho perfeito do Pai perfeito, tinha em sua árvore genealógica vários ramos imperfeitos e um número suficiente de personagens pitorescos para povoar um romance moderno. A simples menção de mulheres em sua genealogia já é surpreendente, sem falar no fato de que quatro das cinco ali citadas engravidaram fora do casamento. Além disso, pelo menos três delas eram estrangeiras (não israelitas).

Tamar enquadrava-se em ambas as categorias. Seu sogro, Judá (filho de Jacó e Lia), havia arranjado para que ela se casasse com seu primogênito, Er, meio cananita e meio hebreu. Er era um homem perverso, a quem Deus matou por causa de seus pecados. É tudo o que sabemos dele.

Depois de Er veio Onã, o segundo filho de Judá. Como era costume na época, Judá deu Onã à viúva Tamar, instruindo-o para dormir com ela para que pudesse ter filhos e dar continuidade à linhagem de Er. Onã, porém, era esperto demais e buscava apenas os próprios interesses. Dormia com Tamar, mas "derramava o sêmen no chão", para assegurar que Tamar continuasse sem filhos. Desse modo, não ficaria sobrecarregado de responsabilidades com uma progênie que daria continuidade à linhagem do irmão, e não à sua. Deus, porém, viu isso, e Onã também morreu por causa de sua perversidade.

Tendo já perdido dois filhos para Tamar, será que Judá deveria arriscar um terceiro? Selá era o único filho que lhe restara, e ainda não tinha chegado à idade adulta. Para acalmar a nora, Judá aconselhou-a a voltar para a casa do pai e a viver como viúva até que Selá tivesse idade para casar. O tempo, porém, passava lentamente, como um rio preguiçoso, e Tamar continuou a vestir-se como viúva enquanto Selá crescia.

Certo dia, depois que sua mulher morreu, Judá viajou a Timna, a fim de tosar suas ovelhas. Ao saber da viagem do sogro, Tamar decidiu tomar uma decisão desesperada e dramática. Se Judá não lhe desse o filho mais novo em casamento, ela faria o possível para propagar o nome da família a seu modo. Tirou as roupas de viúva, cobriu-se com um véu para disfarçar-se de prostituta, e sentou-se à beira da estrada de acesso a Timna. Judá dormiu com ela e deu-lhe seu selo com o cordão e seu cajado como garantia de pagamento futuro.

Cerca de três meses mais tarde, Judá foi informado de que Tamar estava grávida. Mal ele sabia que era o responsável pela condição dela. Furioso porque a nora havia se prostituído, ordenou que fosse queimada até morrer. Antes, porém, da execução da sentença, Tamar enviou-lhe um recado chocante: "Estou grávida do homem que é dono destas coisas. [...] Veja se o senhor reconhece a quem pertencem este selo, este cordão e este cajado".

O homem, que julgara Tamar tão rapidamente sem se importar com o encontro secreto que teve com uma prostituta, foi pego de surpresa. Em seu crédito, contou a verdade ao dizer: "Ela é mais justa do que eu, pois eu devia tê-la entregado a meu filho Selá".

Seis meses depois, Tamar deu à luz gêmeos. Mais uma vez, como acontecera com Jacó e Esaú, os gêmeos lutaram em seu ventre. Uma pequenina mão saiu e depois foi recolhida, porém a parteira conseguiu amarrar um fio vermelho nela. A seguir, surgiu um corpinho escorregadio, mas sem o fio vermelho. Eles deram ao primeiro menino o nome de Perez (que significa "abrindo caminho"). Depois nasceu o que tinha o fio vermelho, e deram-lhe o nome de Zerá (que significa "escarlate"). Perez foi reconhecido como primogênito. De sua descendência nasceria o rei Davi e, centenas de anos depois, Jesus de Nazaré.

Judá mostrara pouco interesse pela continuação de sua linhagem. Deus, então, usou uma mulher, envergonhada por sua esterilidade, mas decidida a vencê-la, para assegurar que a tribo de Judá não apenas sobrevivesse, mas também viesse um dia a gerar o Messias.

TERÇA-FEIRA • *Sua vida e sua época*

Prostituição

Por mais abominável que nos pareça, a prostituição era, na verdade, uma espécie de adoração no antigo Oriente Médio. Era comum os povos pagãos acreditarem que os deuses da fertilidade concediam bênçãos àqueles que praticavam a prostituição cultual. Os sacrifícios e pagamentos pelo uso de uma prostituta cultual representavam grandes somas de dinheiro para os cofres da divindade adorada. O ato sexual em si simbolizava a fertilidade esperada e a abundância da colheita.

Judá, um viúvo que só recentemente fora "consolado" de sua tristeza (Gn 38.12, ARA), viajou a Timna na época da tosa para ver como suas ovelhas estavam sendo tosquiadas. É possível que, ao ver Tamar, pensou que ela fosse uma prostituta do santuário e teve relações sexuais com ela para garantir uma boa quantidade de lã. Isso não justifica, de forma alguma, o ato de Judá, mas lança alguma luz sobre seus motivos.

As prostitutas do santuário mantinham-se cobertas por espessos véus antes e depois do ato sexual, na tentativa de criar a ilusão de que o participante estava praticando o ato sexual com a própria deusa. Essa prática favoreceu Tamar, dando-lhe o disfarce perfeito para que seu sogro não a reconhecesse.

A prostituição foi uma imagem usada muitas vezes pelos profetas bíblicos para descrever a desobediência de Israel e sua tendência de seguir falsos deuses. Eles consideravam Deus como marido de Israel, seu guardião e seu verdadeiro amor. Sempre que se afastavam do Deus verdadeiro e adoravam deuses falsos, os israelitas se "prostituíam". Essa é uma ilustração bem forte, mas correta, do afastamento do Deus que os amava sinceramente e que estava disposto a cuidar deles e a protegê-los, desde que permanecessem leais ao Senhor.

A história de Tamar nos pega de surpresa e causa repulsa. Recuamos diante dos detalhes sórdidos da prostituição e encontramos pouca inspiração em sua história. Todavia, são histórias como a de Tamar que tornam a Bíblia tão digna de crédito. Quem inventaria tal coisa e depois a registraria, não apenas como narrativa histórica, mas também como evento da vida de alguém pertencente à linhagem do Messias? Somente o Deus das eternas surpresas — o Deus que busca os desajustados, os desesperados e os profanos e usa-os em seus propósitos eternos e santos.

QUARTA-FEIRA • *Seu legado nas Escrituras*

Leia Gênesis 38.1-30 e Mateus 1.3.

1. Esperava-se que Onã fosse o pai dos filhos de seu irmão Er por intermédio de Tamar. Trata-se de um procedimento igual ao do "parente-resgatador" que encontramos em Rute. O parente mais próximo deveria ter um filho para continuar a linhagem do marido falecido. Nenhum dos homens na vida de Tamar cumpriu essas responsabilidades para ela, inclusive Judá, seu sogro. Descreva o que você acha que Tamar sentiu ao longo daqueles eventos.
2. Naquela cultura, o valor da mulher girava em torno de ter filhos para dar continuidade à linhagem da família. A mulher que não podia procriar não tinha valor algum. Que coisas fazem você sentir que tem muito ou pouco valor?
3. Quando pensa no que Tamar fez ao oferecer-se vestida de prostituta ao sogro, você fica surpresa com as palavras dele no versículo 26? Por quê? Explique o que Judá quis dizer com aquelas palavras.
4. É difícil digerir a história de Tamar. De acordo com nosso modo de pensar, simplesmente não há meios de entender o que ela fez. Mesmo

assim, Mateus fez questão de mencionar o nome dela na genealogia de Cristo. O que você acha que Deus está dizendo ao incluir a história de Tamar nas Escrituras inspiradas e o nome dela na linhagem de Jesus?

5. Como Deus trouxe o bem a partir de coisas ruins que aconteceram em sua vida ou de erros que você cometeu?

QUINTA-FEIRA • *Sua promessa*

Com base do relato em Gênesis 38 não sabemos se Tamar teve ou não conhecimento da operação do poder de Deus nos acontecimentos de sua vida. É muito provável que não. No entanto, Deus estava trabalhando, extraindo o bem de uma tragédia e abençoando-a, apesar daqueles eventos nem um pouco dignos.

Esta é a beleza da história de Tamar. O poder de Deus, para produzir coisas positivas a partir de situações negativas, e até pecaminosas, em nossa vida, continua a agir como na época de Tamar. Talvez não percebamos essa verdade hoje nem amanhã — ou nunca —, mas podemos confiar no Deus que amamos para que ele faça o que mais gosta: nos abençoar.

Promessas nas Escrituras

> Vocês sabem [...] que nenhuma das boas promessas que o SENHOR, o seu Deus, lhes fez deixou de cumprir-se. Todas se cumpriram; nenhuma delas falhou.
>
> Josué 23.14

> Teus caminhos, ó Deus, são santos.
> Que deus é tão grande como o nosso Deus?
>
> Salmos 77.13

> Sabemos que Deus age em todas as coisas para o bem daqueles que o amam, dos que foram chamados de acordo com o seu propósito.
>
> Romanos 8.28

SEXTA-FEIRA • *Seu legado de oração*

> Judá gerou Perez e Zerá, cuja mãe foi Tamar.
>
> Mateus 1.2 (genealogia de Cristo)

MEDITE: Gênesis 38.

LOUVE A DEUS: Por ter permitido que seu Filho se associasse intimamente com os seres humanos pecadores, de quem descendia.

AGRADEÇA: O fato de Deus usar tudo e todos para produzir bons resultados.

CONFESSE: Qualquer inclinação que você tenha para julgar os outros usando dois pesos e duas medidas, como Judá fez com Tamar.

PEÇA A DEUS: Que tire qualquer aflição que você esteja sentindo e que a substitua por esperança, lembrando Jeremias 29.11: "'Porque sou eu que conheço os planos que tenho para vocês', diz o SENHOR, 'planos de fazê-los prosperar e não de lhes causar dano, planos de dar-lhes esperança e um futuro'".

Eleve o coração

Se você nunca montou sua árvore genealógica, faça um esforço para traçar sua linhagem, retrocedendo pelo menos quatro ou cinco gerações — ou mais, se tiver tempo e disposição. Peça a parentes mais velhos que forneçam o máximo de informações sobre seus antepassados. Dê atenção especial às mulheres de sua árvore genealógica. Tome nota de tudo o que descobrir. Depois, transcreva todas as informações num livro de recordações para ser passado a seus filhos após sua morte. Inclua fotografias e notícias de jornal que encontrar. Você poderá descobrir alguns detalhes fascinantes sobre a procedência de sua família.

> *Senhor, tu me formaste no ventre de minha mãe. Sabias, então, como seria cada dia de minha vida. Viste as coisas grandiosas e as dificuldades, as alegrias e as tristezas. Neste momento, apresento diante de ti a situação (ou a lembrança) com a qual ainda não me reconciliei. Quando eu me recordar de circunstâncias dolorosas, ajuda-me a entender que estavas presente até em meio a elas. Agora, no momento em que as entrego a ti, ajuda-me a sentir sua presença restauradora em minha vida.*

SEMANA 9

A mulher de Potifar

SEU CARÁTER Mulher de um egípcio próspero e influente, era infiel e vingativa, disposta a mentir para se proteger e desgraçar a vida de um homem inocente.

SEU SOFRIMENTO: Ser rejeitada por um escravo.

TEXTO-CHAVE: Gênesis 39.

SEGUNDA-FEIRA • *Sua história*

Não sabemos sequer seu nome. Ela é apenas apresentada como a mulher mimada de um oficial egípcio abastado, uma espécie de Cleópatra, decidida a utilizar seus encantos para seduzir o belo escravo hebreu, José.

Aos 17 anos, José foi vendido como escravo por seus meios-irmãos, os filhos de Lia. José, o filho favorito de Raquel e de Jacó, parece ter feito de tudo, mesmo que involuntariamente, para atrair a inimizade dos irmãos. Chegou até a relatar um sonho predizendo que ele, o filho mais novo, reinaria um dia sobre eles. Invejosos, os irmãos simularam a morte de José e o venderam, como um ser desprezível, a alguns comerciantes midianitas a caminho do Egito.

No Egito, Potifar, capitão da guarda do faraó, comprou o jovem escravo e confiou-lhe gradualmente a responsabilidade de cuidar de toda a sua casa. Mesmo no exílio, tudo o que José tocava prosperava, como Potifar sem dúvida logo notou.

O capitão da guarda não foi, porém, o único egípcio a impressionar-se com José. Sua mulher também se impressionou com ele de um modo especial e deixou claro seu desejo, convidando José para compartilhar seu leito. O jovem escravo deve ter surpreendido a rica senhora com sua firme recusa:

— Meu senhor nada me negou, a não ser a senhora, porque é mulher dele. Como poderia eu, então, cometer algo tão perverso e pecar contra Deus?

A partir daquele dia, José fez o possível para evitá-la. Porém, sem ter muito o que fazer para ocupar seu tempo e sua atenção, a mulher de Potifar simplesmente aguardou a próxima oportunidade, que apareceu quando José entrou na casa, certo dia, para cumprir seus deveres. A sós com o rapaz, agarrou-o pelo manto e sussurrou novamente:

— Vamos, deite-se comigo!

José, porém, não se deixou convencer e fugiu dela, deixando sua pretensa sedutora sozinha com seu desejo. Furiosa, agarrou o manto dele.

Sem perder tempo, acusou José de tentativa de estupro. Quando o marido soube disso, ficou indignado e mandou para a prisão seu servo favorito.

A história de José e de como Deus o abençoou até em sua cela na prisão, capacitando-o a se tornar governante da nação na qual entrara como escravo, é conhecida de todas nós. Mas não temos mais informações sobre a mulher de Potifar. O que aconteceu com ela? O marido suspeitou da sua falsidade? Foi por isso que simplesmente enviou José à prisão, em vez de executá-lo, como tinha todo o direito de fazer? Comparada a José, o protagonista da história, a mulher de Potifar era uma mulher vazia, cuja alma foi decaindo cada vez mais em razão do poder corrosivo da lascívia e do ódio. Cercada de luxo, ela era espiritualmente pobre. Vazia de Deus, era uma mulher cheia de si.

TERÇA-FEIRA • *Sua vida e sua época*

A vida no Egito

No mundo antigo, o Egito era considerado o celeiro do mundo. O rio Nilo transbordava periodicamente, depositando umidade e sedimentos que tornavam o solo fértil ao longo de seu vale, tornando a região um lugar perfeito para o crescimento de fartas colheitas. O solo fértil, porém, só era encontrado aonde as águas do Nilo chegavam, numa divisão tão pronunciada que era possível ficar, literalmente, com um pé no solo produtivo e o outro na areia.

Sempre que a fome atingia outras regiões do Oriente Médio, os habitantes famintos corriam para o Egito em busca de alimentos: "Houve fome naquela terra, e Abrão desceu ao Egito para ali viver algum tempo, pois a fome era rigorosa" (Gn 12.10). "Quando Jacó soube que no Egito havia trigo, disse a seus filhos: 'Por que estão aí olhando uns para os outros?' Disse ainda: 'Ouvi dizer que há trigo no Egito. Desçam até lá e comprem trigo para nós, para que possamos continuar vivos e não morramos de fome'" (Gn 42.1-2).

Além de servir como celeiro de alimentos, o Egito era o local de muitos projetos arquitetônicos impressionantes. Alguns faraós construíram tumbas enormes, às quais eles e suas famílias seriam conduzidos após a morte. Os egípcios acreditavam que o corpo era a morada eterna da alma e, portanto, tornaram-se adeptos da mumificação. Sabiam preservar os cadáveres com tal perfeição que alguns estão intactos até hoje.

O custo, em termos humanos, para executar os projetos arquitetônicos dos egípcios era exorbitante. Os faraós egípcios forçavam os hebreus a viverem em regime de escravidão, usando-os para construir seus grandiosos templos e túmulos. A opressão dos hebreus ocorreu, provavelmente, durante a 19ª Dinastia do Egito, sob o comando do faraó Ramsés. Os oficiais daquela época deixaram registros do número de tijolos fabricados a cada dia, assim como as queixas sobre a escassez de palha para os tijolos.

Mobílias de ébano e marfim, vasos elegantes e ferramentas de cobre, bem como joias de ouro e ornamentos abarrotavam os templos. Artesãos esculpiam lindas cenas da vida diária nas paredes das tumbas, a fim de proporcionar consolo a quem se achava enterrado ali.

Por ser casada com um oficial egípcio de alto escalão, é provável que a mulher de Potifar desfrutasse de uma vida confortável e próspera. Segundo o relato de Gênesis, a casa e os negócios de Potifar prosperaram por causa da influência de José, e "a bênção do SENHOR estava sobre tudo o que Potifar possuía, tanto em casa como no campo" (Gn 39. 5).

A história da sedução e do desejo é tão antiga quanto o mundo. As Escrituras não registram se José achou a mulher de Potifar atraente e desejável. Talvez esse detalhe tenha sido considerado supérfluo, já que ele a rejeitou porque não poderia "cometer algo tão perverso e pecar contra Deus". A mulher egípcia, mais velha e consumida pelos anos, e seus desejos oferecem um pano de fundo contrastante para a pureza de José, tornando sua escolha de andar pelo caminho reto muito mais visível e atraente.

QUARTA-FEIRA • *Seu legado nas Escrituras*

Leia Gênesis 39.1-23.

1. Imagine a vida que a mulher de Potifar levava. O que poderia tê-la motivado a ser tão consumida pelo desejo a ponto de tentar uma sedução tão às claras?
2. Como teria sido a vida de José se ele tivesse cedido aos apelos da mulher de Potifar?
3. Que legado o pecado ou uma rejeição ao pecado deixou em sua vida?
4. Por que você acha que a mulher de Potifar inventou uma história para contar ao marido? O que essa mentira lhe diz a respeito dela como pessoa?
5. A tentação faz parte da vida — até Jesus foi tentado. Que tentações você tem enfrentado? Como lida com elas?

QUINTA-FEIRA • *Sua promessa*

Nesta história, a promessa de Deus é revelada mais por meio de José e de sua reação do que por meio da mulher de Potifar. Se analisarmos superficialmente o papel de José nesta única história, pode parecer que ele não passa de um personagem secundário no enredo da casa de Potifar. Como aconteceu antes, ele é rejeitado e posto de lado. Dá a impressão de ser um tolo, um perdedor. Deus, contudo, continuou a abençoar José. No contexto desta única história, pode parecer que José foi derrotado. Mas, no contexto de sua vida, ele é um grande vencedor. Indiretamente — por meio da mulher de Potifar e de sua tentativa de seduzir José — Deus revela sua promessa de abençoar aqueles que o seguem com probidade (uma palavra fora de moda, porém muito apropriada!) e integridade.

Promessas nas Escrituras

> Sei, ó meu Deus, que sondas o coração e que te agradas com a integridade.
>
> 1Crônicas 29.17

> Como é feliz aquele
>   que não segue o conselho dos ímpios,

não imita a conduta dos pecadores,
nem se assenta na roda dos zombadores!
Ao contrário, sua satisfação
está na lei do SENHOR,
e nessa lei medita dia e noite.

Salmos 1.1-2

SEXTA-FEIRA • *Seu legado de oração*

Cria em mim um coração puro, ó Deus,
e renova dentro de mim um espírito estável.

Salmos 51.10

MEDITE: Gênesis 39.

LOUVE A DEUS: Porque ele não só nos mostra o que é certo, mas também nos dá força para resistir à tentação.

AGRADEÇA: Porque ele nos convida a desfrutarmos de um relacionamento íntimo com ele, em vez dos prazeres vazios que este mundo oferece.

CONFESSE: Qualquer inclinação para envolver-se, emocional ou fisicamente, num relacionamento extraconjugal ou para cobiçar algo que não lhe pertence.

PEÇA A DEUS: Que a ajude a vencer o hábito de fantasiar os relacionamentos que desejaria ter.

Eleve o coração

Sabemos o que aconteceu com José depois de ter sido acusado falsamente, mas não sabemos nada mais sobre a mulher de Potifar. Escreva um curto relato, com base em sua imaginação, intitulado "O que aconteceu com a mulher de Potifar". Você poderá dar-lhe um fim feliz ou trágico, mas certifique-se de que seja verossímil. Tente colocar-se no lugar da mulher de Potifar de sua mãe, serva, irmã mais nova, ou de qualquer outro personagem que quiser. O que você sente ao pensar na conclusão da história dela?

Senhor, não quero que minha alma se alimente de prazeres vazios, para desejar algo que pertence a outra pessoa. Peço-te: aumenta meu desejo de estar contigo e cria em mim um coração puro, um coração que acharás irresistivelmente belo.

SEMANA 10

As mães de Moisés

JOQUEBEDE

SEU NOME SIGNIFICA *"o Senhor é glória"*

SEU CARÁTER: O amor ardente pelo filho, somado à sua fé, deu-lhe forças para agir heroicamente em meio a grande opressão.

SEU SOFRIMENTO: Ter sido escrava.

SUA ALEGRIA: Deus ter preservado o filho que ela lhe entregou e que, depois, ele devolveu a ela.

TEXTOS-CHAVE: Êxodo 2.1-10; Hebreus 11.23.

A FILHA DO FARAÓ

SEU CARÁTER: O povo judeu respeita os homens e as mulheres aos quais dão o nome de "gentios justos". São pessoas que, embora incrédulas, ajudaram o povo de Deus de maneira significativa. Por certo, a filha do faraó deveria estar em primeiro lugar na lista dos gentios justos. Agindo de maneira corajosa e compassiva, ela livrou uma criança da morte, a qual veio a ser o grande libertador de Israel.

SEU SOFRIMENTO: O fato de seu filho adotivo, de quem cuidou durante quarenta anos, ter de fugir de seu lar no Egito para escapar da ira do faraó.

TEXTO-CHAVE: Êxodo 2.1-10

SEGUNDA-FEIRA • *Sua história*

Trezentos anos após a morte do patriarca José, nasceu uma criança no Egito, cujo choro estridente era sufocado pelos soluços da mãe. O coração de Joquebede revelava um misto de alegria e medo. Esse filho, com a mãozinha fechada de encontro a seu peito, era uma criança tão linda que ela mal podia acreditar que fosse sua. Com toda ternura, Joquebede levantou a mãozinha quente e tocou-a com os lábios. Esse gesto acalmou a ambos. Sentindo a tensão em suas costas desaparecer e os músculos relaxando, ela viu as sombras da noite evaporarem sob a luz da manhã.

Embora fosse escrava, era também levita, uma mulher que pertencia ao Deus de Abraão e Sara, de Isaque e Rebeca, de Jacó, Raquel e Lia. Joquebede conhecia a história de seus antepassados. Acreditava nas promessas. Deus era fiel. Seu povo já não aumentara até ficar mais numeroso do que a areia do mar, exatamente como ele dissera que aconteceria?

De fato, os israelitas haviam crescido tanto em número que os faraós temiam que pudessem, um dia, aliar-se a algum exército invasor e trair a nação na qual moravam. Com o passar do tempo, os egípcios haviam apertado o cerco, escravizando finalmente os israelitas, até que a paranoia do faraó produziu um mal maior ainda: ordenou que todo menino hebreu fosse morto ao nascer. As parteiras egípcias, porém, temiam mais a Deus que ao rei e recusaram-se a seguir suas ordens, usando a desculpa de que as mulheres hebreias eram mais fortes que as egípcias e davam à luz antes da chegada das parteiras.

O faraó ordenou, então, que seus soldados procurassem todos os meninos recém-nascidos e os jogassem no Nilo. Joquebede ouvia os gritos das mães ecoando frequentemente por todo o acampamento hebreu, quando os filhos eram arrancados de seus braços. Segurou o filho com mais firmeza enquanto o bebê dormia, sereno, junto a seu peito. Ele jamais serviria de alimento ao deus egípcio do rio, ela prometeu. Joquebede e o marido, Anrão, orariam. Planejariam. E confiariam em Deus para ajudá-los.

Durante três meses, até o ponto em que sua coragem permitiu, ela escondeu a criança, conseguindo manter Miriã e Arão (então com três anos) calados sobre o nascimento do novo irmãozinho. Finalmente, Joquebede pôs em prática um plano que ela própria idealizara. O faraó ordenara que jogassem seu filho no rio Nilo. Muito bem. Ela mesma poria, com suas próprias mãos, o menino na água.

Lembrando-se de como Deus poupara o menino Isaque de ser sacrificado no monte, inclinou-se e colocou o filho na água, dentro de um cesto de junco impermeabilizado com piche e betume. Depois de murmurar uma oração e de acariciar o filho pela última vez, ela enxugou os olhos e pediu a Deus que livrasse seu bebê dos crocodilos que infestavam o rio.

Joquebede não teve forças para ficar vigiando enquanto o filho se afastava. Chamou, então, a jovem Miriã para continuar a vigiar e seguir o cesto a distância e ver o que aconteceria coma criança.

Em breve, a filha do faraó chegou à margem do rio com suas servas. Ao avistar o cesto entre os juncos, ela mandou sua criada retirá-lo da água. No momento em que viu o bebê de olhos castanhos, ela o amou. O rio lhe trouxera um filho, a quem amaria como se fosse seu. Ela não pôde salvar todas as crianças inocentes, mas conseguiu poupar a vida do filho de uma das mães.

Será que ela se surpreendeu quando uma jovem escrava, Miriã, se aproximou perguntando se queria que ela procurasse uma hebreia para amamentar a criança? Será que não desconfiou de nada quando Joquebede segurou o menino nos braços, desta vez na condição de sua ama?

A filha do faraó chamou o menino de Moisés, dizendo: "Porque eu o tirei das águas". Durante os quarenta anos seguintes, ela o criou como um príncipe na corte do faraó.

Deus manteve Moisés protegido em meio a perigos e maldades — primeiro nas águas infestadas de crocodilos e, depois, enquanto ele crescia bem debaixo do nariz do faraó. E Deus usou os egípcios para proteger e educar o menino a fim de tornar Moisés mais eficiente em seu futuro papel de libertador de seu povo.

Ano após ano, Joquebede deve ter refletido sobre a maravilhosa fidelidade de Deus. A criatividade, a coragem e a fé daquela mulher deveriam inspirar até a mais medrosa dentre nós.

Duas mulheres — uma escrava e uma princesa — conservaram a vida do futuro libertador de Israel, preservando, assim, toda a raça judia.

TERÇA-FEIRA • *Sua vida e sua época*

Cestos

Um objeto tão comum usado para um propósito tão extraordinário! Imagine o cuidado e o amor de Joquebede enquanto revestia de piche e betume o cesto de junco antes de colocar seu precioso filho dentro dele.

No decorrer dos séculos, poucos cestos devem ter recebido um toque tão cheio de amor e carinho.

Os cestos eram apenas um dentre os muitos tipos de recipientes usados para guardar e carregar vários itens no mundo antigo. No lar, as mulheres usavam cestos para guardar utensílios domésticos, frutas e pão. Os fabricantes de tijolos carregavam a argila em cestos. Os viajantes faziam uso deles para carregar os suprimentos necessários para a viagem. Os sacerdotes em Israel usavam cestos para guardar os pães e bolos que faziam parte da adoração no tabernáculo (Êx 29.3,23,32).

Quase sempre feitos de algum tipo de material extraído de plantas, como folhas, galhos finos ou talos, os cestos tinham uma variedade de formas e de tamanhos. Os menores eram levados na mão. Os cestos um pouco maiores eram carregados nas costas ou na cabeça, geralmente utilizados para guardar mantimentos numa viagem. Os discípulos usaram doze cestos grandes para recolher as sobras quando cinco mil pessoas foram alimentadas (Mt 14.20). Um cesto maior ainda foi usado para a fuga de Paulo por uma janela no muro de Damasco (At 9.25). Esse cesto deve ter sido bem grande e resistente.

Deus usa coisas comuns para produzir coisas extraordinárias, e isso se evidencia tanto nos primeiros eventos do Êxodo quanto em outros trechos das Escrituras. O desejo de Deus de fazer cumprir sua vontade por meio de coisas, pessoas e eventos comuns nos tempos de Joquebede continua o mesmo até hoje. Se você procurar os sinais de sua presença, sem dúvida os encontrará.

QUARTA-FEIRA • *Seu legado nas Escrituras*

Leia Êxodo 2.1-10 e Hebreus 11.23.

1. O que você pode aprender sobre o caráter de Joquebede a partir do que ela faz em cada ponto dessa história?
2. Em sua opinião, por que a filha do faraó quis manter o bebê como se fosse filho dela?
3. Por que o pai dela (e possivelmente seu marido, caso fosse casada) permitiu que sua filha infringisse a lei e adotasse um bebê estrangeiro?

4. Hebreus 11.23 diz que os pais de Moisés agiram pela fé. Que papel a fé exerce na criação de um filho? Se você é mãe, já teve de escolher entre a fé e o medo? Como?
5. Onde Deus estava nessa história? O que isso lhe diz a respeito de Deus na história de sua vida?

QUINTA-FEIRA • *Sua promessa*

Joquebede, a mãe de Moisés, tinha um só pensamento quando escondeu o filho e o deixou no rio, dentro de um cesto: preservar a vida dele por mais um dia, mais uma hora, mais um momento. Ela não tinha conhecimento de como Deus planejara agir em sua vida ou na vida de seu filho. Nem imaginava estar pondo em prática um plano divino para libertar seu povo da opressão à qual ela estava resistindo.

Os caminhos de Deus são extremamente belos. Ele usa o amor dedicado e intenso de uma mãe pelo filho para libertar uma raça inteira. Assim como Joquebede, nosso objetivo deve ser o de perseverar, confiar que Deus tem um propósito em mente e que nós e nossos filhos fazemos parte desse propósito.

Promessas nas Escrituras

> Mas os planos do SENHOR permanecem para sempre,
> os propósitos do seu coração, por todas as gerações. [...]
> Mas o SENHOR protege aqueles que o temem,
> aqueles que firmam a esperança no seu amor.
>
> Salmos 33.11,18

> "Porque sou eu que conheço os planos que tenho para vocês", diz o SENHOR, "planos de fazê-los prosperar e não de lhes causar dano, planos de dar-lhes esperança e um futuro. Então vocês clamarão a mim, virão orar a mim, e eu os ouvirei. Vocês me procurarão e me acharão quando me procurarem de todo o coração. Eu me deixarei ser encontrado por vocês", declara o SENHOR.
>
> Jeremias 29.11-14

SEXTA-FEIRA • *Seu legado de oração*

> Quando já não podia mais escondê-lo, pegou um cesto feito de junco e o vedou com piche e betume. Colocou nele o menino e deixou o cesto entre os juncos, à margem do Nilo.
>
> Êxodo 2.3

MEDITE: Êxodo 2.1-10.

LOUVE A DEUS: Porque até os piores inimigos com os quais deparamos são fracos quando comparados a ele.

AGRADEÇA: O poder de Deus para salvar.

CONFESSE: Qualquer falha em confiar a Deus a vida de nossos filhos.

PEÇA A DEUS: Que a ajude a encorajar as mães preocupadas com o bem-estar dos filhos.

Eleve o coração

Encontre outra mãe, talvez uma mãe adolescente ou uma amiga que esteja tendo dificuldades com os filhos no momento. Arrume um cesto para ela, cheio de pequenos presentes, tais como uma vela perfumada, frutas secas, uma xícara de café e pequenos cartões com versículos bíblicos encorajadores. Diga-lhe que vai orar pelos filhos dela, mencionando cada um pelo nome, todos os dias nos próximos dois meses. Não espere ouvir confidências, mas, se isso acontecer, guarde-as em segredo e nelas baseie suas orações.

> *Pai, obrigada pelo dom e chamado para a maternidade. Ajuda-me a lembrar que meu amor por meus filhos é simplesmente um reflexo de teu amor por eles. Com isso em mente, concede-me a graça de entregar minha ansiedade a ti. Substitui-a por um sentimento de confiança e de calma, enquanto aprendo a depender de ti em tudo. Amém.*

Miriã

SEU NOME PODE SIGNIFICAR *"amargura"*

SEU CARÁTER: Ainda menina, ela mostrou ter espírito forte e sabedoria. Foi líder do povo de Deus num momento crucial da história e dirigiu a celebração após a travessia do mar Vermelho. Também transmitiu a palavra de Deus ao povo, compartilhando sua jornada de quarenta anos no deserto.

SEU SOFRIMENTO: Ter sido acometida de lepra por causa de seu orgulho e insubordinação e não ter recebido permissão para entrar na terra prometida.

SUA ALEGRIA: Ter desempenhado um papel importante na libertação do povo de Deus, a nação que amava.

TEXTOS-CHAVE: Êxodo 2.1-10; 15.20-21; Números 12.1-15.

SEGUNDA-FEIRA • *Sua história*

Devo ficar sete dias longe do acampamento de meu povo. Sou uma mulher velha, cercada pelas lembranças do passado.

Como pude esquecer nossos anos no Egito, o grito das mães cujos filhos foram assassinados ou os gemidos de nossos irmãos enquanto trabalhavam até a morte? Basta fechar os olhos para ver — o muro de água, os soldados nos perseguindo através do mar, o som deles se afogando ruidosamente e, no final, o silêncio e a paz. Como sinto falta do canto das mulheres que dirigi naquele dia, dançando à beira-mar, louvando a Deus por ele ter lançado nossos inimigos nas águas profundas, certa de que não mais os veríamos.

No entanto, nós voltamos a vê-los — sim, vimos nossos inimigos, embora não fossem os egípcios. Deixamos que a ingratidão se espalhasse entre nós e roubasse nossas bênçãos. Preferimos as cebolas e os alhos-porós do Egito, o alimento de nossa escravidão, ao maná que o bom Deus nos deu. Escravizados pelo medo, recusamo-nos a entrar na terra da promessa.

Vezes sem conta, Moisés, Arão e eu exortamos o povo a permanecer firme, a ter fé e a obedecer a Deus. Mas chegou o dia em que Arão e eu não pudemos mais apoiar nosso irmão. Falamos, então, contra ele e sua mulher etíope. Que parte ela teria na promessa, uma mulher estrangeira que não conhecia nosso sofrimento? E então desafiamos Moisés. O Senhor só havia falado por meio dele? Todo Israel sabia que não era assim. Merecíamos compartilhar a autoridade em partes iguais, ter direitos iguais de guiar o povo.

No entanto, o Senhor que fala também ouviu nossas queixas e pediu que nós três nos apresentássemos perante ele na Tenda do Encontro e disse palavras terríveis a Arão e a mim.

Quando a nuvem de sua presença finalmente se levantou, eu estava leprosa. Vi o horror estampado em cada face que me fitava. Arão suplicou a Moisés que nos perdoasse. E Moisés clamou ao Senhor para que me curasse.

O Senhor respondeu: "Se o pai dela lhe tivesse cuspido no rosto, não estaria ela envergonhada sete dias? Que fique isolada fora do acampamento sete dias; depois ela poderá ser trazida de volta". Pelo menos fiquei sabendo que meu exílio seria temporário, que minha doença seria curada.

Vejo, agora, que meus inimigos não estavam simplesmente sepultados no mar, mas moravam em meu coração. Mesmo assim, Deus permitiu que eu vivesse, e creio que vai me curar. Embora traga sofrimento, ele também mostra compaixão. De uma coisa eu sei: o Senhor lançou meu orgulho no mar, e por isso também cantarei louvores a ele.

• • •

Embora as Escrituras não revelem os pensamentos de Miriã ou a atitude de seu coração depois que ela foi castigada por queixar-se de Moisés, não é errado pensar que ela tenha se arrependido durante os sete dias de afastamento. Afinal, não é fácil para uma pessoa de fé, ainda que tenha pecado, ouvir Deus falar como se estivesse cuspindo em seu rosto e persistir no erro.

Talvez Miriã e a própria nação precisassem de uma rejeição forte para reconhecer a gravidade de um pecado que ameaçava a união do povo de Deus.

Você deve estar se perguntando: por que Arão não foi também punido por seu pecado? Provavelmente porque Miriã parecia ser a líder da revolta. Talvez porque Deus não quisesse que a adoração do tabernáculo fosse interrompida com a ausência do sumo sacerdote Arão.

A última vez que ouvimos falar de Miriã diz que ela morreu e foi sepultada em Cades-Barneia, não muito longe de onde Hagar, outra escrava, tinha encontrado um anjo no deserto muitos anos antes. Como os irmãos Moisés e Arão, Miriã morreu pouco antes do fim da peregrinação dos israelitas no deserto, que durou quarenta anos. Ela também foi impedida de entrar na terra prometida.

Ainda assim, como seus irmãos, Miriã é igualmente uma das grandes heroínas de nossa fé. Quando menina, ajudou a salvar o bebê Moisés, futuro libertador de Israel. Por ser profetisa, exortou e encorajou o povo de Deus; também conduziu o cântico do primeiro salmo registrado nas Escrituras. No entanto, por mais forte que sua fé tenha sido, ela pecou contra Deus, como nós também pecamos, e sofreu um castigo destinado a levá-la ao arrependimento.

TERÇA-FEIRA • *Sua vida e sua época*

Dança

Nos tempos bíblicos, o povo dançava para comemorar acontecimentos felizes e para louvar a Deus. A dança nas Escrituras está sempre ligada à alegria e à felicidade. A presença do luto significa ausência de danças (Lm 5.15), e há tempo para ambos (Ec 3.4).

A primeira menção da dança nas Escrituras foi quando Miriã dirigiu as mulheres israelitas na dança que celebrou a derrota milagrosa dos egípcios no mar Vermelho, efetuada por Deus. Imagine, se puder, a emoção daquelas mulheres enquanto andavam (quem sabe até corriam!) por entre as paredes de água do mar Vermelho, tendo os carros egípcios logo atrás delas. Com medo de perder a vida, chegaram sem fôlego à praia oriental, virando-se para trás a tempo de ver as águas batendo com força para afogar os egípcios e seus cavalos... uma fuga complicada, aterrorizante.

Logo o medo deu lugar à empolgação. Estavam livres! Quando Miriã passou com um tamborim cantando um hino de louvor a Deus, os pés das mulheres acompanharam o ritmo dela, suas vozes juntaram-se à dela na canção, e dançaram!

Os hebreus dançavam na adoração, geralmente em louvor a Deus por causa de sua libertação dos inimigos (1Sm 18.6; Sl 149.3). Dançavam para celebrar eventos felizes, como casamentos e a volta de pessoas queridas para casa (Lc 15.25). Os hebreus não dançavam com as hebreias. Os homens quase sempre dançavam sozinhos, como fez Davi diante da arca (2Sm 6.14), enquanto as mulheres dançavam juntas.

Há alguma evidência de que a dança fazia parte da adoração entre os primeiros cristãos. Mas, segundo vários escritores cristãos primitivos, essa prática logo degenerou e deixou de expressar um louvor puro ao Senhor. Pouco tempo depois, a dança foi banida.

Assim como Miriã e as mulheres não puderam se conter e dançaram de alegria, algumas vezes reagimos quase da mesma maneira quando Deus opera maravilhas em nossa vida: um sorriso se abre em nosso rosto, nossas mãos se levantam e nossos pés não conseguem ficar parados! O Deus que criou o corpo humano certamente gosta do uso puro desse belo instrumento para oferecer-lhe louvores.

QUARTA-FEIRA • *Seu legado nas Escrituras*

Leia Êxodo 15.19-21.

1. Em sua opinião, o que Miriã e as outras mulheres pensavam e sentiam enquanto atravessavam o mar Vermelho. Por que elas dançaram?
2. Você já sentiu tamanha alegria? Se sim, quando? Como a expressou? Se não a expressou, por que supõe que não o tenha feito?

Leia Números 12.1-15.

3. Quais seriam outras possíveis razões, além da mulher etíope (não hebreia) de Moisés por que Miriã e Arão criticaram o irmão?
4. O que você acha que Miriã estava pensando e sentindo quando ficou sete dias fora do acampamento? O que você pensaria se estivesse em situação semelhante?
5. Às vezes, mesmo quando somos perdoadas, temos de sofrer as consequências pelos nossos pecados. Por qual pecado você recebeu correção? Como você se sente hoje a respeito daquela situação: Perdoada? Ainda culpada? Zangada?

QUINTA-FEIRA • *Sua promessa*

A história de Miriã é um exemplo extraordinário da disposição de Deus para perdoar os pecadores. Embora tivesse de sofrer as consequências de seus atos — sete dias de exclusão do acampamento e longe de todos os que a amavam — ela voltou como uma mulher perdoada. Centenas de anos mais tarde, Miriã foi lembrada pelo profeta Miqueias como líder de Israel ao lado de Moisés e Arão (Mq 6.4).

Tal perdão libertador está à nossa disposição da mesma forma que esteve a Miriã. Deus olha e julga nosso pecado, aguarda pacientemente que nos arrependamos e oferece, com muito entusiasmo, perdão e aceitação. Voltamos a ter comunhão com ele sentindo-nos renovadas, purificadas e perdoadas. Nosso arrependimento transforma um legado de juízo e castigo num legado de perdão e valor diante de Deus.

Promessas nas Escrituras

Bendiga o SENHOR a minha alma!
Não esqueça nenhuma de suas bênçãos!
É ele que perdoa todos os seus pecados.

Salmos 103.2-3

Quem é comparável a ti, ó Deus,
que perdoas o pecado e esqueces a transgressão [...]?

Miqueias 7.18

Se confessarmos os nossos pecados, ele é fiel e justo para perdoar os nossos pecados e nos purificar de toda injustiça.

1João 1.9

SEXTA-FEIRA • *Seu legado de oração*

"Cantem ao SENHOR,
pois triunfou gloriosamente.
lançou ao mar o cavalo
e o seu cavaleiro".

Êxodo 15.21

MEDITE: Números 12.1-15.

LOUVE A DEUS: Porque ele disciplina a quem ama, cada filho que lhe pertence.

AGRADEÇA: Porque a ira de Deus dura apenas um momento, mas seu favor dura para sempre.

CONFESSE: Qualquer arrogância que tenha invadido seu coração, principalmente se ela estiver relacionada à sua função na igreja ou no trabalho.

PEÇA A DEUS: Que a ajude a se lembrar de que a disciplina é uma manifestação do amor de Deus por seus filhos.

Eleve o coração

Se uma mulher como Miriã pôde agir de maneira tão desagradável diante de Deus, nós também somos capazes de pecar, independentemente do que fizemos por ele no passado. Separe um tempo nesta semana para fazer uma sondagem sincera em sua alma. Se descobrir qualquer coisa que desagrade a Deus, peça-lhe perdão. Não se limite a murmurar uma rápida oração e ponto-final; ele precisa saber que seu arrependimento é sincero. Pegue algumas pedras pequenas e vá até um rio, lago ou lagoa. Ande devagar junto à água e conte novamente sua tristeza a Deus. Depois, atire as pedras na água, uma após a outra, lembrando-se do cântico entoado por Miriã. Agradeça a Deus porque ele livrou você de seus pecados, da mesma forma que libertou os israelitas do exército do faraó.

Pai, obrigada pelas vezes que chamaste minha atenção. Sei que me amas o suficiente para me disciplinar. Ajuda-me a arrepender-me sem demora e a perceber meu pecado antes que necessites colocá-lo diante de mim. Permite que eu sinta a alegria que nos aguarda quando recebemos teu perdão.

SEMANA 12

Raabe

SEU NOME SIGNIFICA *"tempestade", "arrogância", "amplo" ou "espaçoso"*

SEU CARÁTER: Raabe era inteligente e sábia. Percebeu a aproximação do julgamento e idealizou um plano de fuga para ela e sua família. No momento em que soube o que Deus fizera pelos israelitas, decidiu participar das bênçãos do povo dele e arriscou a vida num ato de fé.

SEU SOFRIMENTO: Ver seu povo destruído e sua cidade demolida.

SUA ALEGRIA: Por Deus ter dado a ela, uma idólatra e prostituta, a oportunidade de conhecê-lo e de pertencer a seu povo.

TEXTOS-CHAVE: Josué 2.1-21; 6.17-25; Mateus 1.5; Hebreus 11.31; Tiago 2.25.

SEGUNDA-FEIRA • *Sua história*

Talvez Jericó seja a cidade mais antiga do mundo. Construída por volta de seis mil anos antes que Miriã e Moisés completassem sua peregrinação no deserto, suas ruínas podem ser encontradas a mais ou menos dezessete quilômetros a nordeste de Jerusalém. Jericó, porta de entrada para Canaã, era também local de moradia de uma prostituta chamada Raabe, cuja casa se assentava confortavelmente na grande muralha que cercava a cidade.

Além de entreter os homens da cidade, Raabe recebia hóspedes das várias caravanas, cujas rotas passavam por Jericó. Homens vindos de todo o Oriente levaram a notícia de que havia uma multidão acampada a leste do Jordão. Raabe ouviu histórias maravilhosas sobre as proezas do Deus dos israelitas — como ele secara o mar Vermelho para que pudessem escapar dos feitores dos escravos egípcios e como lhes dera vitória na batalha contra Seom e Ogue, dois reis amorreus. Durante quarenta anos, o rei dos israelitas os havia treinado e fortalecido no deserto. Tais boatos disseminavam terror em Jericó.

Enquanto os homens conversavam, outro homem planejava. Moisés havia morrido, e Josué, filho de Num, tinha sido nomeado líder dos israelitas. Quase quarenta anos antes, Josué foi incumbido de espiar a terra com Calebe e um grupo de homens e incentivou o povo a tomar posse da terra da promessa. Desta vez não haveria recuo. Assim que os hebreus cruzassem o rio Jordão e destruíssem Jericó, a terra se abriria como uma melancia partida ao meio. Ele já sentia o gostinho da vitória.

Josué enviou dois espiões a Jericó para conhecer seus segredos. Os espiões logo descobriram a casa de Raabe, onde ela os escondeu debaixo dos talos de linho que secavam no telhado. Mais tarde naquele mesmo dia, Raabe recebeu uma mensagem do rei de Jericó, perguntando-lhe sobre os espiões que haviam se refugiado em sua casa.

Sem hesitar, Raabe mentiu ao mensageiro do rei:

— É verdade que os homens vieram a mim, mas eu não sabia de onde tinham vindo. Ao anoitecer, na hora de fechar a porta da cidade, eles partiram. Não sei por onde foram. Corram atrás deles. Talvez os alcancem.

Tão logo os homens do rei partiram, ela correu para o telhado e avisou os dois hóspedes:

— Sei que o SENHOR lhes deu esta terra. Vocês nos causaram um medo terrível, e todos os habitantes desta terra estão apavorados por causa de vocês, pois o SENHOR, o seu Deus, é Deus em cima nos céus e embaixo na terra. Jurem-me pelo SENHOR que, assim como eu fui bondosa com vocês, vocês também serão bondosos com a minha família. Deem-me um sinal seguro de que pouparão a vida de meu pai e de minha mãe, de meus irmãos e de minhas irmãs, e de tudo o que lhes pertence. Livrem-nos da morte.

— A nossa vida pela de vocês! —responderam os homens àquela notável declaração de fé selando, assim, o acordo.

Imediatamente, os dois espiões entregaram a Raabe um cordão vermelho, pedindo que o amarrasse na janela lateral da casa construída no muro da cidade. Ao invadir o local, os israelitas veriam o sinal e poupariam a vida de todos os que estivessem dentro da casa. Em seguida, Raabe disse aos homens que se escondessem durante três dias numa montanha até que seus perseguidores abandonassem a caçada. Depois disso, eles saíram furtivamente pela janela e desceram os muros de Jericó.

O sorriso nos lábios de Josué durou um bom tempo depois que ele ouviu as boas notícias contadas pelos espiões. Era chegada a hora de avançar. Ele reuniu o povo e guiou-o através do Jordão. Embora o rio estivesse em época de transbordamento, um enorme exército de israelitas atravessou seu leito pisando em terra seca. Deus estava com eles, da mesma forma que os acompanhara quando partiram do Egito. Só que, desta vez, ninguém os perseguia — Israel se tornara o exército perseguidor, pronto para a batalha!

A notícia de que as águas do Jordão foram divididas ao meio para que os israelitas atravessassem o rio aterrorizou os habitantes de Jericó. Raabe observava ansiosamente pela janela, no muro, enquanto os israelitas se reuniam ao redor da cidade como uma tempestade se formando velozmente. Será que aqueles guerreiros ferozes com seu Deus poderoso se lembrariam do cordão vermelho? Pela milésima vez, ela avisou a família, especialmente as crianças, que não dessem um só passo para fora da casa, para que não morressem.

Naquele primeiro dia, Raabe viu sete sacerdotes carregando uma arca e conduzindo milhares de homens ao redor da cidade. Assustada, ela passou os braços ao redor do corpo, mas nada aconteceu. A situação continuou a mesma no dia seguinte, e no outro, e durante mais de cinco dias. Então, quando o sol estava nascendo no sétimo dia, os homens de Israel marcharam outra vez e rodearam Jericó sete vezes. De repente, ela ouviu o toque poderoso da trombeta de chifre de carneiro, um som alto demais, capaz de dividir uma montanha ao meio. Os muros caíram e os israelitas invadiram a cidade. Raabe tentou tapar os ouvidos para abafar o barulho do tumulto do lado de fora. Quando a batalha de Jericó chegou ao fim, a vida de Raabe e de sua família havia sido poupada. Sua fé salvou-lhe a vida, bem como a de todos de sua casa, do terrível julgamento decretado contra a cidade.

O fim de Jericó lembra-nos o de Sodoma. Em Sodoma, Ló e as filhas foram poupados; em Jericó, Raabe e sua família. Mas, ao contrário de Ló ou de sua mulher, Raabe não hesitou uma vez sequer. Ela é a única mulher citada pelo nome e elogiada por sua fé no rol da grande "nuvem de testemunhas" mencionada em Hebreus. Prostituta e vivendo em meio a um povo idólatra, Raabe foi como um tição tirado do fogo. Após a destruição de seu povo, ela deixou tudo para trás, vindo a tornar-se ascendente do rei Davi e, por conseguinte, ascendente de Jesus.

A história de Raabe é dramática e mostra-nos que a graça de Deus não tem limites. O cordão vermelho que salvou Raabe sua família lembra o sangue de Jesus, que nos salva até hoje, e as palavras de Isaías:

"Embora os seus pecados sejam vermelhos como escarlate, eles se tornarão brancos como a neve". Raabe depositou sua fé no Deus de Israel e não se decepcionou.

TERÇA-FEIRA • *Sua vida e sua época*

Muralhas

Jericó é, provavelmente, mais conhecida hoje por seus muros enormes, muros que caíram por causa da fé do povo de Israel (Hb 11.30). O muro ao redor de uma cidade era a marca principal que a distinguia. As comunidades sem muros não passavam de um vilarejo, cujos habitantes corriam para a cidade murada mais próxima em busca de refúgio durante uma batalha ou guerra.

Raabe morava numa casa sobre o muro de Jericó, de onde devia ter uma bela vista não só da cidade, como também de sua área externa. Essa posição privilegiada era perfeita para reconhecer prováveis clientes quando entravam em Jericó e saíam da cidade, e talvez tenha sido muito útil para seu negócio de prostituição.

Casas, negócios, torres de vigia, posições de arqueiros — tudo podia ser construído em cima ou dentro dos muros, cuja espessura variava de 6 a 9 metros. Quanto mais forte o sistema de muralhas ao redor de uma cidade (algumas tinham um muro interno e outro externo), mais fácil seria defendê-la de invasores que chegavam através das planícies.

A maioria dos muros das grandes cidades era construída com pedras gigantescas e argamassa. Algumas pedras do muro do templo em Jerusalém existem até hoje. Suas dimensões são: 9 metros de comprimento, 2 metros de largura e 13 metros de altura. Cada pedra pesa 80 toneladas!

No entanto, pedra nenhuma foi suficientemente grande para proteger Jericó do poder de Deus exercido por seu povo. Não foi preciso usar aríetes para quebrar os muros. O povo só precisou de fé no que Deus disse que faria. E os muros desabaram!

QUARTA-FEIRA • *Seu legado nas Escrituras*

Leia Josué 2.1-21.

1. Deus ordenou a destruição completa de Jericó e de outras cidades cananeias por causa de seus graves pecados, inclusive o sacrifício de crianças, a prostituição do santuário e a injustiça dos poderosos contra os fracos. Por que, dentre o povo daquela cidade, ele escolheu poupar apenas uma prostituta e sua família?
2. Raabe traiu sua cidade. Que motivos ela apresentou para fazê-lo? Você é capaz de imaginar outras razões que ela possa ter tido?
3. Em sua opinião, por que os espiões fizeram um acordo com ela?

Leia Tiago 2.25-26.

4. Tiago disse que Raabe foi um exemplo do princípio de que a fé verdadeira está ligada às obras. Como Raabe demonstrou isso?
5. Que riscos você já esteve disposta a correr por sua fé? Que riscos não esteve disposta a correr por sua fé? Por quê?

QUINTA-FEIRA • *Sua promessa*

A história de Raabe revela mais uma vez a disposição de Deus para usar os imperfeitos, os rejeitados e os que consideramos incapazes para executar seus propósitos santos. Em toda a Escritura, com um toque que poderíamos chamar de humor divino, Deus escolhe um gago para ser seu porta-voz (Moisés), uma mulher estéril para ser mãe de uma nação (Sara), um fraco para defendê-lo (Gideão), um filho caçula para ser o rei inesquecível de seu povo (Davi), uma jovem desconhecida para ser a mãe de seu Filho (Maria) e um perseguidor para levar o evangelho às nações (Paulo).

Deus não espera que nos tornemos imaculadamente puras nem que alcancemos plena maturidade na fé para nos usar. Ao contrário, ele separa pessoas comuns, de boa vontade, e realiza coisas extraordinárias, tanto na vida delas como na vida dos que as rodeiam. Como fez com Raabe, Deus promete usar-nos e aperfeiçoar-nos por meio dessa experiência.

Promessas nas Escrituras

Ele fortalece o cansado
e dá grande vigor ao que está sem forças.
Até os jovens se cansam e ficam exaustos,
e os moços tropeçam e caem;
mas aqueles que esperam no SENHOR
renovam as suas forças.
Voam alto como águias;
correm e não ficam exaustos,
andam e não se cansam.

Isaías 40.29-31

Vendo a coragem de Pedro e de João, e percebendo que eram homens comuns e sem instrução, ficaram admirados e reconheceram que eles haviam estado com Jesus.

Atos 4.13

Pois, quando sou fraco é que sou forte.

2Coríntios 12.10

SEXTA-FEIRA • *Seu legado de oração*

"Sei que o SENHOR lhes deu esta terra. Vocês nos causaram um medo terrível, e todos os habitantes desta terra estão apavorados por causa de vocês. Pois temos ouvido como o SENHOR secou as águas do mar Vermelho perante vocês quando saíram do Egito [...]. Jurem-me pelo SENHOR que, assim como eu fui bondosa com vocês, vocês também serão bondosos com a minha família."

Josué 2.9-10,12

MEDITE: Josué 2.1-21.

LOUVE A DEUS: Por dar às mulheres posições de destaque em seu plano de salvação.

AGRADEÇA: Porque ninguém, inclusive nós, está fora do alcance da graça.

CONFESSE: Qualquer má vontade em correr riscos para seguir a Deus.

PEÇA A DEUS: Que aumente sua admiração reverencial por ele.

Eleve o coração

Use uma fita vermelha como marcador de livros, amarre uma fita vermelha ao redor do vaso de uma planta favorita ou coloque um laço vermelho decorativo num arranjo floral seco para lembrá-la da importância de viver pela fé. Cada vez que você vir o cordão vermelho, procure lembrar-se do sacrifício de Jesus para salvar sua vida. Peça-lhe, como Raabe pediu aos israelitas, que vigie e proteja cada membro de sua família. Faça uma oração silenciosa pedindo a Deus que aumente sua fé. Afinal, é da fé que dependem sua vida e a vitalidade de seu relacionamento com Deus.

> *Pai, eu te louvo pelas maneiras maravilhosas e inesperadas que tens operado em minha vida. Permite que o conhecimento de tua fidelidade aumente minha coragem para correr os riscos que a fé exige.*

Débora

SEU NOME SIGNIFICA *"abelha"*

SEU CARÁTER: Sua visão do mundo não era moldada pela situação política da época, mas por seu relacionamento com Deus. Embora mulheres do mundo antigo geralmente não se tornassem líderes políticas, Débora foi exatamente a líder de que Israel precisava: uma profetisa que ouvia a voz de Deus e cria nele, cuja coragem inspirou o povo, capacitando-o a libertar-se da opressão estrangeira.

SEU SOFRIMENTO: Seu povo ter mergulhado em desespero por causa da idolatria e se esquecido das promessas de Deus e da fé de seus antepassados.

SUA ALEGRIA: O fato de Deus ter revertido totalmente a força do inimigo, dando poder aos fracos e abençoando a terra com paz durante quarenta anos.

TEXTO-CHAVE: Juízes 4—5.

SEGUNDA-FEIRA • *Sua história*

Jericó, porta de entrada para Canaã, jazia em ruínas havia duzentos anos. Depois de invadi-la, os israelitas varreram o país como uma tempestade de gafanhotos, devorando tudo em seu caminho. Os povos nativos, porém, conseguiram sobreviver e sua idolatria difundiu-se como erva daninha de raízes profundas e passou a estrangular a fé israelita.

Raabe e Josué eram, agora, apenas vagas lembranças, e os escravos transformados em guerreiros voltaram à situação de vítimas, oprimidos durante vinte anos por uma coalizão de governantes cananeus, cujo principal guerreiro era Sísera. Seus novecentos carros de ferro aterrorizavam o povo israelita mal armado, ameaçando varrê-los com força invencível. Não é de admirar que ninguém os desafiasse.

Sísera deve ter se sentido arrogantemente seguro, principalmente pelo fato de Israel ser liderado por uma mulher. Mas seus cálculos militares deixaram de levar em conta uma variável importante: o poder estratégico da fé que aquela mulher possuía. Débora era uma profetisa que julgava o povo sentada debaixo de uma tamareira, vários quilômetros a noroeste de Jericó. Embora grande parte de Israel estivesse dividida e desanimada, Débora não se deixou abater pelo desânimo. Como poderia esquecer a fidelidade de Deus, uma vez que morava tão perto da Jericó derrotada?

Débora mandou chamar Baraque, um hebreu do norte, e lhe disse claramente:

— Reúna dez mil homens de Naftali e Zebulom e vá ao monte Tabor. Ele fará que Sísera, o comandante do exército de Jabim, vá atacá-lo, com seus carros de guerra e tropas, junto ao rio Quisom mulher, e os entregará em suas mãos.

Como todos os outros homens de Israel, Baraque estava com medo de Sísera e recusou-se a obedecer, exceto com uma condição: Débora devia acompanhá-lo, para ser seu talismã no dia da batalha. Ela respondeu:

— Está bem, irei com você. Mas saiba que, por causa do seu modo de agir, a honra não será sua, porque o SENHOR entregará Sísera nas mãos de uma mulher.

Ao tomar conhecimento da conspiração, Sísera levou suas tropas e carros para Quisom, um leito seco de rio, decidido a esmagar a rebelião. Sua força, no entanto, voltou-se contra ele quando a chuva inundou todo o vale. De repente, os novecentos carros de ferro tornaram-se uma enorme desvantagem. Por mais que os soldados chicoteassem com fúria os cavalos, a lama os impedia de avançar. Eles se tornaram alvos fáceis para as tropas de Baraque, que desciam do monte Tabor, passando todos os homens ao fio da espada, exceto Sísera.

Mais uma vez Deus ouvira o clamor de seu povo e enviara um libertador — desta vez uma mulher, cuja fé silenciou as vozes inúteis de dúvida e timidez, para que o povo ouvisse a Voz que importava. Em seu dia de vitória, Débora e Baraque entoaram este cântico:

Consagrem-se para a guerra os chefes de Israel.
    Voluntariamente o povo se apresenta.
Louvem o SENHOR!
    Ouçam, ó reis! Governantes, escutem!
Cantarei ao SENHOR, cantarei;

> comporei músicas ao SENHOR, o Deus de Israel. [...]
> Já tinham desistido os camponeses de Israel,
> já tinham desistido,
> até que eu, Débora, me levantei;
> levantou-se uma mãe em Israel.
>
> Juízes 5.2-3,7

De fato, uma mãe levantara-se em Israel, uma mulher cuja firme fé fez nascer a esperança, a liberdade e uma paz que durou quarenta anos. Nunca mais os cananeus uniriam forças contra Israel. Como uma Joana d'Arc da antiguidade, Débora levantou-se e chamou o povo à batalha, tirando-o da idolatria e restaurando sua dignidade como povo escolhido de Deus.

TERÇA-FEIRA • *Sua vida e sua época*

Mulheres na liderança

Embora as mulheres raramente ocupassem cargos de liderança na sociedade israelita, elas não passaram despercebidas. No período dos juízes, quando Israel se achava enfraquecido espiritualmente, em desordem civil e oprimido por seus inimigos, Débora enfrentou o desafio. Provavelmente, seu papel de liderança desenvolveu-se aos poucos, à medida que sua sabedoria foi se tornando conhecida. Quando Deus falou a Débora, ela reagiu imediatamente, chamando Baraque para guiar o povo na batalha contra o opressor de vinte anos. A relutância de Baraque em partir sem Débora revelou claramente a falta de uma liderança masculina de pulso firme em Israel.

Débora foi a única mulher a ocupar a posição de juíza em Israel, mas não a única profetisa. Várias outras são mencionadas na Bíblia: Miriã (Êx 15.20), Hulda (2Rs 22.14), Noadia (Ne 6.14), Ana (Lc 2.36) e as quatro filhas solteiras do evangelista Filipe (At 21.9).

As Escrituras descrevem Débora como "profetisa, mulher de Lapidote" (Jz 4.4). É curioso que, quando Débora descreveu a si mesma, não usou termos como profetisa, esposa, juíza, general, líder ou qualquer outro título de influência ou poder, mas descreveu-se como "mãe em Israel" (5.7). Sua posição era a de mãe não apenas de seus filhos biológicos, mas também de todos os filhos de Israel. Embora eles tivessem esquecido quem eram e a quem serviam, sua mãe Débora lembrou-os e guiou-os numa procissão vitoriosa rumo à paz.

Talvez você não ocupe uma posição de influência ou de autoridade. Mesmo assim, pode ser mãe para orientar seus filhos e as crianças da vizinhança na direção certa. Talvez você tenha pouco poder em seu trabalho ou no cargo que ocupa, mas pode ser mãe dos que a rodeiam e inspirá-los a seguir o caminho da justiça. Sua vida talvez permita pouco tempo ou poucas oportunidades de assumir posições significativas de liderança, mas você pode continuar a ser mãe em sua esfera de atuação, seja grande ou pequena, exercendo uma influência muito maior que a posição humilde em que se encontra. Você pode ser, como Débora, usada por Deus para ser mãe em Israel.

QUARTA-FEIRA • *Seu legado nas Escrituras*

Leia Juízes 4.1-10; 5.7.

1. Em sua opinião, como era a vida de uma família em Israel naquela época (Jz 4.1-3)?
2. De que Baraque teve medo? Por que aqueles medos seriam diminuídos se Débora o acompanhasse?
3. Em Juízes 4.9, Débora fala da honra que seria de uma mulher, e não de homens. Quando uma mulher é bem-sucedida hoje, qual é a reação típica dos homens ao redor dela? Por quê?
4. Qual característica de Débora você mais gostaria de ter? O que faria se tivesse essa característica?
5. O que você pode fazer para ser mais semelhante a Débora?

QUINTA-FEIRA • *Sua promessa*

A piedosa Débora tem sido fonte de encorajamento para as mulheres ao longo dos séculos. Quando se sentem confinadas ou maltratadas, inseguras quanto ao que é certo ou sobre qual rumo tomar, quando entram em território desconhecido, quando se sentem desprezadas ou ignoradas, as mulheres adquirem estabilidade e ajuda ao lembrar-se de Débora.

Aquilo que Débora possuía também está a seu alcance hoje. Sua sabedoria é revelada nas Escrituras. Sua confiança em Deus é encontrada no relacionamento com ele. Sua coragem é possível de ser alcançada quando você confia em Deus e em suas promessas. Sua força interior e liderança serena são características da confiança em Deus, e não em si mesma. Débora oferece a você hoje tudo o que ofereceu a Israel — o exemplo de uma mulher disposta a ser usada por Deus.

Promessas nas Escrituras

Já tinham desistido os camponeses de Israel,
já tinham desistido,
até que eu, Débora, me levantei;
levantou-se uma mãe em Israel.

Juízes 5.7

Alguns confiam e carros e outros em cavalos,
mas nós confiamos no nome do SENHOR, o nosso Deus.

Salmos 20.7

Quem entre vocês teme o SENHOR
e obedece à palavra de seu servo?
Que aquele que anda no escuro,
que não tem luz alguma,
confie no nome do SENHOR
e se apoie em seu Deus.

Isaías 50.10

SEXTA-FEIRA • *Seu legado de oração*

Ouçam, ó reis!
Governantes, escutem!
Cantarei ao SENHOR, cantarei;
comporei músicas ao SENHOR, o Deus de Israel.

Juízes 5.3

MEDITE: Juízes 4.
LOUVE A DEUS: Por ele falar claramente a seu povo.

AGRADEÇA: O fato de Deus levantar profetas, tanto mulheres como homens.

CONFESSE: Qualquer coisa que a torne relutante em ouvir a voz de Deus.

PEÇA A DEUS: Que a ajude a discernir sua voz.

Eleve o coração

É difícil, e até desagradável, ouvir duas músicas ao mesmo tempo. De igual modo, é difícil ouvir a voz de Deus ao mesmo tempo que ouvimos vozes de confusão, de desânimo e de condenação. A paz e a confiança de Débora como líder provinham, em parte, de sua habilidade em ouvir claramente a voz de Deus. Nesta semana, peça ao Espírito Santo que a ajude a distinguir a voz de Deus em meio a todo ruído ao redor. Peça graça para disciplinar seus pensamentos, a fim de ouvir melhor a voz de Deus. Ao orar, ponha uma música de fundo para lembrá-la de sintonizar a única Voz que vale a pena ouvir.

> *Senhor, quero ouvir a tua voz. Ajuda-me a reconhecer todas as vozes falsas que imitam a tua e a resistir a elas. Ajuda-me a distinguir a tua voz dentre todas as outras. Faz de mim uma mulher que ouve e fala a tua Palavra.*

Jael

SEU NOME SIGNIFICA *"cabra selvagem ou montês"*

SEU CARÁTER: Decidida e corajosa, ela aproveitou a oportunidade para matar um inimigo do povo de Deus.

SUA ALEGRIA: Ter sido elogiada por Débora e Baraque pelo papel que exerceu numa vitória decisiva.

TEXTO-CHAVE: Juízes 4—5.

SEGUNDA-FEIRA • *Sua história*

Inquieta, Jael observava através das abas da tenda, enquanto as nuvens varriam o azul do céu e a chuva caía como um manto gigantesco cobrindo o horizonte. Ela sabia que Sísera havia marchado para Tabor. "Mas de que valeriam os carros de ferro num vale inundado?", ela se perguntou. No entanto, os israelitas estavam mal armados, com poucas chances de prevalecer. Mesmo assim, ela se lembrou das histórias de Moisés e do povo que ele conduzira no deserto. Será que o Deus deles esteve dormindo durante todos aqueles anos?

Seus pensamentos foram interrompidos pela visão de um homem correndo e, depois, cambaleando em sua direção. Seria um soldado fugindo? Israelita ou cananeu? Sua identidade talvez revelasse o que estava se passando na batalha. Ela saiu ao encontro dele, surpreendendo-se ao descobrir que era o próprio Sísera que chegava, sujo e sangrando.

— Venha, entre na minha tenda, meu senhor — ela o convidou.

— Estou com sede — disse ele. — Dê-me um pouco de água.

Jael, porém, abriu uma vasilha de leite feita de couro, deu-lhe de beber e cobriu-o.

E Sísera disse a ela:

— Fique à entrada da tenda. Se alguém passar e perguntar se há alguém aqui, responda que não.

Tão logo Sísera caiu, exausto, num sono profundo, Jael pegou uma estaca da tenda e um martelo. Seu braço estava firme; o alvo era certeiro. Afinal, ela não havia cuidado das tendas todos aqueles anos? Com um golpe rápido, ela cravou a estaca na têmpora de Sísera até penetrar o chão. Como um pedaço de lona preso no lugar, Sísera, o grande general, estava morto, assassinado pela mão de uma mulher, exatamente como Débora profetizara a Baraque.

Jael foi uma heroína, uma oportunista ou simplesmente uma mulher traiçoeira? É difícil de saber. Ela e o marido, Héber, eram queneus, pertencentes a uma tribo nômade cuja sobrevivência dependia de sua habilidade para permanecer longe dos conflitos locais. Seu marido havia feito as pazes com os cananeus, apesar de descender de Hobabe, cunhado de Moisés. Talvez os laços antigos não fossem mais convenientes, considerando o poder dos governantes cananeus. Provavelmente, Jael acreditava no Deus de Israel. Ou, então, só queria obter o favor dos israelitas, os vitoriosos naquele dia. Mas Baraque e Débora certamente aprovaram o que ela fez, cantando:

> Que Jael seja a mais bendita das mulheres,
>   Jael, mulher de Héber, o queneu!
> Seja ela bendita entre as mulheres
>   que habitam em tendas!
> Ele pediu água, e ela lhe deu leite;
>   numa tigela digna de príncipes trouxe-lhe coalhada.
> Ela estendeu a mão e apanhou a estaca da tenda;
>   e com a mão direita o martelo do trabalhador.
> Golpeou Sísera, esmigalhou sua cabeça,
>   esmagou e transpassou suas têmporas.
> Aos seus pés ele se curvou,
>   caiu e ali ficou prostrado.
> aos seus pés ele se curvou e caiu;
>   onde caiu, ali ficou. Morto!
>
> Juízes 5.24-27

A traição de Jael e o regozijo de Débora parecem-nos sanguinários, ainda mais porque, em geral, não atribuímos esse tipo de comportamento às mulheres. Mas, pelos padrões da guerra da época, ambas foram heroínas — mulheres decididas e corajosas que ajudaram o povo de Deus num momento crítico da História.

TERÇA-FEIRA • *Sua vida e sua época*

Vasilhas de couro

Quando Sísera pediu água e Jael lhe deu leite, ela ofereceu o que havia de melhor em casa. O povo daquela região apreciava essa bebida, feita com leite de cabra colocado numa vasilha de couro (ou "odre") velha que, depois, era sacudida. O leite azedava ou fermentava, quando misturado com as bactérias que permaneciam no odre usado anteriormente.

Por serem nômades, os povos do deserto mudavam frequentemente de um lugar para outro. Assim, descobriram que os recipientes de pele eram muito mais práticos que os de barro, os quais se quebravam com facilidade. As mulheres costuravam peles de cabra ou de cordeiro, com a parte dos pelos para fora, depois as impermeabilizavam para impedir o vazamento do líquido.

Hagar levou uma vasilha de couro cheia d'água para o deserto (Gn 21.14-15), Jael ofereceu a Sísera o leite guardado numa vasilha de couro (Jz 4.19). Ana levou uma vasilha de couro cheia de vinho quando entregou seu filho Samuel ao sacerdote Eli (1Sm 1.24). Davi levou uma vasilha de couro cheia de vinho aos irmãos (1Sm 16.20). Jesus disse que não se põe vinho novo em vasilhas de couro velhas (Mt 9.17).

A ordem de Cristo para não colocar vinho novo em odres velhos tem, naturalmente, um significado importante para nós hoje. Será que sua mente e seu coração são como uma vasilha de couro velha — quebradiça, dura e inflexível, pronta para romper-se quando depara com novas ideias ou novas maneiras de fazer as coisas? Ou sua mente e seu coração são maleáveis, macios e flexíveis como pele nova? Você está disposta a aprender coisas novas sobre sua comunidade de cristãos? Sobre si mesma? Sobre seu Deus?

QUARTA-FEIRA • *Seu legado nas Escrituras*

Leia Juízes 4.11-22; 5.4-5,24-27.

1. Qual foi o papel de Deus naqueles eventos?

2. Use três adjetivos para descrever Jael antes de ela matar Sísera. Faça de conta que você não sabe o que ela vai fazer e descreva-a com base apenas em 4.17-20.
3. Em sua opinião, por que Jael agiu dessa maneira? Você a considera corajosa, medrosa, desesperada, traiçoeira? Até que ponto a cultura desumana da qual ela fazia parte exerceu influência em seu ato?
4. Em sua opinião, por que Débora elogiou Jael por um ato tão bárbaro?
5. Que lição Deus deseja que aprendamos com a história de Débora, Baraque e Jael e todas as mortes envolvidas?

QUINTA-FEIRA • *Sua promessa*

Por trás da história de Jael e da morte de Sísera está um Deus que promete nunca abandonar seu povo e que cumpre essa promessa. Quando a esperança parece esvair-se e a perspectiva de vitória parece quase impossível, Deus está trabalhando, realizando seu plano.

Durante o período dos juízes, o povo de Israel deve ter exasperado Deus com suas contínuas transgressões. Quando as coisas não corriam bem, eles se esqueciam facilmente de Deus e seguiam as próprias inclinações. Mas, no momento em que a situação ficava difícil, corriam para pedir socorro a ele.

Você conhece alguém assim? A história da inconstância do povo de Deus perdura até hoje. Avançamos facilmente, pensando que podemos resolver tudo sozinhas, até encontrarmos um obstáculo intransponível para nós. Só então pedimos ajuda a Deus.

Ele, porém, é um Deus maravilhoso, que está sempre disposto a resgatar-nos quando clamamos por ele. Sempre disposto a nos perdoar.

Promessas nas Escrituras

> E quando novamente clamavam a ti, dos céus tu os ouvias e na tua compaixão os livravas vez após vez.
>
> Neemias 9.28

> Eu te amo, ó SENHOR, minha força. [...]
> Clamo ao SENHOR, que é digno de louvor,
> e estou salvo dos meus inimigos.
>
> Salmos 18.1,3

> Irmãos, não queremos que vocês desconheçam as tribulações que sofremos [...], as quais foram muito além da nossa capacidade de suportar, ao ponto de perdermos a esperança da própria vida. De fato, já tínhamos sobre nós a sentença de morte, para que não confiássemos em nós mesmos, mas em Deus, que ressuscita os mortos. Ele nos livrou e continuará nos livrando de tal perigo de morte. Nele temos colocado a nossa esperança de continuará a livrar-nos, enquanto vocês nos ajudam com as suas orações.
>
> 2Coríntios 1.8-11

SEXTA-FEIRA • *Seu legado de oração*

> Que Jael seja
> a mais bendita das mulheres [...].
> Golpeou Sísera, esmigalhou sua cabeça,
> esmagou e transpassou suas têmporas.
> Aos seus pés ele se curvou,
> caiu e ali ficou prostrado.
> aos seus pés ele se curvou e caiu;
> onde caiu, ali ficou. Morto!
>
> Juízes 5.24,26-27

MEDITE: Juízes 5.

LOUVE A DEUS: Porque ele derrota os inimigos de nossa alma.

AGRADEÇA: Porque podemos ser instrumentos de libertação para outras pessoas.

CONFESSE: Qualquer inclinação para a passividade em sua luta contra o pecado e Satanás.

PEÇA A DEUS: Que lhe dê sabedoria e discernimento na batalha espiritual.

Eleve o coração

Somos, algumas vezes, ingênuas a respeito dos tipos de conflito espiritual que enfrentamos como cristãs. Efésios 6 fala da importância de vestirmos toda a armadura de Deus, a fim de termos sucesso na batalha. Reserve um tempo nesta semana para verificar seu vestuário — veja se não está faltando alguma peça essencial sem a qual você fica mais vulnerável ao ataque. Preparamos um *checklist* para ajudá-la a verificar se você é uma guerreira espiritual bem-vestida:

O cinturão da verdade: Pequenas desonestidades penetraram em sua vida?

A couraça da justiça: Você está se esforçando, em cooperação com a graça, para ser mais semelhante a Cristo?

Os sapatos do evangelho da paz: O evangelho nos reconcilia com Deus e com os outros. Você está disposta a recebê-lo, a viver de acordo com ele e a compartilhá-lo?

O escudo da fé: Sua reação diante de provações demonstra fé ou que, na verdade, você não acha que Deus é tão amoroso ou poderoso como ele diz ser?

O capacete da salvação: A salvação é um dom. Mas, como qualquer outro dom, tem de ser recebida.

A espada do espírito: A Palavra de Deus fere o inimigo e frustra seus propósitos. Ler as Escrituras e orar com base nelas nos ajuda a assumir uma atitude ofensiva.

Senhor, ajuda-me a estar preparada para enfrentar o inimigo e, se preciso, dar um golpe decisivo. Concede-me coragem, discernimento e sabedoria, e ajuda-me a permanecer perto de ti em meio ao combate.

Dalila

SEU NOME SIGNIFICA *"delicada"*

SEU CARÁTER: Prostituta de nacionalidade desconhecida, usou sua beleza para trair o amante e enriquecer.

SEU SOFRIMENTO: Sansão mentiu a ela e a expôs ao ridículo em três ocasiões diferentes.

SUA ALEGRIA: Ter vencido um dos homens mais fortes da história, entregando-o ao inimigo, os filisteus.

TEXTO-CHAVE: Juízes 16.4-22.

SEGUNDA-FEIRA • *Sua história*

Seus dentes brancos brilhavam à luz do entardecer, enquanto um sorriso se entreabria em seus lábios macios e vermelhos. Os brincos de ouro cintilaram quando ela jogou a cabeça para trás e gargalhou. A sorte batera à sua porta naquele dia. Nenhum amante pagara Dalila tão bem como Sansão.

Os reis filisteus odiavam o homem valente de cabelos compridos que incendiara seus campos e matara mil de seus homens. Cada um oferecera a Dalila uma soma incrível — treze quilos de prata! Ela tinha apenas de contar-lhes o segredo da força de Sansão. A força dele não poderia competir com a dela, nascida da beleza e aperfeiçoada nas artes do amor. Enfraquecido pela paixão, certamente ele lhe contaria tudo o que ela precisava saber.

— Se alguém me amarrar com sete tiras de couro ainda úmidas, ficarei tão fraco quanto qualquer outro homem — ele revelou diante da insistência de Dalila.

Por medida de precaução, alguns filisteus esconderam-se no quarto. Ela esperou até que Sansão adormecesse e, depois de amarrá-lo cuidadosamente com as tiras de couro, exclamou:

— Sansão, os filisteus o estão atacando!

Ele, porém, arrebentou facilmente as tiras, enquanto os inimigos fugiam.

Como um homem brincando com um gatinho, Sansão repetiu duas vezes o ardil, enganando Dalila com histórias malucas sobre cordas novas e cabelo trançado. Finalmente, Dalila confrontou-o:

— Como você pode dizer que me ama, se não confia em mim? Esta é a terceira vez que você me fez de boba e não contou o segredo da sua grande força.

Cansado das importunações dela, Sansão cedeu:

— Jamais se passou navalha em minha cabeça, pois sou nazireu, desde o ventre materno. Se fosse rapado o cabelo da minha cabeça, a minha força se afastaria de mim, e eu ficaria tão fraco quanto qualquer outro homem.

Anos antes do nascimento de Sansão, um anjo deu instruções à sua mãe de que ele não deveria beber vinho, não tocar em nada impuro e jamais cortar o cabelo. Devia ser dedicado ao Senhor de maneira especial e estava destinado a desempenhar um papel importante no plano de Deus para libertar seu povo dos opressores filisteus. Homem forte, porém incapaz de subjugar sua natureza impetuosa, Sansão já havia violado as duas primeiras ordens de seu voto. Agora, violara a terceira, preferindo as boas graças de uma mulher ao favor de Deus.

Ao perceber que finalmente ouvira a verdade, Dalila enviou uma mensagem aos filisteus. Depois de cortar o cabelo dele enquanto dormia, ela chamou novamente:

— Sansão, os filisteus o estão atacando!

Desta vez, Sansão acordou incapaz de resistir aos inimigos, que o agarraram rapidamente e lhe furaram os olhos. A seguir, levaram-no prisioneiro para Gaza, onde ele passou os dias na escuridão moendo cereais, um trabalho realizado por mulheres.

Não ouvimos mais falar da bela, traiçoeira e agora rica Dalila, mas a história de seu amante continua. O cabelo de Sansão voltou a crescer, primeiro apenas uma lanugem que só protegia a cabeça, depois um pouco mais comprido até cobrir as orelhas. "Que mal um cego poderia fazer-lhes?", os filisteus devem ter raciocinado.

Certo dia, os filisteus fizeram uma grande celebração em honra a Dagom, deus da colheita, por ter entregado Sansão em suas mãos. Sem pensar no perigo que corriam, tiraram-no da prisão para divertir-se com seu inimigo ex-poderoso. Mas, quando ficou de pé entre as colunas do templo deles, Sansão orou:

— Ó Soberano SENHOR, lembra-te de mim! Ó Deus, eu te suplico, dá-me forças mais uma vez, e faze com que eu me vingue dos filisteus por causa dos meus dois olhos!

Então, ele abraçou as duas colunas centrais do templo e empurrou-as. O teto cedeu e desabou, e Sansão e seus inimigos foram soterrados com os escombros. Sansão matou mais filisteus com sua morte do que matou em vida. Como o anjo havia predito, Sansão começou uma obra de livramento que Davi completaria muitos anos depois.

A estranha história de Sansão e Dalila é pouco edificante. É tentador concluir que o egoísta e indisciplinado Sansão finalmente encontrara na gananciosa Dalila sua parceira. A visita de um anjo, o dom de uma força sobrenatural, um destino profético — essas bênçãos tão evidentes não puderam assegurar a devoção de Sansão. Por que Deus usaria tal homem, capacitando-o a se tornar juiz em Israel? Que contraste com Débora, que governara Israel um século antes! Talvez Deus tivesse pouca gente promissora para escolher, em vista da situação de seu povo durante um período da história de Israel em que "cada um fazia o que lhe parecia certo" (Jz 21.25).

Pelo menos sob um aspecto, o papel de Dalila nessa narrativa sórdida assegura-nos de que Deus usa qualquer coisa ou pessoa para cumprir seu propósito. Até nossos pecados. Até nossos inimigos. Nossa libertação é puramente uma questão de graça. Mas seria muito melhor se nos tornássemos pessoas separadas para seu serviço, cuja força interior se igualasse à exterior, capacitando-nos a viver nosso destino com a certeza de agradar a Deus.

TERÇA-FEIRA • *Sua vida e sua época*

Cabelo

O cabelo de Sansão desempenha, obviamente, um papel importante na história de sua ascensão ao poder e de sua queda da graça. As longas madeixas eram amarradas em sete tranças, por causa do voto nazireu (para mais informações sobre esses votos, leia Nm 6).

O formoso Absalão, filho do rei Davi, tinha tanto cabelo que precisava cortá-lo sempre, porque "lhe ficava pesado demais" (2Sm 14.26). Os cachos cortados pesavam mais de dois quilos! A farta cabeleira de Absalão acabou por prejudicá-lo. Certo dia, durante uma batalha, sua cabeça ficou presa nos ramos de um grande carvalho (2Sm 18.9). Sem dúvida, o volume do cabelo contribuiu para isso. O homem que tentara usurpar o reino do próprio pai ficou pendurado numa árvore, indefeso, tornando-se alvo fácil para os inimigos.

Antes de ser atirada para a morte, a rainha Jezabel pintou os olhos e "arrumou o cabelo" (2Rs 9.30). Os lindos cabelos da Amada em Cântico dos Cânticos são comparados a "rebanho de cabras" e a "reflexos de púrpura" (4.1; 7.5), enquanto os cabelos do Amado são descritos como "ramos de palmeira [...] negros como o corvo" (5.11). Os autores do Antigo Testamento descreveram a velhice — quando o cabelo se torna grisalho — como sinal do favor e da bênção de Deus (Pv 16.31; 20.29). As pessoas enlutadas arrancavam ou cortavam o cabelo em sua tristeza (Ed 9.3; Is 22.12; Jr 7.29). Uma mulher pecadora, aflita com suas transgressões, derramou perfume nos pés de Jesus, lavou-os com suas lágrimas e enxugou-os com seus cabelos (Lc 7.38).

Na época do Novo Testamento, os homens usavam cabelos mais curtos, e só as mulheres os deixavam crescer. Paulo foi bastante inflexível a esse respeito em 1Coríntios 11.6,14-15. Tanto Paulo quanto Pedro advertiram as mulheres de sua época, especificamente sobre "cabelos trançados", aconselhando-as a concentrar-se na beleza interior, e não na exterior.

Hoje, as mulheres gastam muito dinheiro cortando, tingindo, ondulando e arrumando o cabelo. Lembre-se, porém, de que adornos ou todo o dinheiro do mundo não podem encobrir a falta de beleza interior. Antes de deixar o cabelo na última moda, pense numa forma de melhorar sua beleza interior. Você ficará, então, bonita por fora e por dentro.

QUARTA-FEIRA • *Seu legado nas Escrituras*

Leia Juízes 16.4-22.

1. Por que Dalila se dispôs a trair Sansão?
2. Quais eram os pontos fortes e as fraquezas de Dalila? Quais são os seus pontos fortes? E as suas fraquezas?
3. Se você fizer uma retrospectiva das mulheres da Bíblia que estudamos até agora, notará que várias usaram a manipulação para conseguir o que queriam. Você já agiu dessa maneira? Se sim, quando? Até que ponto esse hábito é comum para você? Quais são as táticas manipuladoras que você utiliza?

4. Em sua opinião, por que Deus escolheu um homem como Sansão para trabalhar por meio dele? O que isso lhe diz a respeito de Deus? A respeito da época em que Sansão e Dalila viveram?
5. Em que área de sua vida você precisa renovar a fé para que o bem triunfe?

QUINTA-FEIRA • *Sua promessa*

Até a história sórdida de Dalila e seu amante, Sansão, transmite uma verdade importante: Deus nos ama e nunca nos abandona, mesmo quando cometemos erros, mesmo quando pecamos. Ao longo de toda a narrativa bíblica, vemos Deus usar pessoas que cometeram pecados graves, pessoas imperfeitas que falharam pela própria insensatez e, depois, reconheceram sua necessidade de Deus. O Senhor não abandonou Sansão, por mais insensato e pecador que tenha sido, e não nos abandonará, por mais insensatas e pecadoras que sejamos.

Promessas nas Escrituras

Não te lembres dos pecados
  e transgressões da minha juventude;
conforme a tua misericórdia, lembra-te de mim,
  pois tu, SENHOR, és bom.

Salmos 25.7

O SENHOR é fiel em todas as suas promessas
  e é bondoso em tudo o que faz.
O SENHOR ampara todos os que caem
  e levanta todos os que estão prostrados.

Salmos 145.13-14

Aquele que os chama é fiel, e fará isso.

1Tessalonicenss 5.24

SEXTA-FEIRA • *Seu legado de oração*

"Como você pode dizer que me ama, se não confia em mim? Esta é a terceira vez que você me fez de boba e não contou o segredo da sua grande força". Importunando-o o tempo todo, ela o cansava dia após dia, ficando ele a ponto de morrer.

Juízes 16.15-16

MEDITE: Juízes 16.4-22.

LOUVE A DEUS: Porque ele é soberano, capaz de usar nossos relacionamentos mais confusos para cumprir seus propósitos.

AGRADEÇA: O seu chamado para dedicar-se a ele, separando-a de maneira especial.

CONFESSE: Qualquer inclinação para manipular os outros.

PEÇA A DEUS: Que a ajude a entregar a ele qualquer relacionamento prejudicial e a cumprir o propósito para o qual ele a chamou.

Eleve o coração

Faça um inventário de seus relacionamentos mais importantes. Você desenvolveu alguma dependência prejudicial? Um marido ou namorado está afastando você de Deus em vez de aproximá-la dele? Você fez concessões que diminuem seu desejo de buscar a Deus? Se sim, procure uma amiga ou pessoa em quem confia para abrir seu coração. Orem juntas sobre a melhor atitude a tomar. Seja fiel aos compromissos conjugais, mas encontre um meio de restaurar sua paixão espiritual. Escreva uma carta a Deus agora. Diga-lhe quanto o ama e como deseja ter comunhão com ele. Não tenha medo de ser sincera — Deus procura homens e mulheres que o amem mais que a própria vida.

> *Senhor, tu conheces todos os conflitos de meu coração. Criaste-me de tal modo que só tu és capaz de satisfazer plenamente meus anseios. Todavia, sabes também que sou facilmente enganada, acreditando que relacionamentos de carne e osso podem satisfazer todas as minhas necessidades. Perdoa-me pelas vezes em que coloquei meu relacionamento com ________________ acima de meu relacionamento contigo. Dá-me sabedoria, coragem e graça para amar-te com entrega total.*

Noemi

SEU NOME SIGNIFICA *"minha alegria" ou "amável"*

SEU CARÁTER: Ao sofrer uma tragédia tríplice, Noemi recusou-se a esconder sua tristeza ou amargura. Por crer na soberania de Deus, atribuiu seu sofrimento à vontade dele, mas sua fixação nas circunstâncias, tanto passadas como presentes, trouxe-lhe desesperança. Sogra bondosa e amorosa, Noemi demonstrou às noras grande amor e lealdade.

SEU SOFRIMENTO: Ter perdido o marido e os dois filhos numa terra estranha, longe da família e dos amigos.

SUA ALEGRIA: Ter voltado em segurança para Belém junto com Rute, que mais tarde lhe traria felicidade e esperança.

TEXTO-CHAVE: Rute 1; 4.13-17.

SEGUNDA-FEIRA • *Sua história*

Ela permaneceu parada ali, como uma velha árvore retorcida de encontro ao céu. Embora se achasse num lugar alto na estrada de Moabe a Judá, de onde podia avistar vários quilômetros adiante, Noemi não conseguia vislumbrar absolutamente nada de seu futuro. Pensou nos boatos sobre assaltos no caminho que teria de seguir. O que mais, ela pensou, lhe poderia ser tomado? Seus pensamentos voltaram-se para o passado.

Moisés, ela sabia, fora sepultado naquelas montanhas. Mas o povo dele e o dela seguiram para o oeste, rumo a Canaã, séculos antes. Seria também deixada para trás, impedida de voltar a ver seus parentes? Deus estaria tão desgostoso assim com ela?

Dez anos antes, Noemi e Elimeleque, seu marido, viviam felizes em Belém. Porém, a cidade, cujo nome significava "casa do pão", ficou sem pão de uma hora para outra. Assim, a família migrou para as terras altas de Moabe, a fim de fugir da fome. Elimeleque morreu ali, e seus filhos se casaram com mulheres moabitas, descendentes de Ló, sobrinho de Abraão. Muitas mulheres perderam o marido e certamente, como outras viúvas, Noemi encontraria um meio de sobreviver. Mas, então, sofreu a pior tristeza pela qual uma mãe poderia passar: a morte de seus dois filhos.

Rute e Orfa, suas noras, eram agora as únicas parentes de Noemi em Moabe. Amava-as com carinho, e a viuvez delas lhe trazia ainda mais tristeza. As três choraram juntas e consolaram umas às outras, decidindo finalmente deixar Moabe e ir para Belém. Uma vez na estrada, as apreensões de Noemi superaram seu anseio por companhia. Não era certo que aquelas jovens deixassem a família e os amigos em troca de um futuro tão incerto. Que oportunidade aquelas viúvas estrangeiras teriam em Belém, mesmo depois que a fome terminara? Noemi disse a elas:

— Vão! Retornem para a casa de suas mães! Que o SENHOR seja leal com vocês, como vocês foram leais com os falecidos e comigo. O SENHOR conceda que cada uma de vocês encontre segurança no lar doutro marido.

No entanto, Rute e Orfa insistiram:

— Não! Voltaremos com você para junto de seu povo!

— Por que viriam comigo? Poderia eu ainda ter filhos, que viessem a ser seus maridos? Voltem, minhas filhas! Vão! Estou velha demais para ter outro marido. E mesmo que eu pensasse que ainda há esperança para mim, e eu me casasse esta noite e depois desse à luz filhos, iram vocês esperar até que eles crescessem?

As três mulheres se abraçaram, lágrimas correndo pelo rosto. Em seguida, Orfa despediu-se da sogra com um beijo. Rute, porém, agarrou-se a Noemi e sussurrou ardentemente:

— Aonde fores irei, onde ficares ficarei! O teu povo será o meu povo e o teu Deus será o meu Deus! Onde morreres morrerei, e ali serei sepultada. Que o SENHOR me castigue com todo o rigor, se outra coisa que não a morte me separar de ti!

A insistência da mulher mais velha não venceu o amor da mais jovem. Noemi e Rute continuaram, então, a viagem para Belém.

Depois de tão longa ausência, a volta de Noemi causou grande alvoroço na cidade, e todas as mulheres lhe deram boas-vindas, dizendo:

— Será que é Noemi?

Mas ela respondeu:

— Não me chamem Noemi, melhor que me chamem de Mara, pois o Todo-poderoso tornou minha vida muito amarga! De mãos cheias eu parti, mas de mãos vazias o SENHOR me trouxe de volta. Por que me chamam Noemi? O SENHOR colocou-se contra mim! O Todo-poderoso me trouxe desgraça!

Noemi não conseguia enxergar além de seu sofrimento. Como muitas de nós já sentimos, sentiu que suas tragédias eram castigo por seus pecados. Todavia, se conhecesse as bênçãos que lhe estavam reservadas, talvez não se sentisse tão desesperançada. Em vez disso, poderia ter se comparado à árvore que Jó descreveu de modo tão encantador:

> Para a árvore pelo menos há esperança:
> se é cortada, torna a brotar,
> e os seus renovos vingam.
> Suas raízes poderão envelhecer no solo
> e seu tronco morrer no chão;
> ainda assim, com o cheiro de água ela brotará
> e dará ramos como se fosse muda plantada.
>
> Jó 14.7-9

Embora ela não soubesse, o cheiro da água pairava no ar. A vida de Noemi estava recomeçando.

TERÇA-FEIRA • *Sua vida e sua época*

Fome

Imagens de crianças de barriga inchada e olhar vazio, morrendo de fome, pairam em nossa mente muito depois de desligarmos a televisão. A fome nos dias de hoje, como nos tempos bíblicos, é a grande destruidora dos fracos — das crianças e dos idosos desamparados. O grito das mães incapazes de salvar os filhos famintos ecoa através dos anos — uma lembrança dolorosa de nossa dependência do solo para obter sustento.

Há duas estações chuvosas na Palestina: outubro/novembro e março/abril. Quando a chuva não caía nesses períodos, a fome instalava-se. Podia ocorrer, também, quando granizo ou insetos destruíam os alimentos armazenados ou quando exércitos invasores devastavam as colheitas para subjugar o povo capturado.

Em toda a Escritura, Deus usa a fome para cumprir seus propósitos. Deuteronômio 28.22-24 apresenta uma descrição vívida da fome que viria caso o povo de Deus lhe desobedecesse. Abraão, Isaque e Jacó deixaram a Palestina por causa da fome na terra. Os eventos de uma fome mundial levaram o pai de José, Jacó e seus irmãos ao Egito, onde terminaram como escravos dos faraós. Em Rute, Noemi e o marido fugiram para Moabe por causa da fome em Israel e, por meio dessa fuga e dos eventos subsequentes, Deus incluiu Rute em seu plano divino como ascendente de seu Filho, Jesus.

No Novo Testamento, Jesus previu que a fome seria um dos sinais do fim dos tempos (Mt 24.7; Mc 13.8; Lc 21.11). Lemos em Atos que um cristão chamado Ágabo previu uma grande fome (At 11.28); o versículo seguinte revela a oportunidade que isso deu aos cristãos de compartilhar as bênçãos entre si.

Numa das profecias mais sombrias das Escrituras, Amós conta sobre a época em que Deus enviaria outro tipo de fome:

> [...] enviarei fome a toda esta terra;
> não fome de comida nem sede de água,
> mas fome e sede de ouvir as palavras do SENHOR."
>
> Amós 8.11

No passado, Deus sempre ouvira e respondera quando seu povo clamava a ele, mas Amós referia-se a um tempo futuro, quando os gritos só encontrariam um silêncio aterrador como resposta.

Paulo pergunta: "Quem nos separará do amor de Cristo? Será tribulação, ou angústia, ou perseguição, ou fome, ou nudez, ou perigo, ou espada?" (Rm 8.35). Mas o próprio Paulo responde à sua pergunta com este grito esplêndido de vitória: nada será capaz de nos separar do amor de Deus — nem mesmo a fome.

QUARTA-FEIRA • *Seu legado nas Escrituras*

Leia Rute 1.1-22.

1. Escolha três ou quatro palavras para descrever os sentimentos de Noemi em 1.3-5.
2. Que tipo de recepção você acha que Noemi esperava quando voltou a Belém com sua nora moabita?
3. Quem era culpado pelas circunstâncias de Noemi? Ela própria? Seu marido? Deus? Explique sua resposta. Quem controlou a reação de Noemi às suas circunstâncias?

4. Se você tivesse passado por tudo que Noemi passou, seria uma pessoa amarga? Por quê?
5. O que seria necessário para você amar a Deus e confiar nele, se estivesse na situação de Noemi?

QUINTA-FEIRA • *Sua promessa*

A fidelidade de Deus em restaurar a vida de uma pessoa é revelada na história de Noemi mais do que em qualquer outro relato bíblico. A fome que expulsou Noemi, o marido e os filhos de Belém é finalmente substituída por colheitas fartas e pão amassado com grãos colhidos nos campos. A angústia de perder o marido e os filhos é substituída pelo cuidado e carinho da nora Rute, que "é melhor [para Noemi] do que sete filhos" (Rt 4.15). Além disso, os braços maternais vazios de Noemi são preenchidos com o filho de Boaz e Rute. Ela não é uma avó ausente. As Escrituras dizem que "Noemi pôs o menino no colo, e passou a cuidar dele" (v. 16) (Falaremos mais sobre esse neto no próximo capítulo.)

Assim como Noemi, às vezes temos dificuldade em reconhecer a bondade e a fidelidade de Deus. Mas ele permanece conosco, independentemente de nossas circunstâncias.

Promessas nas Escrituras

> As mulheres disseram a Noemi: "Louvado seja o SENHOR, que hoje não a deixou sem resgatador! Que o seu nome seja celebrado em Israel! O menino lhe dará nova vida e a sustentará na velhice, pois é filho da sua nora, que a ama e que lhe é melhor do que sete filhos!".
>
> Rute 4.14-15

> Tu, que me fizeste passar muitas e duras tribulações,
> restaurarás a minha vida.
>
> Salmos 71.20

> Vou recompensá-los pelos anos de colheitas
> que os gafanhotos destruíram [...].
> Vocês comerão até ficarem satisfeitos,
> e louvarão o nome do SENHOR, o seu Deus,
> que fez maravilhas em favor de vocês.
>
> Joel 2.25-26

SEXTA-FEIRA • *Seu legado de oração*

Aonde fores irei,
onde ficares ficarei!
O teu povo será o meu povo
e o teu Deus será o meu Deus!
Onde morreres morrerei,
e ali serei sepultada.
Que o SENHOR me castigue
com todo o rigor,
se outra coisa que não a morte
me separar de ti!

Rute 1.16-17

MEDITE: Rute 1.

LOUVE A DEUS: Por nos criar com poder para formar relacionamentos profundos e duradouros.

AGRADEÇA: Os vários amigos que Deus lhe deu.

CONFESSE: Sua tendência de estar sempre ocupada demais para dar atenção a seus amigos ou concentrada demais em suas próprias preocupações para dedicar tempo às preocupações deles.

PEÇA A DEUS: Que a torne uma amiga mais leal e amorosa neste ano.

Eleve o coração

Pense em alguém com quem você tinha bastante intimidade. O tempo ou a distância talvez tenha corroído a amizade. Lembre-se com nostalgia dos encontros divertidos, das brincadeiras extravagantes, da conversa até tarde da noite ou das aventuras malucas que compartilharam. Não seria esplêndido se essa pessoa voltasse a fazer parte de sua vida? Pegue o telefone ou escreva uma carta para renovar a amizade. Se a outra pessoa demonstrar disposição, faça um esforço para reconstruir o relacionamento durante este ano. Permita que as lembranças formem um alicerce para essa amizade, mas não pare aí — tome a iniciativa de formar novos alicerces. Se a pessoa morar perto de você, convide-a para uma refeição ou um lanche especial. Em caso negativo, troquem fotos da família. Mantenham contato por e-mail. Se tiverem condições, podem até combinar um passeio de fim de semana.

Senhor, obrigada pela bênção dos amigos, que, ao compartilhar a vida conosco, multiplicam nossa alegria e dividem nossas tristezas. Ajuda-me a apreciar os amigos que me deste e a tornar-me o tipo de amiga que os outros apreciam: uma mulher que ouça, incentive e guarde segredos; uma mulher que saiba rir e chorar, que seja leal, que saiba perdoar e que mostre amor.

SEMANA 17

Rute

SEU NOME SIGNIFICA *"amizade"*

SEU CARÁTER: Generosa, leal e amorosa, ela é forte e serena, tem a capacidade de assumir riscos extraordinários e uma atitude proativa diante das circunstâncias da vida.

SEU SOFRIMENTO: Ter perdido o marido, a terra natal e a família.

SUA ALEGRIA: Descobrir a natureza generosa, leal e amorosa de Deus, à medida que ele providenciava para ela um marido, um filho e um lar só seu.

TEXTOS-CHAVE: Rute 2—4; Mateus 1.5.

SEGUNDA-FEIRA • *Sua história*

Era tempo de colheita em Israel quando Boaz pousou os olhos em Rute pela primeira vez. O sol pintava os campos de dourado e os trabalhadores golpeavam os pés de trigo com suas foices, em ritmo sincronizado. De acordo com a lei e os costumes em Israel, os pobres tinham o direito de colher tudo o que os ceifeiros deixassem para trás.

Ele notou que a jovem trabalhava depressa e com eficiência, colocando os grãos num saco rústico pendurado no ombro. As madeixas castanhas escapavam do lenço em sua cabeça, emoldurando a pele cor de oliva, que parecia sedosa apesar do sol. Ela descansou, mas apenas por um instante, com os olhos atentos a qualquer sinal de problema por parte dos homens que trabalhavam nos campos. Recolher espigas que sobravam era um trabalho pesado e perigoso, especialmente para uma jovem estrangeira atraente, sozinha e desprotegida.

Todos em Belém falavam de Noemi, parenta de Boaz, e de sua volta inesperada à cidade. Rute estava em companhia dela, como ele ficara sabendo. Tinha ouvido falar da tragédia que lhes sobreviera e da extraordinária lealdade que a mulher mais moça demonstrara com a sogra, chegando a prometer renunciar aos ídolos de Moabe em favor do Deus de Israel. Ele, como homem, gostaria de ter uma amiga como Rute era de Noemi.

Decidido a recompensar a bondade dela de algum modo, Boaz chamou-a:

— Ouça bem, milha filha, não vá colher noutra lavoura, nem se afaste daqui. Fique com minhas servas. Preste atenção onde os homens estão ceifando, e vá atrás das moças que vão colher. Darei ordem aos rapazes para que não foquem em você.

A jovem sorriu agradecida.

Mais tarde, ele falou de novo a Rute, desta vez oferecendo pão e grãos tostados para sua refeição. Quando ela terminou de comer, Boaz deu ordem aos homens para que tirassem algumas espigas dos feixes e as espalhassem no caminho dela. Foi agradável vê-la partir naquela noite com sua sacola cheia de grãos.

Ele a observou dia após dia, lamentando que a colheita de trigo e cevada estivesse prestes a terminar. Certa noite, Boaz foi escolher cevada com outros homens na eira. Depois de comer e beber, ele se deitou sob as estrelas, numa pilha de grãos mais afastada. Com tanta gente para guardar a colheita, os ladrões não ousariam se aproximar. Mas, no meio da noite, Boaz acordou de repente e percebeu que alguém *havia* ousado. Para sua surpresa, descobriu que o intruso não era um ladrão nem um homem, mas uma mulher deitada a seus pés.

Ela também estava acordada.

— Sou sua serva Rute — ela sussurrou. — Estenda a sua capa sobre a sua serva, pois o senhor é resgatador.

Ele mal conseguiu acreditar nas palavras dela. A jovem enfrentara um risco enorme, aparecendo à noite e deitando-se tão perto dele. Cobriu-a, então rapidamente, dizendo:

— O SENHOR a abençoe, minha filha! Este seu gesto de bondade é ainda maior do que o primeiro, pois você poderia ter ido atrás dos mais jovens, ricos ou pobres! Agora, minha filha, não tenha medo; farei por você tudo o que me pedir.

Rute ficou aos pés dele até de manhã, levantando-se antes que as primeiras luzes do dia revelassem sua presença aos outros.

Boaz, porém, tinha conhecimento de um obstáculo que poderia estragar as coisas. Noemi possuía um parente mais próximo do que ele, um homem que poderia desempenhar o papel de resgatador, casando-se com Rute e restaurando o nome do falecido marido dela. Esse homem tinha o direito de comprar um campo pertencente a Noemi. Se comprasse o campo, ele também se obrigaria, por lei, a casar com Rute. Aquilo poderia destruir a esperança de Boaz de tornar Rute sua mulher.

Boaz não perdeu tempo em levar o caso ao homem, que parecia bastante interessado nas terras. Ao descobrir, porém, que o casamento fazia parte do negócio, ele abdicou seu direito às terras e transferiu-o a Boaz.

Boaz se casou com Rute e acolheu a moça em sua casa. E Deus abençoou-os com um filho, a quem chamaram Obede.

Abraçado a Rute, Boaz observava Noemi apertando o neto junto ao peito. Cercada por outras mulheres de Belém, ela parecia jovem novamente, assemelhando-se mais à moça que ele conhecera quando o Elimeleque era vivo.

Boaz permaneceu ali observando, enquanto as mulheres falavam com Noemi sobre a criança:

— Louvado seja o SENHOR, que hoje não a deixou sem resgatador. Que o seu nome seja celebrado em Israel! O menino lhe dará nova vida e a sustentará na velhice, pois é filho da sua nora, que a ama e que lhe é melhor do que sete filhos!

"É verdade", pensou Boaz, "sua Rute era melhor para Noemi do que sete filhos." E ele era grato pela amizade entre as duas mulheres. Se Rute e Noemi tiveram seguido caminhos distintos, sua vida não teria sido tão rica.

Boaz, homem de bom coração, sentia-se forte e jovem de novo. Mas mesmo ele não poderia ter percebido a dimensão da bênção que Deus havia lhe concedido na pessoa de Rute, pois o filho do casal, Obede, viria a ser pai de Jessé, e Jessé, pai de Davi. Além de bisavós do rei Davi, Boaz e Rute são mencionados na genealogia de Jesus de Nazaré, que se tornou o nosso grande Resgatador, unindo-nos a ele próprio, curando nossas tristezas e dando-nos um futuro cheio de esperança.

TERÇA-FEIRA • *Sua vida e sua época*

Recolher espigas

Quando Rute e Noemi chegaram a Belém, era época da colheita. Elas não teriam oportunidade de plantar o próprio cereal nem de colhê-lo. Desse modo, a não ser que houvesse outra maneira de obter alimento, as duas passariam fome. Noemi conhecia as leis mosaicas e insistiu com Rute que fosse atrás dos ceifeiros e recolhesse o que deixassem cair. Dessa forma, Rute obteria alimento para as duas.

As leis de Moisés ordenavam aos proprietários de terra que deixassem parte da colheita no chão "para o necessitado e para o estrangeiro". Como moabita, sem ter ninguém para sustentá-la, Rute encaixava-se nas duas categorias. Os ceifeiros não deveriam colher nas extremidades de sua lavoura, nem passar duas vezes por ela para apanhar o que caíra na primeira vez. Os grãos deviam ser deixados para os pobres (Lv 19.9; 23.22; Dt 24.19-22). Esse "sistema de arranjo", estabelecido por Moisés, cuidava dos necessitados e encorajava os ricos senhores de terras a compartilhar sua colheita farta com os menos afortunados.

Mas o trabalho era árduo. Os pobres tinham de seguir os ceifeiros, apanhando o que eles deixavam para trás. Dependendo da eficiência dos trabalhadores e do número de recolhedores dos grãos, aquilo que se conseguia era suficiente apenas para sobreviver. Quando deu ordens aos ceifeiros para deixar deliberadamente algumas espigas dos feixes para serem apanhadas por Rute, Boaz foi mais benevolente que a lei.

Ele ordenou também a seus homens que não "tocassem" em Rute, caso ela recolhesse espigas na parte errada do campo, isto é, se não seguisse exatamente as regras. Essa advertência mostra um vislumbre do coração e do caráter desse homem, que tomou grande cuidado em seguir a lei mosaica e que, com Rute, tornou-se ascendente de Cristo.

Teria sido por acaso que Rute "entrou justo na parte da plantação que pertencia a Boaz, que era do clã de Elimeleque [sogro de Rute]"? (Rt 2.3)? Claro que não. Embora aquelas circunstâncias parecessem arbitrárias, Deus estava em ação, preparando divinamente o sustento de Rute e de Noemi. Nunca suponha que aquilo que acontece em sua vida é simplesmente um acaso ou coincidência. Lembre-se: Deus está trabalhando, orquestrando os eventos a fim de cumprir os propósitos divinos em sua vida.

QUARTA-FEIRA • *Seu legado nas Escrituras*

Leia Rute 2.1—3.18.

1. Que qualidades de caráter você vê em Rute no capítulo 2? De que modo ela age e qual é sua reputação?
2. A maior lealdade a seu falecido marido era que Rute se casasse com um dos parentes dele e tivesse um filho no nome do falecido. Em que ponto da história você vê Rute decidida a fazer isso?
3. Que risco Rute estava correndo quando se deitou na eira aos pés de Boaz? O que esse ato lhe diz a respeito dela?
4. Onde você vê Deus operando nessa história?
5. Em que áreas de sua vida você foi chamada para ser leal? Quais foram, para você, os riscos e o preço da lealdade?

QUINTA-FEIRA • *Sua promessa*

Tudo o que Rute fez foi por amor à sogra e por amor ao Deus de Noemi. Ela fez uma promessa, na estrada para Belém, e estava determinada a cumpri-la. Embora a promessa tenha sido feita no contexto do relacionamento entre sogra e nora, ela é citada muitas vezes em cerimônias nupciais como expressão eloquente de amor e fidelidade entre os cônjuges.

Rute não tinha meios de saber que o modo como abençoou Noemi viria a tornar-se, um dia, uma bênção em sua própria vida. Essa é justamente a ironia divina de nosso Deus, que se agrada tanto quando nos vê amar e abençoar outras pessoas e transforma esse amor em bênção em dobro para nós.

Promessas nas Escrituras

> Aonde fores irei,
> onde ficares ficarei!
> O teu povo será o meu povo
> e o teu Deus será o meu Deus!
>
> Rute 1.16

O generoso prosperará;
quem dá alívio aos outros, alívio receberá.

Provérbios 11.25

Bem-aventurados os misericordiosos,
pois obterão misericórdia.
Bem-aventurados os puros de coração,
pois verão a Deus.

Mateus 5.7-8

Ordene aos que são ricos no presente mundo que não sejam arrogantes, nem ponham sua esperança na incerteza da riqueza, mas em Deus, que de tudo nos provê ricamente, para a nossa satisfação. Ordene-lhes que pratiquem o bem, sejam ricos em boas obras, generosos e prontos a repartir. Dessa forma, eles acumularão um tesouro para si mesmos, um firme fundamento para a era que há de vir, e assim alcançarão a verdadeira vida.

1Timóteo 6.17-19

SEXTA-FEIRA • *Seu legado de oração*

As mulheres disseram a Noemi: "Louvado seja o SENHOR, que hoje não a deixou sem resgatador. Que o seu nome seja celebrado em Israel! O menino lhe dará nova vida e a sustentará na velhice, pois é filho da sua nora, que a ama e que lhe é melhor do que sete filhos!".

Rute 4.14-15

MEDITE: Rute 3—4.

LOUVE A DEUS: Porque ele cuida daqueles que não têm ninguém que cuide deles.

AGRADEÇA: A maneira como Deus tem usado outras mulheres — mãe, sogra, irmãs ou filhas — para cuidarem de você.

CONFESSE: Sua inclinação para competir com outras mulheres.

PEÇA A DEUS: Que a ajude a apreciar sua mãe e sua sogra e que lhe dê uma visão do poder de duas mulheres ligadas pelo amor e pela fé.

Eleve o coração

É fácil supor que as mulheres importantes em nossa vida sabem quanto as apreciamos. Mas, por melhor que seja receber e enviar cartões de Dia das Mães ou de amizade, eles não são o suficiente. Precisamos também verbalizar o nosso amor de maneira sincera e periódica. Não espere pelo Dia das Mães ou outra data especial para convidar sua mãe, sua sogra ou uma amiga mais velha para um chá ou um almoço agradável. Diga a ela quanto a aprecia. (Reserve um tempo para pensar de antemão em todas as qualidades dela E tome nota de tudo para ser bem específica.) Você poderá até comprar um caderno para registrar todas as maneiras como ela a abençoou. Enfeite cada página com adesivos coloridos ou desenhos. Embrulhe-o com sabonete perfumado e sais de banho e dê a ela como recordação.

Pai, eu te agradeço a vida das mulheres que exerceram papéis importantes em minha vida. Abençoa cada uma de maneira especial hoje e ajuda-me a encontrar meios de expressar meu amor e gratidão a elas.

SEMANA 18

Ana

SEU NOME SIGNIFICA *"favor" ou "graça"*

SEU CARÁTER: Provocada pela maldade de outra mulher, ela se recusou a responder na mesma moeda. Em vez disso, derramou sua mágoa e tristeza diante de Deus, permitindo que ele a vingasse.

SEU SOFRIMENTO: Ter sido alvo de provocações e incompreendida.

SUA ALEGRIA: Proclamar o poder e a bondade de Deus e seu costume de exaltar os desvalidos e humilhar os orgulhosos.

TEXTOS-CHAVE: 1Samuel 1.1—2.11; 2.19-21.

SEGUNDA-FEIRA • *Sua história*

O percurso era pouco mais de vinte quilômetros, mas a cada ano a viagem de Ramá a Siló, a fim de adorar no tabernáculo, parecia mais longa. Em casa, Ana encontrava meios de evitar a segunda mulher do marido, mas em Siló não era possível fugir das provocações de sua rival. Ana sentia-se como uma tenda com goteiras debaixo de uma chuva copiosa, incapaz de defender-se do temporal do coração de outra mulher.

Nem mesmo o braço de seu marido, Elcana, a seu redor oferecia abrigo. Ele perguntava:

— Ana, por que você está chorando? Por que não come? Por que está triste? Será que eu não sou melhor para você do que dez filhos?

Como Ana poderia fazê-lo compreender que nem o melhor marido seria capaz de apagar o anseio de sua mulher por filhos? Sua tentativa de consolá-la só aumentava a dor e a sensação de isolamento de Ana.

Ela entrou no tabernáculo e permaneceu ali por muito tempo, chorando e orando. Seus lábios moviam-se sem um som sequer, enquanto

seu coração derramava diante de Deus o sofrimento
que sentia:

— Ó SENHOR dos Exércitos, se tu deres atenção à humilhação de tua serva, te lembrares de mim e não te esqueceres de tua serva, mas lhe deres um filho, então eu o dedicarei ao SENHOR por todos os dias de sua vida, e o seu cabelo e a sua barba nunca serão cortados.

O sacerdote Eli estava acostumado com pessoas que iam a Siló para comemorar as festas, comendo e bebendo mais do que deviam. Ao observar Ana de sua cadeira junto à entrada do templo, ficou imaginando por que os ombros dela sacudiam e os lábios se mexiam, mas não se ouvia sua voz. Então Eli pensou que ela estivesse embriagada. Interrompeu, portanto, a oração silenciosa de Ana com uma repreensão:

— Até quando você continuará embriagada? Abandone o vinho!

Ana se defendeu:

— Não se trata disso, meu senhor. Sou uma mulher muito angustiada. Não bebi vinho nem bebida fermentada; eu estava derramando minha alma diante do SENHOR. Não julgues tua serva uma mulher vadia; estou orando aqui até agora por causa de minha grande angústia e tristeza.

Satisfeito com a explicação de Ana, Eli a abençoou, dizendo:

— Vá em paz e que o Deus de Israel lhe conceda o que você lhe pediu.

Na manhã seguinte, Ana e Elcana voltaram para casa em Ramá, onde Ana finalmente concebeu. Em breve, teve nos braços a criancinha que havia tanto desejado, o filho que dedicara a Deus. Depois de desmamar Samuel, ela o levou a Eli, em Siló. Como Joquebede, que colocou o filho Moisés nas águas do Nilo como se fossem as mãos de Deus, Ana entregou Samuel aos cuidados do sacerdote. Seu filho tornou-se profeta e o último juiz de Israel. As mãos de Samuel ungiriam Saul e Davi como os primeiros reis de Israel.

Como Sara e Raquel, Ana sofreu pelos filhos que não podia ter. Ana, porém, levou sua angústia diretamente a Deus. Incompreendida tanto pelo marido como pelo sacerdote, poderia ter lançado sua tristeza sobre si mesma ou sobre outros, tornando-se amarga, desesperançada ou vingativa. Mas, em vez de encher-se de autopiedade ou revidar, ela derramou sua alma diante de Deus. E ele respondeu com benevolência à sua oração.

Todos os anos Ana subia a Siló com o marido e presenteava Samuel com uma pequena túnica que costurava para ele. Eli abençoava Elcana e sua mulher, dizendo:

— O SENHOR dê a você filhos desta mulher no lugar daquele por quem ela pediu e dedicou ao SENHOR.

E Ana teve mais três filhos e duas filhas. Seu cântico fervoroso, que Maria, mãe de Jesus, ecoou mais de mil anos depois (Lc 1.46-55), expressa seu louvor:

Meu coração exulta no SENHOR;
no SENHOR minha força é exaltada.
Minha boca se exalta sobre os meus inimigos,
pois me alegro em tua libertação. [...]
O SENHOR é quem dá pobreza e riqueza;
ele humilha e exalta.
Levanta do pó o necessitado
e do monte de cinzas ergue o pobre.

1Samuel 2.1,7-8

TERÇA-FEIRA • *Sua vida e sua época*

Esterilidade

Orando em meio a lágrimas, tão perturbada que Eli pensou que estivesse embriagada, Ana expressa a dor agonizante de tantas mulheres ao longo dos séculos que têm vivenciado a esterilidade. O anseio profundo e insatisfeito de ter filhos, o sofrimento de ver outras mulheres dando à luz um filho após outro, a angústia de ver uma mãe beijar o rosto de seu bebê — Ana provou tudo isso.

Para os israelitas, os filhos eram uma bênção especial do Senhor. Assim, reconheciam o poder de Deus para abrir ou fechar o ventre de uma mulher. As mulheres que não podiam gerar filhos eram consideradas inferiores, incapazes de desempenhar seu propósito divino neste mundo. Sem poder cumprir seu "dever", o sofrimento emocional dessas mulheres era imenso. É possível também que as mulheres estéreis sentissem que lhes era negada a possibilidade de ser a escolhida para conceber o Messias.

A esterilidade não trazia apenas um sofrimento pessoal desgastante; com ela, vinha também a reprovação do marido, a censura da família e a rejeição da sociedade. Os maridos esperavam que as esposas gerassem muitos filhos para ajudar no sustento da casa. Os parentes da mulher e também do marido, esperavam que ela desse continuidade à linhagem familiar e a considerava alguém que não havia cumprido sua responsabilidade quando não gerava filhos. Além disso, os círculos sociais das moças em idade fértil incluíam muitas outras jovens que, em geral, concebiam um filho após outro. Era como se a fertilidade delas zombasse da infertilidade da mulher estéril cada vez que ela ia ao mercado, ao poço ou a um evento social.

As Escrituras contam histórias de várias mulheres estéreis. Sara riu quando soube que teria finalmente um filho. Raquel agarrou-se a Jacó e suplicou que lhe desse filhos, como se seu marido pudesse abrir seu ventre. O sofrimento de Ana a fez buscar a ajuda do Único verdadeiramente capaz de atendê-la.

Se Ana não tivesse tido nenhum filho, mesmo assim seria mencionada nas Escrituras como uma mulher de fé. Ana não é uma mulher de fé porque deu à luz um filho, mas porque buscou a Deus em sua mais profunda aflição, compreendendo que só ele poderia responder às suas perguntas e proporcionar o consolo e o propósito na vida que ela procurava com tanto empenho.

QUARTA-FEIRA • *Seu legado nas Escrituras*

Leia 1Samuel 1.1—2.21.

1. Que reação a esterilidade de Ana provoca nos personagens da história? Na própria Ana? Em Penina? Em Elcana?
2. O que provocou a mudança em Ana em 1Samuel 1.18? Ela teve certeza de que conseguiria o que desejava? Se sim, como? Se não, por que se sentiu consolada?
3. Quando você se sentiu profundamente decepcionada? Como orou na época?
4. Em sua opinião, como Ana deve ter se sentido ao cumprir seu voto a Deus? O que a atitude dela revela sobre seu caráter?
5. O que o cântico de louvor de Ana ao Senhor (1Sm 2.1-10) tem a ver com os eventos ocorridos em sua vida? O que ela diz a respeito de Deus e por que isso é importante para a vida dela?

QUINTA-FEIRA • *Sua promessa*

Quando se encontrou com Ana no templo em Siló, Deus não apenas respondeu à oração dela por um filho, como também a seu pedido para consolá-la em sua tristeza. Ele a consolou em seu desapontamento e deu-lhe forças para enfrentar a situação. As Escrituras não dizem se ela saiu do templo certa de que conceberia um filho, mas deixam claro que Ana foi consolada: "e o seu rosto já não estava mais abatido" (1Sm 1.18). Deus realizou aquilo que o amor e o cuidado de Elcana não podiam fazer.

Deus está disposto a se encontrar conosco, como fez com Ana. Seja qual for a aflição ou a situação difícil que enfrentamos, ele está disposto a se manifestar e, mais que isso, está desejoso de satisfazer nossas necessidades e de conceder-nos graça e consolo. Nenhuma outra pessoa (marido, amigos chegados, pais, filhos) pode nos oferecer o alívio, apoio e encorajamento que o nosso Deus tem reservado para nós.

Promessas nas Escrituras

> Este é o meu consolo no meu sofrimento:
> A tua promessa dá-me vida.
>
> Salmos 119.50

> [...] nos gloriamos na esperança da glória de Deus. Não só isso, mas também nos gloriamos nas tribulações, porque sabemos que a tribulação produz perseverança; a perseverança, um caráter aprovado; e o caráter aprovado, esperança. E a esperança não nos decepciona, porque Deus derramou seu amor em nossos corações, por meio do Espírito Santo que ele nos concedeu.
>
> Romanos 5.2-5

> Sabemos que Deus age em todas as coisas para o bem daqueles que o amam, dos que foram chamados de acordo com o seu propósito.
>
> Romanos 8.28

SEXTA-FEIRA • *Seu legado de oração*

> E, com a alma amargurada, [Ana] chorou muito e orou ao SENHOR. E fez um voto, dizendo: "Ó SENHOR dos Exércitos, se tu deres atenção à

humilhação de tua serva, te lembrares de mim e não de esqueceres de tua serva, mas lhe deres um filho então eu o dedicarei ao SENHOR por todos os dias de sua vida".

1Samuel 1.10-11

MEDITE: 1Samuel 2.1-10.

LOUVE A DEUS: Porque ele conhece nosso coração.

AGRADEÇA: Todas as orações respondidas.

CONFESSE: Sua tendência de abrir o coração diante de todas as pessoas, menos de Deus, fazendo dele o último, em vez de o primeiro recurso.

PEÇA A DEUS: Que lhe conceda graça para confiar no poder dele.

Eleve o coração

Um meio de aumentar sua confiança em Deus é adquirir o hábito de lembrar. É fácil demais esquecer tudo o que ele já fez e preocupar-se com o que você quer que ele faça aqui e agora. O problema é que, ao se esquecer de suas bênçãos, você pratica a ingratidão. Em contrapartida, ao agradecer frequentemente a Deus por suas bênçãos, você desenvolve o hábito da gratidão, que contribui para aumentar sua confiança na compaixão, na misericórdia, na fidelidade e no poder de Deus.

Providencie um caderno ou um álbum para ser seu Livro de Recordações. Escreva nele como Deus respondeu às suas orações. Guarde cartas, fotos de pessoas queridas ou recortes de jornal — qualquer coisa que a ajude a se lembrar de orações respondidas. Seu Livro de Recordações será uma forma de manter a fidelidade de Deus na vanguarda de seu coração.

Pai, agradeço todas as orações que ouviste durante minha vida. Respondeste a pedidos grandes e pequenos, pedidos feitos à noite e pedidos feitos de manhã, orações silenciosas e orações em voz alta, orações aflitas e orações serenas. Permite que as minhas orações sejam moldadas segundo a tua fidelidade, tornando-se cada vez menos egoístas, menos ansiosas, e mais calmas e confiantes a cada dia. Em nome de Jesus. Amém.

SEMANA 19

Mical

SEU NOME SIGNIFICA *"quem é como Deus?"*

SEU CARÁTER: Mulher de fortes sentimentos, não pôde controlar as circunstâncias importantes de sua vida. Obrigada a se separar de dois maridos, Mical perdeu o pai e o irmão assassinados brutalmente por seus inimigos.

SEU SOFRIMENTO: Ter ficado enredada na longa batalha entre Saul e Davi.

SUA ALEGRIA: Embora por pouco tempo, ela desfrutou de uma paixão por Davi.

TEXTOS-CHAVE: 1Samuel 18.20-29; 19.11-17; 2Samuel 6.16-23.

SEGUNDA-FEIRA • *Sua história*

Primeira cena

Mical inclinou-se na beirada da janela. Esticando o corpo o mais que pôde, ela viu seu marido correndo nas sombras da noite, com movimentos rápidos e ágeis como os de um pequeno cervo fugindo de predadores. Mesmo que seu pai, o rei, perseguisse Davi com um exército, ela tinha certeza de que jamais o apanharia.

Ela amou o menino pastor desde o dia em que ele acalmou a alma atormentada de Saul com sua harpa. Depois que Davi derrotou o terrível Golias apenas com uma atiradeira e uma pedra, todo o Israel passou a amá-lo. Mas foi só por ela que Davi matara duzentos filisteus, a fim de provar seu valor.

Mical afastou-se da janela, agradecida por ter a oportunidade de ajudar o marido a fugir. Vestiu rapidamente um dos ídolos de sua casa e deitou-o na cama coberto com uma almofada de pelos de cabra, para parecer que Davi dormia ali. Estava pronta para enfrentar os homens enviados pelo pai quando vieram bater à porta.

— Ele está doente — ela disse.

Os homens voltaram ao rei Saul, que imediatamente ordenou que retornassem, dizendo:

— Tragam-no até aqui em sua cama para que eu o mate.

Ao descobrir o disfarce, Saul confrontou a filha:

— Por que você me enganou desse modo e deixou que o meu inimigo escapasse?

Mical baixou os olhos e respondeu:

— Ele me disse que o deixasse fugir, se não me mataria.

Em seguida, prendeu a respiração, certa de que o pai jamais engoliria aquela mentira tão deslavada.

Segunda cena

Nove anos ou mais se passaram. Mical olhou pela janela, com os braços cruzados de encontro ao peito, observando a cena lá embaixo. Davi, agora rei, havia entrado em Jerusalém, saltando e dançando enquanto a arca da aliança chegava à cidade. Para Mical, ele parecia ridículo, mais semelhante a um bode saltador que a um grande rei.

Davi ofereceu sacrifícios e abençoou o povo. A seguir, entrou na casa para abençoá-la, mas a filha de Saul recebeu-o com desprezo:

— Como o rei de Isael se destacou hoje, tirando o manto na frente das escravas, de seus servos, como um homem vulgar!

Davi replicou:

— Foi perante o SENHOR que eu dancei, perante aquele que me escolheu em lugar de seu pai ou de qualquer outro da família dele, quando me designou soberano sobre o povo do SENHOR, sobre Israel; perante o SENHOR celebrarei e me rebaixarei ainda mais, e me humilharei aos meus próprios olhos. Mas serei honrado por essas escravas que você mencionou.

• • •

Mical colocou-se duas vezes numa janela para observar Davi. Na primeira cena, as Escrituras descrevem-na como mulher de Davi e, na segunda, como filha de Saul. De fato, sua atitude mudou tanto que nos sentimos perplexas, observando-a enquanto ela espia Davi. Para compreender o que pode ter mudado o coração de Mical nesses anos de intervalo, precisamos encontrar uma conexão entre as duas janelas, um caminho que explique por que o amor se transformou em desprezo.

Talvez Mical tenha esperado que sua separação de Davi fosse por pouco tempo e imaginado um final feliz para aquele amor de conto de fadas. É possível que acreditasse que Davi encontraria um meio de protegê-la da ira do pai. Será que ficou chocada quando a vida real entrou em ação e o pai a castigou, forçando-a a casar-se com outro homem? Será que sua amargura surgira durante a longa ausência de Davi? Será que, depois de finalmente aceitar o novo casamento, ela foi arrancada do marido quando Davi a exigiu de volta após a morte de Saul? Será que questionou os julgamentos de Deus, identificando-se mais com os mortos que com os vivos depois do desaparecimento de seu pai na batalha desesperada contra os filisteus?

É possível que a amargura de Mical tenha se transformado em raiva quando compreendeu que sempre fora um joguete nas mãos de outra pessoa, uma mulher manipulada por homens poderosos. Seu pai fez uso dela, prometendo-a a Davi na esperança de que a filha viesse a servir de armadilha. Por fim, um de seus irmãos devolveu-a a Davi depois da morte de Saul, legitimando ainda mais o direito de Davi ao trono. Mesmo tendo sido princesa e, mais tarde, rainha, ela continuou a ser uma escrava.

A história de Mical é trágica. Em meio às difíceis circunstâncias de sua vida, vemos pouca evidência de fé para sustentá-la. Ao contrário, ela foi jogada de um lado para o outro e teve de tirar conclusões amargas do próprio coração. Na última cena com Davi, vemos uma mulher cega pelo desdém, cometendo exatamente o erro do qual o Senhor recomendara que o profeta Samuel se acautelasse quando buscou um rei para substituir o desobediente Saul: "Não considere sua aparência nem sua altura, pois o rejeitei. O SENHOR não vê como o homem: o homem vê a aparência, mas o SENHOR vê o coração".

A verdade é que Deus é o único que pode ver o íntimo do coração de quem quer que seja, inclusive o de Mical. Ele sabia tudo o que acontecera, tanto as coisas boas quanto as ruins. A história de Mical parece indicar que ela veio a ser mais como Saul que como Davi. Assim, ela nos lembra de que até as vítimas têm escolha. Não importa quanto alguém tenha pecado contra nós, temos o poder de escolher a atitude de nosso coração. Se clamarmos pela misericórdia de Deus, ele não nos recusará ajuda. Mesmo nas dificuldades, ele habitará em nós e moldará nosso coração desobediente para que seja mais semelhante ao dele.

TERÇA-FEIRA • *Sua vida e sua época*

Adoração

Quando levou a arca da aliança para Jerusalém, depois que ela esteve nas mãos dos filisteus durante vários e depois de uma tentativa funesta de transportá-la, Davi fez isso com profunda reverência. Cada vez que os carregadores da arca davam seis passos, Davi sacrificava um boi e um novilho gordo. E quando os sacerdotes fizeram a arca entrar em Jerusalém, Davi "foi dançando com todas as suas forças perante o SENHOR" (2Sm 6.14), e o povo com ele gritava e tocava trombetas.

Não havia nada restrito nem reprimido na adoração de Davi ao Senhor. Os salmos de louvor escritos por ele revelam seu amor profundo por Deus, um amor tão abrangente que não podia ser contido, mas explodia em êxtase.

Nos tempos do Antigo Testamento, os sacrifícios e as ofertas tinham papel fundamental na adoração. Uma vez que o pecado separava o adorador de Deus, o sacrifício era necessário para restaurar a comunhão e tornar possível a verdadeira adoração. A resposta de louvor ao Senhor adquiria várias formas: oração, como quando Salomão dedicou o templo (1Rs 8); louvor com cânticos individuais (2Sm 23.1) e em coros (Ne 12); louvor com instrumentos musicais (Sl 150); e louvor com danças (Êx 15.20-21; 2Sm 6.14-16; Sl 149.3).

Deus, porém, deixa claro que não se satisfaz apenas com essas formas de adoração. Sacrifícios, músicas e danças não têm significado algum se o coração e a vida não forem de fato dedicados ao Senhor. As palavras de Deus ao profeta Miqueias declaram essa verdade:

> Com que eu poderia comparecer diante do SENHOR
> e curvar-me perante o Deus exaltado?
> Deveria oferecer holocaustos de bezerros de um ano?
> Ficaria o SENHOR satisfeito com milhares de carneiros,
> com dez mil ribeiros de azeite?
> Devo oferecer o meu filho mais velho por causa da minha
> transgressão,
> o fruto do meu corpo por causa do pecado que eu cometi?
> Ele mostrou a você, ó homem,
> o que é bom e o que o SENHOR exige:

pratique a justiça, ame a fidelidade
e ande humildemente com o seu Deus.

Miqueias 6.6-8

O desprezo de Mical por seu marido, Davi, revela falta de devoção autêntica. Ela se contentou em ser espectadora crítica em vez de verdadeira adoradora de Deus. Sempre que alguém coloca a aparência, a tradição ou a forma de adoração acima de um desejo sincero de adorar ao nosso Deus, precisamos tomar muito cuidado... e ler as palavras de Deus a Miqueias, que se aplicam a nós hoje como a os israelitas na época do profeta.

QUARTA-FEIRA • *Seu legado nas Escrituras*

Leia 1Samuel 18.20-27; 19.11-17.

1. Como você descreveria Mical nessas passagens?

Leia 1Samuel 25.43-44; 2Samuel 3.14-16.

2. Depois que ajudou Davi a fugir, Mical só voltou a vê-lo após nove anos. Em sua opinião, de que forma os eventos nesse intervalo a afetaram? Como teriam afetado você?

Leia 2Samuel 6.12-13.

3. O que você acha da reação de Mical diante da cena de adoração? Em sua opinião, por que ela estava no quarto observando da janela em vez de juntar-se à multidão?
4. Qual é sua maior barreira para a verdadeira adoração? O que poderia derrubar essa barreira para que você passe de espectadora a participante?
5. O que Davi estava tentando dizer a Mical em 2Samuel 6.21-22?
6. Pense em sua experiência de sofrimento — talvez até como de vítima. Como reagiu? O sofrimento a deixou mais inflexível e amarga? Devastada e sem esperança? Ou forte e cheia de fé? Por quê?

QUINTA-FEIRA • *Sua promessa*

O desprezo de Mical pela verdadeira adoração pode ser contrastado com o amor de Davi pelo culto ao Senhor. Ele adorava a Deus com entrega total, de coração sincero. Sua devoção era tão profunda, tão real, que tinha de ser expressa na forma de louvor mais exorbitante e "dançando com todas as suas forças". Esse é o tipo de adoração que Deus espera de seu povo, e ele responde com uma promessa de bênção.

Promessas nas Escrituras

> Deem ao SENHOR a glória devida ao seu nome.
> Tragam ofertas e venham à sua presença.
> Adorem o SENHOR no esplendor da sua santidade.
>
> 1Crônicas 16.29

> Bendito seja o teu nome glorioso! A tua grandeza está acima de toda expressão de louvor. Só tu és o SENHOR. Fizeste os céus, e os mais altos céus, e tudo o que neles há, a terra e tudo o que nela existe, os mares e tudo que neles existe. Tu deste vida a todos os seres, e os exércitos dos céus te adoram.
>
> Neemias 9.5-6

> Venham! Adoremos prostrados
> e ajoelhemo-nos diante do SENHOR, o nosso criador;
> pois ele é o nosso Deus,
> e nós somos o povo do seu pastoreio,
> o rebanho que ele conduz.
>
> Salmos 95.6-7

> Entrem por suas portas com ações de graças,
> e em seus átrios, com louvor;
> deem-lhe graças e bendigam o seu nome.
>
> Salmos 100.4

SEXTA-FEIRA • *Seu legado de oração*

> Mical, a outra filha de Saul, gostava de Davi. Quando disseram isso a Saul, ele ficou contente e pensou: "Eu a darei a ele, para que lhe sirva de armadilha, fazendo-o cair nas mãos dos filisteus".
>
> 1Samuel 18.20-21

> Aconteceu que, entrando a arca do SENHOR na Cidade de Davi, Mical, filha de Saul, observava de uma janela. E, ao ver o rei Davi dançando e celebrando perante o SENHOR, ela o desprezou em seu coração.
>
> 2Samuel 6.16

MEDITE: 1Samuel 19.11-17; 2Samuel 6.16-23.

LOUVE A DEUS: Porque ele é o mesmo ontem, hoje e para sempre.

AGRADEÇA: Porque Deus permite que escolhamos como responder a ele.

CONFESSE: Qualquer abertura para o ceticismo ou o cinismo em sua fé.

PEÇA A DEUS: Que a ajude a adorá-lo em espírito e em verdade.

Eleve o coração

Davi estava tão exultante que dançou em público como forma de adoração a Deus. Talvez você não esteja pronta para levar sua alegria às ruas, mas pode soltar-se um pouco levantando as mãos em oração, visitando uma igreja cujo estilo de adoração seja um pouco diferente do seu, ou apenas dançando e cantando ao som de uma playlist de louvor em sua casa, quando não houver ninguém por perto. Experimente. Alegre-se na presença de Deus! Se ele não valer seu entusiasmo, quem valerá?

> *Aclamem a Deus, povos de toda terra!*
> *Cantem louvores ao seu glorioso nome;*
> *louvem-no gloriosamente!*
> *Digam a Deus:*
> *"Quão temíveis são os teus feitos!*
> *Tão grande é o teu poder*
> *que os teus inimigos rastejam diante de ti!*
> *Toda a terra te adora e canta louvores a ti,*
> *canta louvores ao teu nome".*
>
> *Salmos 66.1-4*

Abigail

SEU NOME SIGNIFICA *"meu pai está feliz"*

SEU CARÁTER: Generosa, perspicaz e sábia, Abigail é uma das grandes pacificadoras da Bíblia.
SEU SOFRIMENTO: Ter se casado com um homem cruel e maligno.
SUA ALEGRIA: Deus tê-la usado para salvar vidas, tornando-a, mais tarde, mulher de Davi.
TEXTO-CHAVE: 1Samuel 25.2-42.

SEGUNDA-FEIRA • *Sua história*

Insensato, rude, mau — qualquer mulher casada com um homem rotulado dessa forma teria razão para ser infeliz. Abigail devia sentir-se sufocada. Provavelmente seu pai imaginou que o rico Nabal fosse um bom partido, sem ter ideia da personalidade dominadora daquele homem capaz de pôr em risco o futuro da filha. Mas a insensatez e a ruína geralmente andam de mãos dadas, como Abigail descobriria.

Havia algum tempo que Abigail vinha ouvindo falar de Davi: sua vitória sobre o gigante Golias, seus belos cabelos ruivos, sua coragem na batalha, seu conflito com o rei Saul. Recentemente, Davi se tornara quase seu vizinho no deserto de Maom, a oeste do mar Morto, onde se escondera de Saul. Desde que Davi chegara com seus seiscentos homens, os saqueadores se mantiveram longe do gado do marido de Abigail, e os rebanhos prosperaram.

Quando, porém, Davi enviou dez de seus homens para pedir água e comida a Nabal, que vinha enriquecendo dia a dia graças a Davi, ele quase cuspiu no rosto deles.

— Quem é Davi? Quem é esse filho de Jessé? Hoje em dia muitos servos estão fugindo de seus senhores. Por que deveria eu pegar meu pão e minha água, e a carne do gado que abati para meus tosquiadores, e dá-los a homens que vêm não se sabe de onde?

Embora fosse rico, Nabal acabara de agir como um tolo e insultar o homem mais poderoso da região.

Ao perceber o perigo, um dos servos correu até Abigail e suplicou que ela interferisse. Na condição de esposa de Nabal, ela devia sofrer diariamente com a arrogância do marido. Mas, desta vez, sua insensatez prejudicaria a casa toda. Sem perder tempo e sem dizer nada ao marido, ela carregou uma caravana de jumentos com presentes para Davi e seus homens — pão fresco, vasilhas de couro cheias de vinho, carne vermelha e várias iguarias — e a conduziu para o acampamento de Davi. No momento em que Abigail viu Davi, ela se prostrou aos pés dele, fazendo um discurso (um dos discursos mais longos registrados na Bíblia, feitos por uma mulher):

— Meu senhor, a culpa é toda minha. Não dês atenção àquele homem mau, Nabal. Ele é insensato, conforme o significado do seu nome; e a insensatez o acompanha. Contudo, eu, tua serva, não vi os rapazes que meu senhor enviou. Esquece, eu te suplico, a ofensa de tua serva, pois o SENHOR certamente fará um reino duradouro para ti, que travas os combates do SENHOR. E em toda a tua vida, nenhuma culpa se ache em ti. Mesmo que alguém te persiga para tirar-se a vida, a vida de meu senhor estará firmemente segura como as dos que são protegidos pelo SENHOR, o teu Deus. Mas a vida de teus inimigos será atirada para longe como por uma atiradeira.

Suas palavras bem escolhidas lembraram Davi de seu sucesso contra Golias. Acabaram com sua ira e o fizeram responder amavelmente a Abigail:

— Bendito seja o SENHOR, o Deus de Israel, que hoje a enviou ao meu encontro. Seja você abençoada pelo seu bom senso e por evitar que eu hoje derrame sangue e me vingue com minhas próprias mãos. De outro modo, juro pelo nome do SENHOR, o Deus de Israel, que evitou que eu lhe fizesse mal, que, se você não tivesse vindo depressa encontrar-me, nem um só do sexo masculino pertencente a Nabal teria sido deixado vivo ao romper do dia.

Além de salvar vidas, a sabedoria de Abigail impediu Davi de pecar, lembrando-o de que a vingança pertence a Deus.

Depois do encontro com Davi, Abigail dirigiu-se ao monte Carmelo, onde Nabal havia tosquiado as ovelhas e comemorava seu sucesso. Mais uma vez, ela o encontrou cometendo tolices. Embriagado e sem se dar conta do perigo, ele estava oferecendo um banquete, como se fosse um grande rei. Abigail esperou até o amanhecer, quando ele estaria sóbrio, para contar-lhe o acontecido. Tão logo ouviu a notícia, Nabal sofreu um ataque de coração e morreu dez dias depois.

Arrogância, ganância e egoísmo haviam conspirado para roubar de Nabal qualquer bom senso que poderia ter tido um dia. Julgando-se um grande homem, quando era apenas insignificante, perdeu tudo. Abigail era o oposto de Nabal, uma mulher cuja humildade, fé, generosidade, inteligência e honestidade a tornaram sábia. Em vez de colocar outras pessoas em risco com uma língua descontrolada, suas palavras bondosas salvaram vidas.

Quando Davi soube da morte de Nabal, enviou uma mensagem a Abigail, pedindo que se tornasse sua mulher. Desta vez, cabia a Abigail a escolha de casar-se ou não. Ela aceitou e tornou-se a terceira esposa de Davi e, mais tarde, mãe de seu segundo filho, Quileabe.

Ao contrário de Mical, que não passara de um simples peão num tabuleiro de xadrez, Abigail foi uma mulher que prevaleceu sobre as circunstâncias para mudar o rumo dos acontecimentos. Embora as Escrituras não apresentem detalhes sobre sua vida diária, ela parece ter sido uma boa esposa para Nabal. Até sua súplica a Davi foi atitude de uma boa esposa. É possível que o casamento tenha provocado mudanças em seu caráter, ajudando-a a cultivar virtudes em contraste com a conduta imoral de Nabal. Seja como for, a perspicácia de Abigail poupou a vida e os bens do marido. Foi Deus — e não Abigail ou Davi — que castigou Nabal por sua arrogância e ganância.

TERÇA-FEIRA • *Sua vida e sua época*

Alimentos

Duzentos pães, duas vasilhas de couro cheias de vinho, cinco ovelhas preparadas, cinco medidas de grãos tostados, cem bolos de passas e duzentos bolos de figos prensados — que banquete! Abigail levou uma refeição maravilhosa para Davi e seus homens.

Embora a fome não fosse desconhecida na região, a Palestina tinha reputação de ser uma "terra onde manam leite e mel". O alimento básico da região era o pão. O pão dos tempos bíblicos era de textura granulosa, escuro e substancioso. Os lavradores quase sempre levavam consigo dois pães pequenos sem miolo, um cheio de azeitonas e ou outro com queijo.

A oferta de duzentos pães desse tipo representava um começo farto para a refeição de Davi e de seus homens.

O vinho era bebida comum naquela terra quente. Os sucos fermentavam rapidamente nos sacos de pele de animal. Muitas vezes o vinho era misturado com água para proporcionar uma bebida refrescante nas refeições. Era também usado como desinfetante (Lc 10.34) e como remédio (1Tm 5.23).

Depois, Abigail pegou cinco "ovelhas preparadas". Não, isso não quer dizer que as ovelhas usassem roupas apropriadas para a viagem; significava que haviam sido abatidas e esfoladas, e estavam prontas para ser cozidas. Os homens de Davi precisariam apenas acender o fogo e cozinhar os pedaços para comer. Ovelhas, novas e velhas, formavam a parte principal da dieta de carne dos israelitas, assim como bezerros, cabras e vários tipos de aves. Os caçadores também levavam carne de veado, de antílope e de outros animais selvagens, e os pescadores forneciam muitos peixes comestíveis, de cuja falta os israelitas se queixaram durante seus anos de peregrinação no deserto.

Os grãos tostados podiam ser comidos em qualquer lugar, a qualquer hora. Como Davi e seus homens eram perseguidos com frequência, esse alimento deve ter sido bastante útil. Em geral, os grãos tostados acompanhados de um pouco de vinho constituíam um almoço rápido para os lavradores (Rt 2.14).

Finalmente a sobremesa — ou uma comida doce. Abigail levou cem bolos de uvas passas e duzentos bolos de figos prensados. A Palestina oferecia abundância de produtos de vinhas e figueiras; prova disso é que as árvores vieram a ser conhecidas como metáfora para uma vida segura e abundante: "Durante a vida de Salomão, Judá e Israel viveram em segurança, cada homem debaixo da sua videira e da sua figueira, desde Dã até Berseba" (1Rs 4.25). Havia uma grande variedade de frutas frescas o ano todo, mas os primeiros figos do ano eram considerados uma avaria. Figos secos e passas serviam também como ótimo alimento para os viajantes, perfeito para Davi e seus homens.

Nas casas israelitas, geralmente eram as mulheres que preparavam as refeições (certas coisas nunca mudam!). Elas preparavam as refeições misturando os ingredientes: pequenos pedaços de carne, vegetais, arroz, grãos e, algumas vezes, frutas eram misturados, e não servidos separadamente, como é comum hoje. A dieta israelita era tão variada — dependendo da época do ano e das posses da pessoa — quanto a que as pessoas de hoje esperam e apreciam.

Os autores do Novo Testamento usaram a comida como metáfora para o alimento espiritual. Paulo menciona o leite para o cristão novato, em vez de alimento sólido (1Co 3.2); o autor de Hebreus fala dos cristãos cujo crescimento espiritual é tão lento que ainda precisavam de leite em lugar do alimento sólido (5.11-14). Jesus lembrou os discípulos de que "a vida é mais importante do que a comida" (Lc 12.23-26) e que não devemos nos preocupar demais com ela.

QUARTA-FEIRA • *Seu legado nas Escrituras*

Leia 1Samuel 25.2-42.

1. Em sua opinião, como era a vida diária de Abigail enquanto casada com Nabal?
2. Se você fosse mulher de Nabal, como teria agido? Como a convivência com tal marido a teria mudado?
3. Como Abigail lidou com um homem arrogante (Nabal) e com um homem irado (Davi)?
4. Como você reage quando alguém a quem está subordinada faz uma escolha errada? Se essa escolha chega a afetá-la, o que você deve fazer?
5. Você gostaria de relacionar-se melhor com os homens? Como?

QUINTA-FEIRA • *Sua promessa*

Abigail era uma mulher corajosa que extraiu o melhor que pôde de uma situação difícil. Ela conhecia os princípios culturais em ação naquele momento: Nabal deveria ter atendido ao pedido de Davi e seus homens, simplesmente oferecendo hospitalidade e demonstrando gratidão pela proteção que recebera deles. No entanto, quando Davi pensou em vingança, Abigail intercedeu, entendendo que não cabia a Davi — nem a ela — vingar-se de Nabal.

Os anos de convivência com Nabal não tornaram Abigail amarga nem desejosa de vingar-se dele. O Senhor honrou Abigail por sua firmeza, generosidade e disposição em continuar no caminho reto, apesar das dificuldades. Da mesma forma, Deus continua a honrar os que são leais, mesmo quando essa fidelidade resulta em problemas e sofrimento. Ele não promete livrar-nos sempre, como livrou Abigail, mas promete permanecer conosco.

Promessas nas Escrituras

> Ouve, SENHOR, e tem misericórdia de mim;
> SENHOR, sê tu o meu auxílio.
> Mudaste o meu pranto em dança,
> a minha veste de lamento em veste de alegria,
> para que o meu coração cante louvores a ti
> e não se cale.
> SENHOR, meu Deus,
> eu te darei graças para sempre.
>
> Salmos 30.10-12

> Não me negues a tua misericórdia, SENHOR;
> que o teu amor e a tua verdade sempre me protejam.
>
> Salmos 40.11

> Por isso não tema, pois estou com você;
> não tenha medo, pois sou o seu Deus.
> Eu o fortalecerei e o ajudarei;
> eu o segurarei com a minha mão direita vitoriosa.
>
> Isaías 41.10

SEXTA-FEIRA • *Seu legado de oração*

> Davi disse a Abigail: "Bendito seja o SENHOR, o Deus de Israel, que hoje a enviou ao meu encontro. Seja você abençoada pelo seu bom senso e por evitar que eu hoje derrame sangue e me vingue com minhas próprias mãos".
>
> 1Samuel 25.32-33

MEDITE: 1Samuel 25.2-42.

LOUVE A DEUS: Por tê-la chamado para atuar como pacificadora em sua família, em sua vizinhança e em seu mundo.

AGRADEÇA: Porque Deus conhece cada dificuldade que você enfrenta em seu casamento.

CONFESSE: Qualquer amargura em seu coração relacionada a seu casamento.

PEÇA A DEUS: Que use o relacionamento com seu marido para fortalecer seu caráter e sua fé.

Eleve o coração

Se você não assumiu ainda o compromisso de orar diariamente por seu marido, faça isso hoje. Reserve alguns minutos para entregar seu casamento a Deus, pedindo especificamente que abençoe seu cônjuge. Evite concentrar-se em sua lista de reclamações. Em vez disso, ore pelas necessidades que você sabe que ele tem. Peça a Deus que molde seu relacionamento conjugal e que o use para seus propósitos. Desista de qualquer desejo de querer controlar seu marido, e peça a Deus que atue na vida dele.

> *Pai, peço que abençoes meu marido em cada aspecto de sua vida:*
> *sua saúde*
> *seu trabalho*
> *seu relacionamento com nossos filhos*
> *seu relacionamento comigo*
> *e seu relacionamento contigo.*
> *Não permitas, Senhor, que ninguém — inclusive eu mesma — prejudique tua obra na vida dele.*

SEMANA 21

A mulher de En-Dor

SEU CARÁTER: Ao sentir compaixão de Saul na véspera da morte dele, exerceu poder atuando como médium.

SEU SOFRIMENTO: Ter transmitido uma mensagem sem esperança para o rei de Israel.

TEXTO-CHAVE: 1Samuel 28.3-25.

SEGUNDA-FEIRA • *Sua história*

Era uma noite propícia para aparições assustadoras. Espiando pela porta aberta, a mulher enrijeceu os músculos e recuou um passo. Um rosto apareceu diante dela, flutuando como a lua branca na escuridão lá fora. Antes que pudesse fechar a porta, ela sentiu dedos agarrando-lhe o pulso e ouviu uma voz.

— Invoque um espírito para mim, fazendo subir aquele cujo nome eu disser.

Um homem robusto entrou pela porta, seguido por outros dois. A mulher percebeu o medo que tomava conta aquele homem enquanto ele entrava e se sentava no sofá.

Ela respondeu:

— Certamente você sabe o que Saul fez. Ele eliminou os médiuns e os que consultam os espíritos da terra de Israel. Por que você está preparando uma armadilha contra mim, que me levará à morte?

— Juro pelo nome do SENHOR que você não será punida por isso — prometeu o homem.

— Quem devo fazer subir? — perguntou a mulher.

— Samuel — ele respondeu.

Então, ela consentiu e fez de sua alma uma ponte para o mundo dos mortos.

De repente, ela gritou:

— Por que me enganaste? Tu mesmo és Saul!

— Não tenha medo. O que você está vendo? — o rei lhe perguntou.

— Um ancião vestindo um manto está subindo — ela respondeu.

Saul inclinou-se e prostrou-se com o rosto em terra.

Samuel perguntou a Saul:

— Por que você me perturbou, fazendo-me subir?

— Estou muito angustiado — Saul respondeu. — Os filisteus estão me atacando e Deus se afastou de mim. Ele já não responde nem por profetas nem por sonhos; por isso te chamei para me dizeres o que fazer.

Disse Samuel:

— Por que você me chamou, já que o SENHOR se afastou de você e se tornou seu inimigo? O SENHOR fez o que predisse por meu intermédio: rasgou de suas mãos o reino e o deu a seu próximo, a Davi. Amanhã você e seus filhos estarão comigo. O SENHOR também entregará o exército de Israel nas mãos dos filisteus.

A mulher estremeceu depois de transmitir a mensagem. Não é de admirar que o rei parecesse tão desolado. O medo fez empalidecer seu rosto antes firme, afundando os olhos, fazendo surgir sulcos profundos nas bochechas e na testa.

Vendo que ele estava muito perturbado, a mulher falou:

— Olha, tua serva te obedeceu. Arrisquei minha vida e fiz o que me ordenaste. Agora, por favor, ouve tua serva e come um pouco para que tenhas forças para seguir teu caminho.

Com bondade, ela talvez tenha servido a última refeição de Saul, que faleceu no dia seguinte. Ferido na batalha, jogou-se sobre a própria espada, decidido a acabar com a vida antes que os inimigos o alcançassem. Em conformidade com sua natureza, Saul, que sempre tentara controlar seu destino, controlou até a forma de sua morte. Mas não pôde controlar o que aconteceu em seguida. Quando seu corpo foi descoberto pelos filisteus, eles comemoraram a morte dele cortando-lhe a cabeça e pendurando-a no templo de seu deus. Em seguida, pregaram seu corpo nu nos muros de uma cidade vizinha como um troféu. O primeiro rei de Israel tornou-se um espetáculo repulsivo.

A mulher de En-Dor é uma personagem estranha, envolvida com o ocultismo, mas bondosa e maternal em sua atitude com o rei atormentado. Por alguma razão, Deus permitiu que ela chamasse o profeta Samuel, embora a necromancia (invocar espíritos com o propósito de conhecer ou influenciar eventos futuros) fosse estritamente proibida em Israel.

Pode ser que ela tenha se tornado médium porque, naquela época, as mulheres tinham pouquíssimo poder. Ou, talvez, parecesse uma válvula de escape para sua natureza prestativa. Porém, ao entregar a alma aos espíritos, ela estava abusando de si mesma da pior maneira possível, rebaixando sua dignidade como pessoa para alcançar poder. Interessante o fato de que Saul, o homem que sempre tentou controlar o futuro, tenha passado seus últimos momentos consultando-a e, com isso, infringindo a própria lei que criara. Pouco a pouco, as inseguranças dele passaram a controlá-lo e desgastaram sua alma, fazendo-o perder a capacidade de depender de Deus em vez de confiar em si mesmo.

Naquela noite, a mulher de En-Dor fitou o homem mais poderoso de Israel e viu terror em seus olhos. Será que essa visão a abalou? Será que ela se reconheceu nele? Será que seu encontro com um verdadeiro profeta a levou a abandonar o ofício de médium? Não sabemos. Infelizmente, seu encontro com Saul marca um dos momentos mais degradantes da vida do primeiro rei de Israel, revelando sua desintegração como homem cujo futuro foi destruído pela desobediência.

O fim trágico de Saul lembra-nos de que o antídoto para o medo é sempre a confiança. Só a fé pode curar nossos piores pesadelos, e a fé é um dom alimentado pela obediência (ou enfraquecido pela desobediência). Abandonando nosso desejo de manipular e de controlar pessoas e circunstâncias, devemos confiar em Deus para usar seu poder a nosso favor.

TERÇA-FEIRA • *Sua vida e sua época*

Feitiçaria

É irônico saber que o mesmo Saul, que se recusou a dar atenção às palavras proféticas de Samuel enquanto vivo, desobedecesse agora às leis que ele próprio decretara, a fim de ouvir Samuel uma última vez, não é? O desespero de Saul deve ter sido bem grande para que ele consultasse uma médium e se envolvesse com o ocultismo.

Os povos antigos sentiam como se vivessem em contato íntimo com o mundo dos espíritos a seu redor. Dependiam da adivinhação — previsão do futuro — para ajudá-los a evitar problemas que poderiam acontecer e usavam rituais de ocultismo para tentar exercer controle sobre pessoas, objetos e até sobre a natureza.

Os mágicos estudavam as entranhas dos animais e o voo dos pássaros para obter informações sobre o futuro. Examinavam as estrelas e interpretavam sonhos. Invocavam mortos para fazer uso de sua sabedoria. Chegavam até a reunir informações de ocorrências comuns, como um simples espirro.

Desde o princípio, Deus ordenou a seu povo que não se envolvesse com qualquer forma de feitiçaria. Suas palavras são claras e firmes — podemos até julgá-las ríspidas: "Os homens ou mulheres que, entre vocês, forem médiuns ou consultarem os espíritos, terão de ser executados. Serão apedrejados, pois merecem a morte" (Lv 20.27).

Hoje, quando o interesse pelo espiritismo e pelos médiuns tem voltado a crescer, é bom considerar o que talvez esteja alimentando esse fascínio. Palavras como *esperar*, *depender*, *submeter-se* e *obedecer* causam aborrecimento. Gostaríamos bem mais de descobrir meios de controlar o rumo dos acontecimentos. Todavia, a vida espiritual é muitas vezes um contrassenso. Quando abraçamos a fé e a confiança em Deus, seguindo-as mesmo quando o caminho é pouco ou completamente desconhecido, aquilo que aparentemente deveria nos diminuir, na verdade, nos engrandece. A história de Saul e da mulher de En-Dor nos lembra de que não há nada de novo no comportamento humano. No íntimo, todos nós temos os mesmos desejos, tentações e necessidades. Naquela época, como agora, só encontramos a felicidade na fé e na confiança.

QUARTA-FEIRA • *Seu legado nas Escrituras*

Leia 1Samuel 28.3-25.

1. No início da história, a mulher de En-Dor sente medo. Por quê?
2. Em sua opinião, quem aparece em 1Samuel 28.13? É Samuel realmente ou um espírito personificando Samuel? Explique sua resposta.
3. O que aprendemos sobre as práticas do ocultismo com essa história?
4. Você já consultou alguma vez os espíritos (horóscopos, cartas, cartomantes, tabuleiros ouija) para planejar seu futuro ou apenas por "brincadeira"? Por que a Bíblia diz que nada disso deve ser feito, nem mesmo por diversão?
5. Reflita sobre a maneira bondosa com que a mulher trata Saul em 1Samuel 28.21-25. Se alguém que pratica o ocultismo pode ser uma pessoa bondosa, você acha que isso poderia exercer influência em sua opinião sobre as práticas de ocultismo e quem as realiza? Por quê?

QUINTA-FEIRA • *Sua promessa*

De forma um pouco encoberta, a mulher de En-Dor revela nossa necessidade de confiar em Deus. Como seres humanos, muitas de nós somos como Saul, com medo do futuro, alheias às pessoas que amamos e a Deus, desejando buscar ajuda em qualquer lugar. Deus, porém, é nossa única fonte verdadeira de ajuda e consolo. Ele prometeu guiar-nos, dirigir-nos e planejar nossos passos. Ele não promete revelar-nos o futuro, mas promete estar conosco enquanto caminhamos rumo a ele.

Promessas nas Escrituras

> Ó povo de Sião, que mora em Jerusalém, você não vai chorar mais. Como ele será bondoso quando você clamar por socorro! Assim que ele ouvir, lhe responderá. Embora o Senhor lhe dê o pão da adversidade e a água da aflição, o seu mestre não se esconderá mais; com seus próprios olhos você o verá. Quer você se volte para a direita quer para a esquerda, uma voz atrás de você lhe dirá: "Este é o caminho; siga-o".
>
> Isaías 30.19-21

> Fortaleçam as mãos cansadas,
> firmem os joelhos vacilantes;
> digam aos desanimados de coração:
> "Sejam fortes, não temam!
> Seu Deus virá, [...]
> virá para salvá-los". [...]
> E ali haverá uma grande estrada;
> um caminho que será chamado Caminho de santidade. [...]
> Só os redimidos andarão por ele.
>
> Isaías 35.3-4,8-9

> Assim diz o SENHOR:
> "Ponham-se nas encruzilhadas e olhem;
> perguntem pelos caminhos antigos,
> perguntem pelo bom caminho.
> Sigam-no e acharão descanso".
>
> Jeremias 6.16

SEXTA-FEIRA • *Seu legado de oração*

> Não recorram aos médiuns, nem busquem a quem consulta espíritos, pois vocês serão contaminados por eles. Eu sou o SENHOR, o Deus de vocês.
>
> Levítico 19.31

MEDITE: 1Samuel 28.3-25.

LOUVE A DEUS: Porque ele nos protege do mal.

AGRADEÇA: Porque Deus não se esconde daqueles que o amam e o seguem.

CONFESSE: Qualquer envolvimento que você possa ter tido com o ocultismo: uso de cartas de tarô, consulta a horóscopos, visita a cartomantes, leitura de livros sobre ocultismo.

PEÇA A DEUS: Que a purifique e a liberte dos efeitos de seu contato com o ocultismo.

Eleve o coração

Às vezes, expomo-nos ao mundo do ocultismo por ingenuidade — quando lemos o horóscopo no jornal diário, consultamos um médium por impulso ou julgamos que as cartas de tarô não passam de um jogo inocente. Em outras ocasiões, nosso interesse é mais sério e se baseia no desejo de conhecimento, de cura ou de poder sobre os outros e sobre nós. Se você já se envolveu com o ocultismo, é chegada a hora de ser sincera diante de Deus. Manifeste sua tristeza e decida seguir a Deus, retirando de sua casa qualquer coisa ligada, mesmo que remotamente, ao mundo do ocultismo. Conte a seu pastor ou a uma amiga cristã sobre seu envolvimento e peça que orem por você enquanto busca a proteção e o perdão de Deus.

> *Pai, perdoa-me por meu envolvimento com o ocultismo. Não quero absolutamente nada com o mundo do mal. Tira-me da escuridão e leva-me para a luz de tua presença. Livra-me dos efeitos que porventura tenham restado de meu envolvimento e ajuda-me a confiar o futuro inteiramente a ti.*

Bate-Seba

SEU NOME SIGNIFICA *"sétima filha" ou "filha de um juramento"*

SEU CARÁTER: Sua beleza tornou-a vítima do desejo de um rei. Embora seja difícil discernir seu verdadeiro caráter, ela parece ter encontrado coragem para suportar a tragédia, ganhando a confiança do rei para, mais tarde, garantir o reino a seu filho Salomão.

SEU SOFRIMENTO: Ter sido molestada por um homem supostamente piedoso que, depois, matou seu marido. Ter sofrido a perda de um filho.

SUA ALEGRIA: Ter dado à luz cinco filhos, um dos quais veio a ser rei de Israel depois da morte de Davi.

TEXTO-CHAVE: 2Samuel 11.1—12.25.

SEGUNDA-FEIRA • *Sua história*

Bate-Seba espremeu a esponja e passou-a no corpo em movimentos ritmados, como para acalmar a cadência inquieta de seus pensamentos. Geralmente, esperava ansiosa pelo banho ritual que marcava o fim da menstruação, mas naquela noite a água acariciava-lhe a pele sem refrescar-lhe o espírito.

Ela deveria alegrar-se com a brisa fresca. Com as flores. Com a colheita farta. Mas a primavera podia produzir também uma colheita de sofrimentos, e ela sabia muito bem disso. A primavera era a estação dos exércitos e das batalhas. Uma vez cessadas as chuvas e colhida a safra, os homens marchavam para a guerra, deixando as mulheres para trás.

Bate-Seba estremeceu ao ficar em pé. Embora seu marido, Urias, fosse um soldado experiente, ela se preocupava com ele, desejando poder dormir em seus braços. Mas ele estava acampado com o restante do exército real, sob os céus de Rabá, uma fortaleza amonita localizada a uns 64 quilômetros a nordeste de Jerusalém.

Sem conseguir dormir, o rei se levantou e pôs-se a passear pelo terraço do palácio, contemplando a cidade a seus pés. Jerusalém parecia calma, uma cidade em paz consigo mesma, embora estivesse em guerra com os vizinhos. Em breve, seus soldados trariam uma grande safra de prisioneiros amonitas, trabalhadores para seu reino em expansão. Um observador casual talvez imaginasse que Davi fosse um homem em paz com seu crescente poder. No entanto, ele não conseguia sufocar um sentimento cada vez maior de insatisfação.

De repente, à meia-luz, Davi notou a figura de uma jovem banhando-se no jardim de uma casa murada abaixo dele. Inclinou-se sobre o peitoril do terraço para ver melhor. Cabelos molhados caindo em cachos lânguidos sobre a pele macia como lã de ovelha. Seios como maçãs arredondadas. Ele esticou o corpo, como se quisesse tocá-la. Sem perceber que estava sendo observada, a mulher enxugou-se e entrou na casa. Davi esperou e ficou à espreita, mas nem o rei conseguia enxergar através das paredes.

Nos dias que se seguiram, Davi fez indagações e descobriu que sua visão tinha um nome: era Bate-Seba, mulher de um de seus soldados, Urias, o hitita. Mandou buscá-la. Ela veio até ele e engravidou de um filho seu.

Com medo de ser descoberto, Davi mandou que Urias retornasse da batalha. Mas o soldado surpreendeu-o quando recusou passar a noite com a esposa, dizendo:

— A arca e os homens de Israel e de Judá repousam em tendas; o meu senhor Joabe e os seus soldados estão acampados ao ar livre. Como poderia eu ir para casa para comer, beber e deitar-me com minha mulher? Juro por teu nome e por tua vida que não farei uma coisa dessas!

Davi convenceu Urias a passar outro dia em Jerusalém e conseguiu embriagá-lo. O vinho certamente venceria os escrúpulos dele. Mas não venceu. Davi jogou, então, sua última cartada, entregando ao marido de Bate-Seba uma carta a Joabe, comandante do exército, em que instruía:

— Ponha Urias na linha de frente e deixe-o onde o combate estiver mais violento, para que seja ferido e morra.

Urias morreu traído por Davi, e Davi casou-se com Bate-Seba e assumiu a paternidade de seu filho.

Certo dia, o profeta Natã procurou Davi, dizendo:

— Dois homens viviam numa cidade, um era rico e o outro, pobre. O rico possuía muitas ovelhas e bois, mas o pobre nada tinha, senão uma cordeirinha que havia comprado. Ele a criou, e ela cresceu com ele e com seus filhos. Ela comia junto dele, bebia do seu copo e até dormia em seus braços. Era como uma filha para ele. Certo dia, um viajante chegou à casa do rico, e este não quis pegar uma de suas próprias ovelhas ou de seus bois para preparar-lhe uma refeição. Em vez disso, preparou para o visitante a cordeira que pertencia ao pobre.

Furioso, Davi disse a Natã:

— Juro pelo nome do SENHOR que o homem que fez isso merece a morte! Deverá pagar quatro vezes o preço da cordeira, porquanto agiu sem misericórdia.

Então, Natã revelou a Davi:

— Você é esse homem! Assim diz o SENHOR, o Deus de Israel: "Eu o ungi rei de Israel e o livrei das mãos de Saul. Dei-lhe a casa e as mulheres do seu senhor. Dei-lhe a nação de Israel e Judá. E, se tudo isso não fosse suficiente, eu lhe teria dado mais ainda. Por que você desprezou a palavra do SENHOR, fazendo o que ele reprova? Você matou Urias, o hitita, com a espada dos amonitas e ficou com a mulher dele. Por isso, a espada nunca se afastará de sua família".

O desejo de Davi por Bate-Seba marcou o início de seu longo declínio. Embora Deus o tivesse perdoado, ele sofreu as consequências de seu erro. Seu pecado foi um redemoinho que arrastou outras pessoas em seu caminho de destruição. Apesar das orações e da súplica de Davi, Deus permitiu que o filho concebido por Bate-Seba adoecesse e morresse.

Por que Bate-Seba teve de sofrer juntamente com o homem que a molestara e assassinara seu marido? Embora a narrativa bíblica pouco revele sobre seu caráter, é provável que Bate-Seba não estivesse em posição de recusar o rei. Na parábola do profeta Natã, ela é retratada como uma cordeirinha inocente. Por que, então, tantos a descrevem como sedutora? Talvez a inocência de Bate-Seba seja penosa demais para ser enfrentada. O fato de uma pessoa boa sofrer tais tragédias — principalmente nas mãos de um homem de Deus — deixa-nos estarrecidas. Pior ainda, Deus castigou tanto Davi quanto Bate-Seba ao tirar-lhes o filho. Se pudéssemos acreditar que Bate-Seba teve um caso com Davi, poderíamos aceitar mais facilmente seu sofrimento; sua culpa faria o pecado de Davi parecer menos grave e o castigo de Deus, menos cruel.

Embora Bate-Seba talvez não tenha compreendido as razões de seu sofrimento, Deus fez com que o rei Davi a favorecesse, tornando-a uma rainha poderosa e mãe de Salomão, sucessor de Davi, que ficou famoso por sua grande sabedoria.

TERÇA-FEIRA • *Sua vida e sua época*

Banho ritual

Uma banheira de água morna com perfume floral, para ficar mergulhada ali de olhos fechados. Esse é o tipo de imagem que surge em nossa mente quando pensamos em banho. Mas, nos tempos de Bate-Seba, a maioria dos banhos não visava a limpeza física, visto que as pessoas daquela época tinham pouco conhecimento sobre as doenças e os germes que podiam se espalhar por causa da sujeira. Em geral, o banho tinha a finalidade de tornar a pessoa ritualmente limpa depois de um período de impureza.

A menstruação de Bate-Seba havia terminado; os sete dias prescritos em Levítico 15.19 haviam-se cumprido, e chegara o momento da purificação. Provavelmente ela ficou em pé dentro ou ao lado de uma bacia com água, usando uma esponja umedecida para limpar o corpo e enxaguá-lo.

As Escrituras mencionam limpeza com água centenas de vezes, a maioria referindo-se à purificação ritual em vez de física. A purificação era realizada após a cura de muitos tipos de doenças de pele (Lv 14.8) e quando um homem ou uma mulher sarava de fluxos incomuns (15.13). Os homens e as mulheres tinham de lavar-se depois da relação sexual a fim de ficar cerimonialmente limpos (v. 18). Os sacerdotes purificavam-se antes de oferecer sacrifícios (Êx 29.4; Lv 8.6), e os próprios sacrifícios eram lavados antes de ser oferecidos a Deus (Lv 1.9).

Em geral, a higiene física consistia em lavar as mãos antes de comer ou os pés antes de entrar numa casa. Estradas sujas e empoeiradas e sandálias abertas tornavam obrigatória a lavagem dos pés com frequência. Uma vez que o lava-pés era, em geral, serviço do membro mais humilde da família ou do servo da casa, Jesus deu exemplo de humildade extraordinária quando lavou os pés dos discípulos no cenáculo (Jo 13.5).

Às vezes, a Bíblia descreve os justos como aqueles "de mãos puras [ou limpas]" (Jó 17.9; Sl 24.4). A limpeza é também usada nas Escrituras como metáfora para o perdão: "Estou limpo e sem pecado; estou puro e sem culpa" (Jó 33.9). "Purifica-me com hissopo, e ficarei puro; lava-me, e mais branco do que a neve serei" (Sl 51.7). No fim dos tempos, a noiva de Cristo se vestirá de "linho fino, brilhante e puro" (Ap 19.8).

Vivemos numa cultura que exalta a limpeza exterior com sabonetes, loções, cremes dentais e desodorantes, banhos e escovadelas e com muito lava-e-enxuga. Mas até que ponto nos preocupamos com a limpeza interior? Temos mãos limpas, mas o espírito sujo de ódio?

Temos pernas macias e depiladas, mas o coração endurecido diante do sofrimento dos outros? Temos um rosto limpo, sem manchas, mas que raramente sorri? A limpeza exterior é admirável — mas só quando acompanhada da limpeza interior.

QUARTA-FEITA • *Seu legado nas Escrituras*

Leia 2Samuel 11.1—12.25.

1. Em sua opinião, que papel Bate-Seba desempenhou nos eventos de 2Samuel 11.2-4? Totalmente inocente? Sedutora habilidosa? Um pouco de cada coisa? Explique sua resposta.
2. Como você acha que Bate-Seba se sentiu ao descobrir que estava esperando um filho de Davi? Por que contou imediatamente a ele?
3. Deus disse que Davi era um "homem segundo o meu coração" (At 13.22; 1Sm 13.14). Como Deus pôde ter dito isso diante das coisas horríveis que Davi fez a Bate-Seba e a Urias?
4. Em sua opinião, o que Bate-Seba estava fazendo e sentindo quando seu filho adoeceu e morreu? Por que a Bíblia se concentra na reação de Davi, e não na dela?
5. O nome dado por Deus a Salomão foi, na verdade, Jededias (2Sm 12.24-25), que significa "amado pelo Senhor". O que esse nome revela acerca da restauração divina para Bate-Seba e Davi?
6. O que esta história lhe diz a respeito de sua experiência como pecadora e/ou vítima do pecado de outra pessoa?

QUINTA-FEIRA • *Sua promessa*

A história de Davi e Bate-Seba descreve minuciosamente o horror do pecado e até onde ele leva. O primeiro passo de Davi rumo ao pecado levou-o ao adultério, à mentira, ao engano, ao assassinato e, finalmente, à perda de um filho. O elo entre o pecado e a restauração surge quando Davi confessa seu pecado e Natã diz que o Senhor lhe perdoou (2Sm 12.13). Não se sabe até que ponto Bate-Seba foi culpada; todavia, quando Deus lhes diz, mediante o profeta Natã, que ama o filho deles, Salomão, e quer que se chame Jededias, tanto Bate-Seba quanto Davi são restaurados. Se Deus pôde perdoar esse pecado terrível de Davi, você não acha que ele pode também perdoar seu pecado, qualquer que seja?

Promessas nas Escrituras

> SENHOR, SENHOR,
> Deus compassivo e misericordioso,
> paciente, cheio de amor e de fidelidade,
> que mantém o seu amor a milhares
> e perdoa a maldade, a rebelião e o pecado.
> Contudo, não deixa de punir o culpado;
> castiga os filhos e os netos pelo pecado de seus pais,
> até a terceira e a quarta gerações.
>
> Êxodo 34.6-7

> Se o meu povo, que se chama pelo meu nome, se humilhar e orar, buscar a minha face e se afastar dos seus maus caminhos, dos céus o ouvirei, perdoarei o seu pecado e curarei a sua terra.
>
> 2Crônicas 7.14

> Por amor do teu nome, SENHOR,
> perdoa o meu pecado, que é tão grande!
>
> Salmos 25.11

> Porque eu [Deus] lhes perdoarei a maldade
> e não me lembrarei mais dos seus pecados.
>
> Hebreus 8.12

SEXTA-FEIRA • *Seu legado de oração*

> Assim diz o SENHOR, o Deus de Israel: "Eu o ungi rei de Israel e o livrei das mãos de Saul. [...] E, se tudo isso não fosse suficiente, eu lhe teria dado mais ainda. Por que você desprezou a palavra do SENHOR, fazendo o que ele reprova? Você matou Urias, o hitita, com a espada dos amonitas e ficou com a mulher dele".
>
> 2Samuel 12.7-9

MEDITE: 2Samuel 12.1-25.

LOUVE A DEUS: Porque ele é rápido para notar nosso sofrimento.

AGRADEÇA: Porque Deus ordena que os poderosos obedeçam aos mesmos padrões morais que os fracos.

CONFESSE: Qualquer falta de perdão que você possa ter contra outra pessoa.

PEÇA A DEUS: Que restaure sua confiança e que a livre da tendência de assumir uma posição de vítima.

Eleve o coração

Se você sofreu abuso — sexual, físico ou emocional — não enterre seus sentimentos, absorvendo a vergonha e a culpa que pertencem ao agressor. Ao contrário, compartilhe seu sofrimento com alguém — uma amiga, uma pessoa de confiança ou um conselheiro. Encontre mulheres que sofreram abuso semelhante e que continuaram a ter uma vida produtiva e significativa. Tome a decisão de não deixar o pecado de outra pessoa arruinar sua vida. Aprenda as habilidades de uma sobrevivente. Mesmo que nunca tenha sido vítima de abuso, provavelmente você conhece alguém que foi — uma filha, amiga ou conhecida. Faça o possível para ajudar essa pessoa e ore a Deus para que restaure a esperança dela.

> *Pai, às vezes é muito difícil perdoar, pois quero justiça, e não misericórdia. Por favor, ajuda-me a iniciar o processo do perdão, abrindo mão de meu desejo de vingança. Cada vez que eu começar a desejar o mal a quem me magoou, ajuda-me a proferir uma oração de bênção em favor dessa pessoa. Só tu podes dar-me o desejo de perdoar. Só tu podes ajudar-me a fazer o impossível.*

SEMANA 23

Tamar, filha do rei Davi

SEU NOME SIGNIFICA *"tamareira" ou "palmeira"*

SEU CARÁTER: Tamar herdou a boa aparência do pai. Jovem e inocente, ela não percebeu o perigo que a ameaçava dentro da própria família.

SEU SOFRIMENTO: Seu meio-irmão tê-la visto apenas como um objeto de desejo, destruindo assim seu futuro. E seu pai, o rei, nada fez para protegê-la.

TEXTO-CHAVE: 2Samuel 13.1-22.

SEGUNDA-FEIRA • *Sua história*

Tamar, filha de Davi, era linda. Estava, sem dúvida, destinada a um casamento que fortaleceria as alianças políticas do rei. Embora não permanecesse fechada a sete chaves, provavelmente tinha uma vida bem protegida. Mas todas as precauções do mundo não puderam salvá-la do perigo que a ameaçava dentro da própria casa de Davi.

Amnom era herdeiro de Davi. Por ser o filho mais velho do rei, estava acostumado a ter tudo o que queria. Mas o rapaz andava meio deprimido. Alguma coisa o perturbava, espantando seu sono, corroendo seu coração.

Certo dia, Jonadabe, primo de Amnom, perguntou-lhe:

— Filho do rei, por que todo dia você está abatido? Quer me contar o que se passa?

Amnom confidenciou ao amigo:

— Estou apaixonado por Tamar, irmã de meu irmão Absalão.

Jonadabe aconselhou-o astutamente:

— Vá para a cama e finja estar doente. Quando seu pai vier visitá-lo, diga-lhe: Permite que minha irmã Tamar venha dar-me de comer.

Gostaria que ela preparasse a comida aqui mesmo e me servisse. Assim poderei vê-la.

Preocupado com o filho, Davi enviou a filha para uma armadilha que lhe destruiria a vida.

Depois de Tamar ter preparado uma refeição para Amnom, ele pediu que ela entrasse em seu quarto e lhe desse de comer. Mas, no momento em que Tamar entrou, ele a agarrou, suplicando:

— Deite-se comigo, minha irmã.

Ela, porém, o repeliu, dizendo:

— Não, meu irmão! Não faça essa violência. Não se faz uma coisa dessas em Israel! Não cometa essa loucura. O que seria de mim? Como eu poderia livrar-me de minha desonra? E o que seria de você? Você cairia em desgraça em Israel. Fale com o rei; ele deixará que eu me case com você.

Apesar das súplicas de Tamar, Amnom violentou-a.

Tão logo a tempestade da paixão passou, a obsessão de Amnom transformou-se em aversão. Ele expulsou Tamar de sua casa e trancou a porta, como se a culpa fosse dela, e não dele. Desesperada, a moça rasgou a túnica que usava e pôs cinza na cabeça, chorando alto, enquanto andava sem rumo pelas ruas. Quando a encontrou, seu irmão Absalão tranquilizou-a, dizendo:

— Acalme-se, minha irmã; ele é seu irmão! Não se deixe dominar pela angústia.

Absalão, porém, odiou o meio-irmão Amnom pelo que fizera.

Embora Davi tenha ficado furioso ao saber da notícia, nada fez para castigar Amnom. Teria favorecido o filho em lugar da filha, imaginando que o sofrimento dela não era importante? Ou sua autoridade moral estava tão comprometida pelo próprio desejo por Bate-Seba, que ele simplesmente não conseguiu confrontar o filho mais velho? Seja qual for o caso, Absalão não teve a mesma hesitação do pai e aguardou uma oportunidade para vingar-se. Dois anos depois, ele assassinou Amnom.

Primeiro o estupro, depois o assassinato. A casa de Davi não foi devastada por bárbaros de fora, mas por membros de sua própria família. Depois da morte de Amnom, Davi deve ter sido perseguido pela profecia que lhe foi transmitida por Natã sobre seu adultério com Bate-Seba:

— Por isso, a espada nunca se afastará de sua família. De sua própria família trarei desgraça sobre você.

A luxúria do pai foi refletida na do filho; a violência do pai, no assassinato de um filho por outro.

Tamar, desprotegida pelo pai e traída pelo próprio irmão, passou a viver na casa de Absalão, desolada, sem a possibilidade de casar ou de ter filhos por ter perdido a virgindade. Uma cadeia de pecado foi entretecida na família de Davi, escravizando inocentes e culpados.

TERÇA-FEIRA • *Sua vida e sua época*

Estupro

Amnom, meio-irmão de Tamar, estuprou-a. Essas palavras duras não são capazes de expressar a humilhação e o desespero que o estupro traz às vítimas. A narrativa de 2Samuel 13 descreve, de maneira comovente, as súplicas de Tamar para que o irmão não a violentasse, súplicas que ecoam através dos séculos, feitas por mulheres forçadas ao ato sexual contra a vontade. "Mais forte que ela", Amnom foi capaz de dominá-la, e Tamar não teve meios para resistir.

A reação de Deus ao pecado sexual é evidente em toda a Bíblia. Ele não se vira as costas à vítima e não permite que o estuprador fique impune. Deuteronômio 22.25 diz que o homem que fizer isso morrerá. Levítico 18.29 lembra aos israelitas: "Todo aquele que fizer alguma destas abominações, aqueles que assim procederem serão eliminados do meio do seu povo". No Novo Testamento, Paulo alerta repetidamente os cristãos a que busquem a pureza sexual: "Comportemo-nos com decência, como quem age à luz do dia, não em orgias e bebedeiras, não em imoralidade sexual e depravação, não em desavença e inveja. Ao contrário, revistam-se do Senhor Jesus Cristo, e não fiquem premeditando como satisfazer os desejos da carne" (Rm 13.13-14). "Fujam da imoralidade sexual" (1Co 6.18). "Entre vocês não deve haver nem sequer menção de imoralidade sexual" (Ef 5.3).

Amnom não foi castigado pelo pai, mas morreu quando Absalão, irmão de Tamar, se vingou dele — não ficou impune para sempre. O que aconteceu com Tamar, a linda princesa virgem vestida de túnica real? Sentiu-se humilhada demais para voltar à sua casa no palácio de Davi. Como enfrentaria as irmãs virgens? Em vez disso, passou a viver "muito triste" na casa do irmão. Os efeitos do estupro sobre suas vítimas são os mesmos hoje: desolação, sofrimento, infelicidade.

A Bíblia não encobre o fato de o povo de Deus ter participado desses atos medonhos; ela descreve muitos exemplos de estupro, incesto, homossexualidade e adultério. Por que um Deus santo consideraria necessário incluir essas histórias sórdidas nas Escrituras? Talvez por conhecer nossos pensamentos e ações, mesmo que o mundo esteja cego para eles. Mediante essas histórias, Deus nos lembra de que nunca abandona os que são seus, seja a vítima ou o criminoso. Da mesma forma que oferece ajuda e consolo para as vítimas, nunca as desamparando em suas dificuldades, ele oferece também cura e perdão para o agressor.

QUARTA-FEIRA • *Seu legado nas Escrituras*

Leia 2Samuel 13.1-22.

1. Você acha que Amnom amava Tamar de verdade? Por quê?
2. Descreva seus sentimentos como mulher quando lê as súplicas de Tamar nos versículos 9-14.
3. Por que Tamar disse que se Amnom a mandasse embora seria pior que o estupro (v. 16)? O que ela queria?
4. O que Davi deveria ter feito a Amnom? O que poderia ter feito por Tamar?
5. Você já foi traída por alguém em quem confiava? Se sim, como isso afetou sua vida? Onde está Deus em sua história?

QUINTA-FEIRA • *Sua promessa*

Os fatos horripilantes na vida de Tamar — não apenas o estupro em si, mas também seus efeitos no futuro e no bem-estar emocional da moça — não estão muito longe das experiências de muitas mulheres de nossos dias. As estatísticas revelam um número alarmante de mulheres violentadas na juventude por membros da própria família. Os efeitos dessa experiência podem atormentar a mulher durante a vida inteira e afetar o relacionamento dela com o marido, com os amigos de ambos os sexos e até com os filhos. É sempre possível ajudar aquelas que buscam auxílio, porém a esperança e os recursos supremos encontram-se somente no amor e na aceitação que Deus oferece com tanta boa vontade. Seu espírito de perdão pode ajudar o início da recuperação. Seu espírito de consolação é capaz de aplicar um bálsamo nas feridas do passado. Sua presença constante traz cura para a solidão e o isolamento que muitas mulheres sentem nessa situação.

Promessas nas Escrituras

Pois o SENHOR, o seu Deus, é Deus misericordioso; ele não os abandonará, nem os destruirá.

Deuteronômio 4.31

Sejam fortes e corajosos. Não tenham medo nem fiquem apavorados por causa delas [das nações], pois o SENHOR, o seu Deus, vai com vocês; nunca os deixará, nunca os abandonará.

Deuteronômio 31.6

Ouve a minha voz quando clamo, ó SENHOR;
tem misericórdia de mim e responde-me.
A teu respeito diz o meu coração:
Busque a minha face!
A tua face, SENHOR, buscarei.
Não escondas de mim a tua face,
nem rejeites com ira o teu servo;
tu tens sido o meu ajudador.
Não me desampares nem me abandones,
ó Deus, meu salvador!
Ainda que me abandonem pai e mãe,
o SENHOR me acolherá.

Salmos 27.7-10

SEXTA-FEIRA • *Seu legado de oração*

Embora [Deus] me mate,
ainda assim esperarei nele.

Jó 13.15

MEDITE: 2Samuel 13.1-31.

LOUVE A DEUS: Por nos ter dado uma esperança que não está enraizada nos eventos desta vida, mas sim na eternidade.

AGRADEÇA: Porque Deus tem o poder de restaurar nossa esperança.

CONFESSE: Qualquer falta de esperança em sua vida.

PEÇA A DEUS: Que lhe mostre o quanto ele se importa com você.

Eleve o coração

Quando passamos por uma situação difícil, seja abuso sexual, perda de uma pessoa querida, divórcio, doença ou adversidades financeiras, sentimo-nos, às vezes, desanimadas em relação ao futuro. Mas os que pertencem a Deus não estão destinados a um fim desesperador. Mesmo que você tenha dificuldade para crer nisso, ore pela graça de querer acreditar. Como um pequeno gesto para expressar sua disposição, plante sementes de flores no jardim durante o outono. Esse ato simples confirmará sua convicção de que, mesmo depois de um inverno rigoroso, a primavera voltará com sua profusão de cores e vida nova. Se o outono ainda estiver longe, compre um buquê de flores coloridas para enfeitar sua mesinha de cabeceira na próxima semana.

Pai, planta algo novo em minha vida, um ramo de esperança que me colocará numa nova direção. Ajuda-me a viver no presente e a concentrar minhas energias emocionais neste momento, sem desperdiçá-las com remorsos sobre o passado ou com ansiedades quanto ao futuro.

SEMANA 24

A mulher sábia de Abel-Bete-Maaca

SEU CARÁTER: Em vez de esperar que alguém salvasse sua cidade, ela teve sabedoria e determinação para agir com rapidez e ousadia.

SEU SOFRIMENTO: Sua cidade, embora fiel ao rei, ter sido cercada pelo exército de Davi porque um líder rebelde havia se escondido nela.

SUA ALEGRIA: Ela intercedeu com sucesso pela cidade e salvou a vida de muitos inocentes.

TEXTO-CHAVE: 2Samuel 20.14-22.

SEGUNDA-FEIRA • *Sua história*

Teddy Roosevelt disse, certa vez, que "nove décimos de sabedoria consistem em ser sábio na hora certa". Depois que a poeira assenta, que a tempestade passa, que a ação termina, geralmente é tarde demais para a sabedoria operar suas maravilhas.

Muitas mulheres nas Escrituras destacam-se pela sabedoria. Uma delas, que viveu numa cidade na fronteira norte de Israel, é identificada apenas como "uma mulher sábia" (2Sm 20.16), que agiu rapidamente para salvar sua cidade.

As histórias tristes de Bate-Seba e de Tamar destacaram o declínio da casa de Davi. Mais tarde, Absalão, terceiro filho de Davi, veio a rebelar-se e foi morto numa batalha pelo trono. Em meio a essa instabilidade política, um agitador chamado Seba, de Benjamim (tribo de Saul), tentou mais uma revolta. Mas Joabe, comandante do exército de Davi, perseguiu Seba até Abel-Bete-Maaca, ao norte.

Joabe havia construído rampas para derrubar os muros de Abel e sufocar a rebelião. Ficou claro que toda a cidade seria destruída, a não ser que alguém agisse rapidamente para preservar a paz.

De repente, uma mulher subiu ao muro de Abel e gritou:

— Ouçam! Ouçam! Digam a Joabe que venha aqui para que eu fale com ele. Nós somos pacíficos e fiéis em Israel. Tu procuras destruir uma cidade que é mãe em Israel. Por que queres arruinar a herança do SENHOR?

Respondeu Joabe:

— Longe de mim arruinar e destruir esta cidade! Mas um homem chamado Seba, filho de Bicri, dos montes de Efraim, rebelou-se contra o rei Davi. Entreguem-me esse homem, e iremos embora.

A mulher disse a Joabe:

— A cabeça dele te será jogada do alto da muralha.

As mulheres viraram-se para os homens da cidade, insistindo para que agissem. Não demorou muito para os homens cortarem a cabeça de Seba, o rebelde, e a jogarem para Joabe por cima do muro. Uma tragédia havia sido evitada.

Os homens dessa história parecem comportar-se apenas em termos convencionais: mobilizar o exército, construir uma rampa para cercar a cidade, derrubar violentamente os muros da cidade, sufocar a rebelião. A mulher, porém, procurou outra solução (por mais brutal que tenha sido), que manteria a paz e que pouparia vidas dos dois lados. Pelo fato de ela ter intercedido em favor de seu povo, muitas vidas inocentes foram salvas.

TERÇA-FEIRA • *Sua vida e sua época*

Cerco

Quando os homens de Joabe se reuniram do lado de fora de Abel-Bete--Maaca, uma mulher sábia enfrentou os guerreiros e negociou com Joabe a vida dos moradores da cidade. Sem dúvida, graças a ela e a outros iguais a ela, Abel era conhecida como "cidade que é mãe em Israel" (2Sm 20.19), um lugar onde se buscavam respostas para as questões difíceis da vida. Seus habitantes devem ter sido perspicazes, além de sábios, para ganhar tal notoriedade.

A guerra era um aspecto tão comum na vida dos israelitas a ponto de a ausência de guerra ser especificamente notada nas Escrituras (Js 11.23; 14.15; 2Cr 14.6-7). As batalhas entre exércitos adversários eram, em geral, travadas nos vales ou em outros espaços abertos. Os habitantes das áreas onde se davam as batalhas buscam abrigo na cidade murada e fortificada mais próxima. Na tentativa de entrar e exercer controle em tal cidade, os exércitos reuniam-se fora dos muros e impediam qualquer pessoa de entrar ou sair. Quando a água e a comida se tornavam escassas ou acabavam de vez, os habitantes da cidade eram forçados a render-se.

Quando a cidade se rendia, a população não tinha alternativa, a não ser aguardar uma destas duas consequências: morte ou escravidão. A escassez de recursos e o horror de um cerco eram quase sempre preferíveis à rendição e a seus resultados. Dependendo do preparo da cidade, o cerco durava dias, semanas ou meses. Um exército egípcio sitiou a cidade filisteia de Asdode durante 29 anos, o que é impressionante.

Os habitantes das cidades fortificadas passavam muito tempo preparando-se para os cercos. Fortalecer os muros, reunir e guardar alimentos e descobrir um meio de recolher e estocar grandes quantidades de água exigiam tempo e conhecimentos especializados. Algumas cidades construíam longos túneis para permitir que a água entrasse livremente na cidade. Os construtores desses túneis procuravam esconder a fonte de água, pois os exércitos poderiam facilmente interceptá-la ou fazer uso dela para entrar na cidade. Às vezes, enormes cisternas eram cavadas nos próprios muros da cidade, a fim de receber e armazenar a água da chuva.

O exército que sitiava a cidade transportava quantidades enormes de terra para construir rampas de acesso às partes superiores do muro da cidade. Com a ajuda dessas rampas, usavam aríetes para tentar derrubar o muro naquele ponto, defendendo-se o tempo todo de flechas, pedras e dardos lançados pelos habitantes. O exército de Joabe construiu uma rampa desse tipo e atacou o muro de Abel, a fim de capturar a cidade e o rebelde Seba, que nela se refugiara. Em vez de atirar flechas ou pedras, a mulher sábia de Abel-Bete-Maaca gritou palavras de conciliação e, ao fazer isso, preservou vidas inocentes.

QUARTA-FEIRA • *Seu legado nas Escrituras*

Leia 2Samuel 20.14-22.

1. Em sua opinião, como as mães de crianças pequenas em Abel se sentiram quando o exército de Joabe cercou a cidade?
2. Por que você supõe que uma "mulher sábia", e não um dos homens líderes da cidade, chamou Joabe? O que isso lhe diz a respeito dela?
3. O que as palavras sucintas de Joabe revelam sobre sua reação diante daquela mulher corajosa?

4. O que você acha do que a cidade de Abel fez com Seba? A barganha deles com Joabe foi boa? Por quê?
5. Os eventos dessa história são brutais e perturbadores, mas para muitas pessoas a realidade de hoje é igualmente brutal. Guerra, abuso, pobreza, doença ou morte podem sitiar famílias ou cidades. Como você pode agir, na qualidade de mulher sábia, influenciando positivamente os acontecimentos e as pessoas ao seu redor?

QUINTA-FEIRA • *Sua promessa*

A mulher sábia de Abel-Bete-Maaca viu a necessidade de agir imediatamente e entrou em ação. Reconheceu que aquele não era o momento de esperar que outra pessoa tomasse a frente, nem o momento de usar de evasivas ou de vacilar; era o momento de fazer o que precisava ser feito. Por meio dessa mulher, Deus salvou os habitantes inocentes daquela cidade. Há ocasiões em que devemos também agir rapidamente. Podemos até hesitar ou desejar seguir outro caminho, mas no final das contas precisamos agir. Quando vivemos em obediência e em relacionamento íntimo com Deus, podemos confiar que nunca estaremos sós. Deus estará conosco, dando-nos o auxílio e a segurança de que necessitamos.

Promessas nas Escrituras

> Não deixe de falar as palavras deste Livro da Lei e de meditar nelas de dia e de noite, para que você cumpra fielmente tudo o que nele está escrito. Só então os seus caminhos prosperarão e você será bem-sucedido. Não fui eu que lhe ordenei? Seja forte e corajoso! Não se apavore, nem desanime, pois o SENHOR, o seu Deus, estará com você por onde você andar.
>
> Josué 1.8-9

> Parem de fazer o mal,
> aprendam a fazer o bem!
> Busquem a justiça,
> acabem com a opressão.
> Lutem pelos direitos do órfão,
> defendam a causa da viúva.
>
> Isaías 1.16-17

Jesus enviou dois discípulos, dizendo-lhes: "Vão ao povoado que está adiante de vocês; logo encontrarão uma jumenta amarrada, com um jumentinho ao lado. Desamarrem-nos e tragam-nos para mim. Se alguém lhes perguntar algo, digam-lhe que o Senhor precisa deles e logo os enviará de volta".

Mateus 21.1-3

SEXTA-FEIRA • *Seu legado de oração*

Se [você] clamar por entendimento
e por discernimento gritar bem alto;
se procurar a sabedoria como se procura a prata
e buscá-la como quem busca um tesouro escondido,
então você entenderá o que é temer o SENHOR
e achará o conhecimento de Deus.
Pois o SENHOR é quem dá sabedoria;
de sua boca procedem o conhecimento e o discernimento.

Provérbios 2.3-6

MEDITE: 2Samuel 20.16-20.

LOUVE A DEUS: Por sua sabedoria, que excede tudo o que podemos imaginar.

AGRADEÇA: Porque a verdadeira sabedoria não tem nenhuma ligação com habilidade intelectual; antes, está vinculada à humildade e à dependência de Deus.

CONFESSE: Qualquer preguiça que a impeça de buscar a sabedoria de Deus para sua vida.

PEÇA A DEUS: Que a ajude a dar valor à sabedoria dele, para que você se disponha a buscá-la ativamente.

Eleve o coração

Sabedoria não tem nada a ver com o volume de "massa cinzenta" que você possui. Você pode ser esperta como um azougue, mas, mesmo assim, bastante insensata. Passe alguns momentos refletindo sobre esta passagem condensada e parafraseada de Provérbios (3.13-18): "Como é feliz a mulher que acha a sabedoria. Ela encontrou algo mais precioso que o ouro. Nenhum de seus desejos pode comparar-se com a sabedoria.

Porque a sabedoria traz vida, riqueza, honra e paz. A sabedoria é uma árvore de vida para ser alegremente abraçada".

Estas são algumas sugestões importantes para cultivar a sabedoria em sua vida:

- Ore por sabedoria, lembrando-se de que é um dom de Deus.
- Leia as Escrituras e medite nelas diariamente.
- Cerque-se de amigos sábios — ouça e aprenda com eles. (Planeje encontrar-se regularmente com um mentor espiritual.)
- Faça da obediência imediata um alvo para sua vida espiritual, pois ela conduz à sabedoria.

Senhor, tu és a fonte da sabedoria que traz vida, riqueza, honra e paz. Permite que a sabedoria seja uma árvore em desenvolvimento constante em minha vida, produzindo frutos para o teu reino.

Rispa

SEU NOME SIGNIFICA *"pedra quente" ou "carvão"*

SEU CARÁTER: Rispa, concubina de Saul, era mãe de Armoni e Mefibosete. Embora fosse uma mulher com poucos direitos e poder, demonstrou grande coragem e lealdade depois da morte dos dois filhos.

SEU SOFRIMENTO: Seus filhos foram executados por causa do crime que o pai cometera, e seus corpos foram desonrados.

SUA ALEGRIA: Os corpos de seus filhos tiveram finalmente um sepultamento honrado.

TEXTO-CHAVE: 2Samuel 21.8-14.

SEGUNDA-FEIRA • *Sua história*

Certo dia, um rabino contemplou, de cima de um monte, uma cidade. Ele viu, horrorizado, quando um bando de cossacos a cavalo atacou repentinamente a cidade, matando homens, mulheres e crianças inocentes. Dentre as vítimas estavam alguns de seus discípulos. Olhando para o céu, o rabino exclamou:

— Ah, se eu fosse Deus!

Um aluno ao lado dele perguntou atônito:

— Mas, mestre, como o senhor agiria se fosse Deus?

O rabino replicou:

— Se eu fosse Deus, não teria feito nada diferente. Se eu fosse Deus, compreenderia.*

Certo dia, uma mulher chamada Rispa vê, de cima de um monte em Israel, a execução de sete homens. Seu sofrimento era profundo, pois

*Conforme contado por Joanna Laufer e Kenneth S. Lewis, *Inspired* (Nova York: Doubleday, 1998), p. 5.

entre os mortos estavam seus dois filhos. Executados por causa de um crime que o pai cometera, seus corpos foram deixados para apodrecer na encosta do morro, embora a lei exigisse o sepultamento até o pôr do sol. Da mesma forma que o rabino da história, Rispa talvez tenha desejado ser Deus, ainda que por um instante, a fim de compreender a "razão" do que acabara de testemunhar.

Não é difícil imaginar o sofrimento de Rispa. Observar seu corpo contorcer-se de tristeza. Vê-la bater no peito para expulsar a dor. "Quando ela se afastará da cena desse espetáculo hediondo?", nós nos perguntamos. Mas, em vez de fugir da cena de sua tristeza, ela a enfrenta, aproximando-se dos dois corpos ensanguentados que um dia embalara nos braços. A seguir, ela coloca um pano de saco sobre uma pedra e senta-se, recusando-se a sair dali a não ser para espantar as aves de rapina durante o dia e os chacais à noite. A vigília durou vários meses — de meados de abril até o início de outubro. Rispa não sepultaria sua tristeza enquanto os corpos dos filhos permanecessem ali.

Josué prometera viver em paz com os gibeonitas, mas Saul matara muitos deles durante seu reinado, tentando aniquilá-los. Em consequência da quebra do juramento por parte de Saul, uma fome se abateu sobre Israel durante três anos. Em retaliação, os gibeonitas haviam pedido a Davi execução de sete descendentes de Saul. Davi entregou os dois filhos de Rispa e cinco netos de Saul, gerados por sua filha Merabe. Assim, sangue foi derramado em troca de sangue.

As Escrituras não mencionam se os filhos de Rispa compartilhavam da culpa do pai, mas, como todas as mães cujos filhos sofreram morte violenta (seja em países em guerra, seja nos bairros de nossas cidades), Rispa deve ter compreendido o terrível elo entre o pecado e a morte. O pecado de uma pessoa é um câncer que se espalha. Porém, ao recusar esconder sua dor, Rispa deu significado à morte dos filhos, fazendo a nação inteira encarar o mal que havia acontecido.

Finalmente, as chuvas chegaram e, finalmente, o coração do rei foi tocado. Ao ouvir falar da lealdade e da coragem de Rispa, Davi ordenou que os restos mortais dos executados fossem sepultados. Ordenou também que os ossos de Saul e de seu filho Jônatas fossem recuperados e enterrados.

As Escrituras não mencionam se Deus mandou Davi entregar aqueles homens aos gibeonitas, nem se a fome terminou quando eles foram executados. Ao contrário, conforme Virginia Stem Owens menciona em seu livro *Daughters of Eve*, a Bíblia indica que Deus respondeu às orações em favor da terra depois que os mortos tiveram um enterro decente. O ato de Davi em honra aos mortos pode ter assinalado o fim das divisões em Israel. A terra podia, enfim, ser curada, e os israelitas podiam se unir sob a liderança de Davi.

Rispa fez o povo atentar para o preço do pecado. Como muitas mulheres nas culturas antigas, Rispa tinha poucos direitos e quase nenhum poder. Mas sua coragem e persistência deu significado à morte dos filhos, ajudando a nação a lidar com o pecado de seu líder. A história de Rispa é trágica, e sua reação, memorável. É possível que, por causa dela, outras mães em Israel tenham sido poupadas do mesmo sofrimento, pelo menos durante algum tempo.

TERÇA-FEIRA • *Sua vida e sua época*

Sepultamento

A vigília de Rispa ao lado dos dois filhos mortos teve como base não apenas o ritual ou os costumes, mas principalmente o amor. Permitir que o corpo de seus filhos amados fosse despedaçado por animais selvagens da região era inconcebível para aquela mãe. Rispa manteve, então, sua vigília solitária, afastando as aves que queriam bicar o corpo dos filhos e os animais que tentariam arrastá-los.

Assim como hoje, o sepultamento nos tempos bíblicos era uma ocasião para demonstrar amor e respeito pelo falecido. Os mortos eram quase sempre enterrados no mesmo dia do óbito ou, no máximo, dentro de 24 horas (Jo 11.17,39). Os membros da família lavavam o corpo, ungiam-no com ervas e especiarias e depois o envolviam num pano (v. 44). O sepultamento propriamente dito era feito, em geral, numa caverna ou num túmulo escavado na rocha, muito comuns na Palestina. Os membros de uma família costumavam ser sepultados na mesma caverna (Gn 49.28-32).

Na época do Novo Testamento, o luto oficial pelo morto começava com música de flauta no momento do óbito. Os flautistas tocavam durante os preparativos do sepultamento, acompanhavam o cortejo até o túmulo e continuavam a tocar durante o período oficial de luto, geralmente de sete dias (Mt 9.23). As pranteadoras profissionais quase sempre compareciam. Acompanhavam a família até o túmulo e permaneciam com ela depois do enterro, somando seu pranto às lágrimas da família (Jr 9.17).

Até Jesus, presente na criação do universo, chorou na morte de seu amigo Lázaro (Jo 11.1-43). Em sua natureza humana, Jesus compreendeu o sentido da morte para aqueles que continuam vivos. Ele participou dos costumes da época e chorou com os amigos e com a família de Lázaro. Mas, em sua natureza divina, Jesus compreendeu também o caráter transitório da vida e o fato de que a morte não é um final amedrontador; antes, é um glorioso começo.

QUARTA-FEIRA • *Seu legado nas Escrituras*

Leia 2Samuel 21.1-14.

1. A matança aniquilou praticamente todos os descendentes do sexo masculino de Saul. Por que Davi ordenou tantas execuções?
2. É possível que a vigília de Rispa tenha se estendido por vários meses. Em sua opinião, o quanto ela sofreu durante aquele tempo? O que a sustentou?
3. O que você acha que levou Davi a recuperar os ossos e enterrá-los?
4. Que coisa difícil ou arriscada você imagina que faria com a mesma paixão e determinação de Rispa?
5. Em que medida você acha que o amor de Deus por você é igual ao amor de Rispa por seus filhos?

QUINTA-FEIRA • *Sua promessa*

A firmeza e a perseverança de Rispa são uma lição para todos os que tendem a desistir quando surgem dificuldades. Por amor e pela necessidade de fazer o que era certo, ela suportou mau tempo, frio, cansaço e animais selvagens, para proteger os filhos mortos. Finalmente, uma pessoa de autoridade notou seu gesto e tomou uma atitude. A fidelidade de Rispa foi recompensada, e ela pôde descansar.

Deus promete a mesma coisa para nós. Ele nos pede apenas que sejamos fiéis e que deixemos o resto em suas mãos. Seja qual for sua situação (pais severos demais, cônjuges pouco carinhosos, filhos rebeldes, dificuldades financeiras, doença ou morte), Deus conhece seu sofrimento. Ele a sustentará e trará alívio no tempo dele.

Promessas nas Escrituras

O SENHOR recompensou-me segundo a minha retidão,
conforme a pureza das minhas mãos perante ele.

2Samuel 22.25

Pois o SENHOR ama quem pratica a justiça,
e não abandonará os seus fiéis.

Salmos 37.28

Todavia, lembro-me também do que pode me dar esperança:
Graças ao grande amor do SENHOR é que não somos consumidos,
pois as suas misericórdias são inesgotáveis.
Renovam-se cada manhã;
grande é a sua fidelidade!

Lamentações 3.21-23

SEXTA-FEIRA • *Seu legado de oração*

Rispa, filha de Aiá, pegou um pano de saco e o estendeu para si sobre uma rocha. Desde o início da colheita até cair chuva dos céus sobre os corpos, ela não deixou que as aves de rapina os tocassem de dia, nem os animais selvagens à noite.

2Samuel 21.10

MEDITE: 2Samuel 21.8-14.

LOUVE A DEUS: Por dar às mães a capacidade de amar os filhos de forma tão intensa.

AGRADEÇA: A maneira como outras mulheres permaneceram a seu lado em tempos difíceis.

CONFESSE: Qualquer tendência de recuar em vez de confrontar com amor e coragem as questões morais importantes.

PEÇA A DEUS: Que seu amor vá além de seu círculo familiar e se torne uma força capaz de moldar o mundo que a rodeia.

Eleve o coração

As mães são, em geral, a primeira linha de defesa dos filhos. É triste demais ver filhos que nunca sentiram o poder do amor protetor de uma mãe. Muitas crianças vítimas de abuso arrastam-se por nosso sistema de assistência social com consequências devastadoras. Inúmeras perecem em silêncio no ventre da mãe, sem ter ninguém que lamente sua morte. Não podemos salvar todas as crianças sem mãe, mas somos capazes de alcançar uma de cada vez. Ore para saber se você pode ser a "irmã mais velha" de uma menina carente. Procure uma criança abandonada e acolha-a com carinho em sua casa. Proteste contra as forças de nossa cultura que desvalorizam a vida humana. Empreste sua voz aos que clamam por paz em nosso mundo. Faça o que puder, onde puder, com amor ardente e forte. Não recue.

Pai, obrigada pelo amor protetor e constante de minha mãe. Conheço melhor teu amor por causa do amor dela por mim. Ajuda-me a ser mãe espiritual das crianças que trouxeres à minha vida.

SEMANA 26

A rainha de Sabá

SEU CARÁTER: Apesar de ser uma rainha pagã como Jezabel, ela valorizava mais a sabedoria que o poder. Parece ter sido uma mulher de bom nível intelectual, com talento para negócios e diplomacia.

SUA ALEGRIA: Sua busca por sabedoria foi recompensada muito além de suas expectativas.

TEXTOS-CHAVES: 1Reis 10.1-13; Mateus 12.42.

SEGUNDA-FEIRA • *Sua história*

Sabá era a terra das fragrâncias, famosa por seus perfumes e especiarias. Localizada no sudoeste da península Arábica, região próxima ao mar Vermelho, a cidade floresceu por meio do comércio de mercadorias valiosas, tais como ouro, incenso e mirra, com reinos na África, na Índia e no Mediterrâneo. Não é de admirar que as caravanas que passavam por ali levassem notícias do mundo inteiro para a rainha de Sabá.

A rainha ouvira recentemente histórias maravilhosas de Salomão, filho de Bate-Seba e Davi, agora terceiro rei de Israel. Quando ele nasceu, um profeta o chamara de “amado pelo Senhor”. Diziam que Salomão era o homem mais sábio que existia.

A rainha sorriu ao lembrar-se da narrativa sobre as duas prostitutas. Ambas afirmavam ser a mãe da mesma criança. Como o rei poderia saber quem estava falando a verdade e quem mentia? Salomão, porém, ordenou que a criança fosse cortada ao meio, para ser dividida igualmente entre as duas mulheres. Ele sabia que a mãe verdadeira abdicaria seus direitos para evitar que o filho morresse. De fato, a perspicácia do rei trouxe a verdade à tona, reunindo a mãe desolada e seu filho.

A rainha também ouvira falar do magnífico templo e palácio que Salomão construíra em Jerusalém. Tal governante teria pouca dificuldade para controlar as rotas comerciais internacionais que cruzavam seu reino.

Apesar de Jerusalém estar situada a 2.400 quilômetros ao norte de Sabá, a rainha estava decidida a verificar pessoalmente se Salomão correspondia pelo menos à metade das lendas que se contavam a respeito dele. Na esperança de estabelecer um acordo comercial com Israel, ela organizou uma caravana, com camelos carregados de especiarias, pedras preciosas e quatro toneladas e meia de ouro. Sua entrada em Jerusalém deve ter sido um espetáculo inesquecível, aumentando assim a fama cada vez maior de Salomão.

Dia após dia, a rainha fazia insistentemente perguntas complexas a Salomão. Mas nada era difícil demais para o rei, que fornecia explicações para cada pergunta. Mais que atônita, a rainha de Sabá exclamou:

— Tudo o que ouvi em meu país acerca de tuas realizações e de tua sabedoria é verdade. Mas eu não acreditava no que diziam, até ver com os meus próprios olhos. Na realidade, não me contaram nem a metade; tu ultrapassas em muito o que ouvi, tanto em sabedoria como em riqueza. Como devem ser felizes os homens da tua corte, que continuamente estão diante de ti e ouvem a tua sabedoria! Bendito seja o SENHOR, o teu Deus, que se agradou de ti e te colocou no trono de Israel. Por causa do amor eterno do SENHOR para com Israel, ele te fez rei, para manter a justiça e a retidão.

A rainha deu a Salmão todo o ouro e especiarias que levara, talvez prefigurando o presente de ouro, incenso e mirra dos magos ao menino Cristo, quase dois mil anos depois. De fato, o próprio Jesus referiu-se à rainha de Sabá ao responder aos fariseus quando exigiam dele um sinal milagroso:

— A rainha do Sul se levantará no juízo com esta geração e a condenará, pois ela veio dos confins da terra para ouvir a sabedoria de Salomão, e agora está aqui o que é maior do que Salomão.

Embora fosse rainha de uma nação pagã, ela se sentiu tão atraída pela sabedoria de Deus que fez uma viagem árdua e perigosa, percorrendo 4.800 quilômetros, ida e volta, para conhecer o homem mais sábio do mundo.

TERÇA-FEIRA • *Sua vida e sua época*

Presentes

Quatro toneladas e meia de ouro — e essa foi apenas uma parte dos presentes oferecidos pela rainha de Sabá a Salomão quando o visitou em Jerusalém. Provavelmente, ela ouvira falar das riquezas dele e também de sua sabedoria, e sabia que um presente insignificante de nada valeria; a ocasião exigia algo grandioso. Imagine uma caravana de camelos, um atrás do outro, entrando em Jerusalém, levando presentes para Salomão. Um camelo podia carregar cerca de 90 quilos em travessias pelo deserto (ou 180 quilos, além do cameleiro, em viagens mais curtas e menos cansativas). Isso significa que foram necessários uns 45 camelos só para transportar o ouro!

A maioria dos encontros pessoais nas culturas antigas envolvia presentes. A visita à casa de alguém exigia que o visitante levasse um presente ao anfitrião ou anfitriã. Até os encontros casuais no deserto incluíam troca de presentes (Gn 14.18-20). Os presentes, nas culturas antigas, também eram um meio de expressar submissão a uma pessoa em posição superior, quer no governo, quer na vida militar, quer na vida religiosa. Às vezes, o presente era oferecido para obter favor ou até para subornar alguém.

Alguns presentes mencionados no Antigo Testamento são impressionantes em razão de seu valor. Observe os presentes de ouro, prata e roupas que o servo de Abraão deu a Rebeca e sua família (Gn 24.53). Esses tipos de presente — o preço da noiva ou dote — oferecidos pela família do noivo constituíam uma parte importante das tradições relacionadas ao casamento. Uma das mulheres de Salomão recebeu uma cidade inteira do pai como presente nupcial (1Rs 9.16). O presente de reconciliação de Jacó para Esaú foi um rebanho de 550 animais (Gn 32.13-15). Além de milhares de animais entregues a Deus pelos israelitas depois de sua vitória sobre os midianitas, eles ofertaram joias de ouro e prata, num total de 200 quilos (Nm 31.51-52).

A rainha de Sabá não foi a única a levar presentes para Salomão; gente do mundo todo levou tantos "utensílios de prata e de ouro, mantos, armas e especiarias, cavalos e mulas" (1Rs 10.25), que "o rei tornou a prata tão comum em Jerusalém quanto as pedras" (v. 27). Porém os presentes mais famosos descritos na Bíblia foram os levados pelos magos ao menino Jesus (Mt 2.11).

Os autores do Novo Testamento mencionam várias vezes os presentes que ofertamos a Deus. Nenhum presente, por menor que seja, desagrada a Deus, se for oferecido com um coração generoso e alegre. De fato, Jesus elogiou a viúva que ofertou apenas duas moedas, porque deu tudo o que tinha por amor a Deus, em contraste com outros que davam uma pequena parcela de sua riqueza, quase sempre com pesar ou por obrigação (Lc 21.1-4). Mais importante para Deus que o tamanho de nossa oferta é a condição de nosso coração quando ofertamos (2Co 9.7).

Maior, melhor e mais impressionante que qualquer presente que possamos dar uns aos outros ou a Deus são aqueles que ele nos dá. Salomão, em toda sua riqueza e sabedoria, agradeceu a Deus o presente de uma vida boa e simples: ser recompensado pelo seu trabalho, descansar tranquilo à noite, ser feliz (Ec 3.13; 5.19). Mateus registra Jesus falando a seus seguidores sobre o cuidado maravilhoso de Deus por nós e sobre sua disposição para dar-nos coisas boas: "Se vocês, apesar de serem maus, sabem dar boas coisas aos seus filhos, quanto mais o Pai de vocês, que está nos céus, dará coisas boas aos que lhe pedirem!" (Mt 7.11).

No entanto, o ponto culminante, o presente que vale mais que todo o ouro do mundo é o dom gratuito de Deus, a vida eterna em Cristo Jesus, nosso Senhor (Rm 6.23). Não é necessário um cartão de agradecimento; apenas uma vida de gratidão a Deus. Nas palavras de Paulo: "Graças a Deus por seu dom indescritível!" (2Co 9.15).

QUARTA-FEIRA • *Seu legado nas Escrituras*

Leia 1Reis 10.1-13.

1. Em sua opinião, o que significa Salomão ter ficado famoso "graças ao nome do Senhor"?
2. Que perguntas você acha que a rainha de Sabá fez a ele?
3. Com base nessa passagem, como você descreveria a rainha?
4. O que é sabedoria? Descreva uma pessoa que seja verdadeiramente sábia. Você conhece alguém assim? Cite o nome dessa pessoa.
5. Até que ponto a sabedoria é importante para você? Por quê?

QUINTA-FEIRA • *Sua promessa*

A rainha de Sabá era uma governante rica e influente, cuja nação dominava o comércio no Oriente Médio naquela época. Ela devia ter uma dose de sabedoria ou, pelo menos de inteligência, para governar tal reino. Mesmo assim, tinha perguntas — muitas perguntas — e procurou o famoso rei Salomão, dependendo de sua sabedoria para as respostas. Salomão não a decepcionou, e ela partiu satisfeita.

Você tem perguntas que precisam de respostas? Perguntas sobre si mesma? Sobre coisas que aconteceram em sua vida? Sobre a vontade de Deus? Sobre o amor de Deus por você? Se tem, recorra à fonte de toda a sabedoria — o próprio Deus. Quando você o buscar diligentemente, nem sempre ele lhe dará respostas claras, mas lhe dará paz e você partirá satisfeita. Ele promete.

Promessas nas Escrituras

Quanto a mim, feita a justiça,
verei a tua face;
quando despertar, ficarei satisfeito
ao ver a tua semelhança.

Salmos 17.15

Ó Deus, tu és o meu Deus,
eu te busco intensamente [...].
A minha alma apega-se a ti;
a tua mão direita me sustém.

Salmos 63.1,8

Ensina-nos a contar os nossos dias
para que o nosso coração alcance sabedoria. [...]
Satisfaz-nos pela manhã com o teu amor leal,
e todos os nossos dias cantaremos felizes.

Salmos 90.12,14

Peçam, e lhes será dado; busquem, e encontrarão; batam, e a porta lhes será aberta. Pois todo o que pede, recebe; o que busca, encontra; e àquele que bate, a porta será aberta.

Mateus 7.7-8

SEXTA-FEIRA • *Seu legado de oração*

> Como devem ser felizes os homens da tua corte, que continuamente estão diante de ti e ouvem a tua sabedoria! Bendito seja o SENHOR, o teu Deus, que se agradou de ti e te colocou no trono de Israel. Por causa do amor eterno do SENHOR para com Israel, ele te fez rei, para manter a justiça e a retidão.
>
> 1Reis 10.8-9

MEDITE: 1Reis 10.1-13.
LOUVE A DEUS: Por sua generosidade.
AGRADEÇA: A sabedoria de Deus que opera por meio de outras pessoas.
CONFESSE: Qualquer tendência para confiar demais em sua própria sabedoria, em vez de buscar a orientação de Deus.
PEÇA A DEUS: Que derrame sabedoria sobre os líderes da igreja e sobre o governo, para que seus caminhos sejam honrados em sua família, comunidade e nação.

Eleve o coração

Pense nos presentes que a rainha de Sabá ofereceu a Salomão — perfumes, especiarias, pedras preciosas e ouro — como reconhecimento tangível da grandeza dele. Salomão, porém, era apenas um homem. O que você pode ofertar ao Deus cuja grandeza é infinitamente maior que a de Salomão? Pode ofertar seu louvor, dizendo ao Senhor tudo o que aprecia nele. Pode ofertar seu tempo, procurando ajudar os necessitados. Pode ofertar sua confiança, agindo e orando de modo que demonstre sua confiança na bondade e no poder de Deus. Pode ofertar seu dinheiro, dando a quantia que puder do que possui. Seja mão aberta esta semana. Pense em pelo menos um meio exorbitante de demonstrar respeito e afeto por Deus.

> *Jesus, tudo o que ouvi a teu respeito é verdade, mas não acreditei enquanto não te revelaste a mim. Compreendi, então, que não me haviam ensinado metade do que eu deveria saber. Tua sabedoria, tua misericórdia, teu poder e tua bondade excedem tudo o que já ouvi. Como são felizes as mulheres que pertencem a ti! Louvo ao Pai por alegrar-se em ti e por colocar-te acima de tudo e de todos. Por seu amor eterno, o Senhor fez de ti o nosso Rei.*

Jezabel

SEU NOME SIGNIFICA *"onde está o príncipe?"*

SEU CARÁTER: Mulher religiosa, disseminou a idolatria em Israel. Poderosa, astuta e arrogante, Jezabel opôs-se ativamente a Deus, mesmo diante de provas irrefutáveis de sua soberania.

SEU TRIUNFO: Ter aumentado seu poder à custa de outros.

SUA TRAGÉDIA: Por causa de sua arrogância, teve uma morte vergonhosa.

TEXTOS-CHAVE: 1Reis 16.29-33; 18.1—19.2; 21.1-25; 2Reis 9.

SEGUNDA-FEIRA • *Sua história*

Jezabel era uma princesa fenícia, filha do sacerdote-rei de Sidom. Casada com o rei Acabe, foi rainha em Israel do Norte cem anos depois da morte de Davi e sessenta anos depois que Israel se dividiu nos reinos do Norte e do Sul, logo após a morte de Salomão.

Mulher de fortes convicções e de fervor inabalável, a veneração intensa de Jezabel não era dirigida ao Deus de Israel, mas a Baal — o deus pagão da fertilidade, considerado controlador da chuva e, portanto, das colheitas. Ela estava tão decidida a converter Israel à sua religião que perseguiu e matou todos os profetas que conseguiu prender, substituindo-os por 850 dos profetas de seu deus.

Apesar dos esforços de Jezabel, um profeta escapou e, por sinal, o mais irritante de todos. Seu nome era Elias, que significa "meu Deus é o Senhor". Em contraste, Jezabel quer dizer "onde está o príncipe (Baal)?" ou "o príncipe (Baal) existe". Inevitavelmente, os dois entraram em conflito.

Ao impor a adoração a Baal, Jezabel espalhou a idolatria em Israel. Mas essa adoração não estava trazendo os resultados esperados, pois os campos continuavam estéreis. Os deuses da fertilidade, ao que tudo indicava, tinham desaparecido ou não tinham poder algum.

Enquanto isso, Elias advertiu o rei Acabe:

— Juro pelo nome do SENHOR, o Deus de Israel, a quem sirvo, que não cairá orvalho nem chuva nos anos seguintes, exceto mediante a minha palavra.

Depois de três anos e meio de seca e fome, Elias desafiou o rei a reunir os profetas de Baal e Aserá, a fim de competir numa disputa desigual — 850 contra 1. Dois bois foram preparados para o sacrifício, mas o fogo para o sacrifício não foi aceso. Deus provaria seu poder enviando fogo do céu.

Desde a manhã até o meio-dia, os profetas de Baal dançaram e cantaram, gritando:

— Ó Baal, responde-nos!

Mas o deus da tempestade manteve-se em silêncio.

Apreciando o espetáculo, Elias não pôde resistir a uma provocação:

— Gritem mais alto, já que ele é um deus! — dizia. — Quem sabe está meditando, ou ocupado, ou viajando. Talvez esteja dormindo e precise ser despertado.

O sarcasmo de Elias estimulou os profetas de Baal a esforços mais frenéticos; mas Baal, o deus do fogo, não conseguiu sequer acender um fósforo.

Chegou, então, a vez de Elias. A fim de dramatizar a dificuldade de sua tarefa, ele encharcou o sacrifício com água, não uma, mas três vezes, orando:

— Ó SENHOR, Deus de Abraão, de Isaque e de Israel, que hoje fique conhecido que tu és Deus em Israel e que sou o teu servo e que fiz todas estas coisas por ordem tua.

O fogo consumiu imediatamente o sacrifício. Reunindo o povo, Elias matou, então, 850 profetas de Jezabel.

Furiosa com a notícia, a rainha enviou um mensageiro a Elias, jurando matá-lo. Porém, ele fugiu para o sul, onde ela não o pôde alcançar.

Mesmo assim, Jezabel não desistiu e procurou outros alvos para seus planos. Certo dia, ela viu o marido, Acabe, amuado como se fosse uma criança. Desgostoso, Acabe confidenciou seus problemas a ela. Nabote, seu vizinho ao lado, tinha uma bela vinha que o rei desejava muito. Seria uma ótima horta para ele. Todavia, seu súdito mesquinho recusara-se a vendê-la.

Jezabel desafiou o marido:

— É assim que você age como rei de Israel? Levante-se e coma! Anime-se. Conseguirei para você a vinha de Nabote, de Jezreel.

Jezabel escreveu uma carta em nome de Acabe e a enviou aos anciãos da cidade, instruindo-os a apresentar falsas testemunhas para declarar que Nabote amaldiçoara Deus e o rei, ofensas essas puníveis com a morte.

Acabe sentiu-se melhor quando soube que Nabote havia sido apedrejado até a morte como traidor. Agora, ele teria uma mesa farta de verduras e legumes deliciosos diretamente da horta. Mas Elias surgiu de repente, interrompendo o passeio agradável do rei por sua nova horta.

— Então você me encontrou, meu inimigo! — Acabe disse a Elias.

Elias respondeu:

— Eu o encontrei, porque você se vendeu para fazer o que o SENHOR reprova. E ele diz: "Vou trazer desgraça sobre você. Devorarei os seus descendentes e eliminarei da sua família todos os do sexo masculino em Israel, sejam escravos ou livres. Farei à sua família o que fiz à de Jeroboão, filho de Nebate, e à de Baasa, filho de Aías, pois você provocou a minha ira e fez Israel pecar". E acerca de Jezabel o SENHOR diz: "Os cães devorarão Jezabel junto ao muro de Jezreel".

As palavras de Elias se cumpriram. Acabe veio a morrer numa batalha, e os cães lamberam o sangue em seu carro. Jezabel, entretanto, sobreviveu a ele durante pelo menos mais dez anos. Então, um dia, um homem chamado Jeú chegou a Jezreel para cumprir a última parte da profecia de Elias.

Com fria indiferença, Jezabel apareceu orgulhosamente na janela de seu palácio. Sem jamais recusar um desafio, Jezabel aproveitou a oportunidade e gritou para Jeú:

— Como vai, Zinri, assassino do seu senhor?

Jeú, porém, não lhe deu atenção e desafiou os que estavam perto dela.

— Quem de vocês está do meu lado?

E ordenou:

— Joguem essa mulher para baixo!

Rapidamente, os servos de Jezabel jogaram-na pela janela. A parede do palácio e os cavalos ficaram respingados de sangue, e Jeú atropelou-a. Depois, os cães do palácio terminaram o serviço. Jezabel foi uma figura poderosa enquanto viveu, mas pouco sobrou dela depois de sua morte.

Companheira do pior rei de Israel, Jezabel foi a pior rainha da nação e uma das mulheres mais infames da Bíblia. Como sua história teria sido diferente se ela houvesse subordinado seu poder, sua energia e sua dedicação a serviço do Senhor. De caráter forte, Jezabel poderia ter sido um apóstolo Paulo feminino, cujo zelo mal orientado foi redirecionado para o reino de Deus. Ao contrário de muitas personagens bíblicas descritas com uma mistura de traços bons e maus, ela se destaca como uma mulher perversa, cujo caráter moral só tem uma dimensão. Inteiramente dedicada a seus deuses, ela refletiu com perfeição a imagem deles. Apesar dos milagres evidentes e de repetidas advertências, Jezabel optou por endurecer o coração e sofrer as consequências.

TERÇA-FEIRA • *Sua vida e sua época*

Adoração a Baal

Jezabel. Seu nome é sinônimo de perversidade. Dentre todos os nomes bíblicos bonitos usados para as meninas de hoje, não se encontra uma única Jezabel.

Filha de Etbaal, rei de Sidom, Jezabel foi criada e instruída na adoração a Baal. Passou os anos de seu reinado não apenas adorando Baal, mas impondo essa adoração a seus súditos. As estátuas de Baal mostravam o deus em pé, alto e ereto, usando um capacete enfeitado com chifres de boi, sinal de poder e de fertilidade. Numa das mãos, ele segurava uma lança entrelaçada de folhas, quem sabe simbolizando o relâmpago e o crescimento das plantas. Na outra mão, trazia uma clava, que talvez simbolizasse força ou trovão.

A adoração a Baal incluía o uso de incenso e de sacrifícios, muito comuns nas formas de adoração daquela época. O sacrifício incluía, às vezes, seres humanos inocentes (Jr 19.5). A função principal do deus Baal era tornar férteis as terras, os animais e as pessoas, por isso os ritos de fertilidade eram a parte principal do culto a Baal. Servos e servas realizavam atos sexuais, a fim de induzir Baal a espalhar generosamente a fertilidade sobre a terra.

Sempre que os israelitas se desviavam da fé no Deus único e verdadeiro, sentiam-se atraídos por prestar culto ao deus falso Baal. Eles adoraram Baal na época de Baraque e Balaão (Nm 22.41), assim como nos tempos dos juízes (Jz 2.13; 6.28-32). Mesmo depois do triunfo de Elias sobre Baal no monte Carmelo e da morte de 450 sacerdotes de Baal naquele dia (1Rs 18.16-40), a adoração ao deus continuou intermitentemente durante o governo dos reis de Israel e de Judá.

A adoração a qualquer deus falso é, naturalmente, odiosa para o Deus verdadeiro. Sabemos disso. Para nós, a adoração a Baal parece uma prática repulsiva e insensata. Somos sofisticados demais para entender seu apelo. Mas será que os deuses falsos não continuam a prevalecer hoje como na época de Jezabel? Pense na maneira como adoramos os heróis esportivos, as estrelas de cinema e os multimilionários. Nossa sociedade se curva diante dos deuses do dinheiro, do sexo e do poder. Seria bom lembrarmos que qualquer coisa, por melhor que seja, que ocupe o lugar de Deus em nossa vida pode tornar-se um ídolo, se permitirmos.

QUARTA-FEIRA • *Seu legado nas Escrituras*

Leia 1Reis 21.1-29 e 2Reis 9.30-37.

1. Como Jezabel se relacionava com o marido?
2. Como se relacionava com as outras pessoas?
3. O que há de importante no fato de Jezabel ter pintado os olhos e arrumado o cabelo (2Rs 9.30)? Por que ela fez isso? O que isso diz a respeito dela?
4. Como você se sente em relação ao fato de que Jezabel recebeu o que merecia? Em geral, você gosta de ver as pessoas receberem o que merecem? Por quê?
5. Imagine-se, por um minuto, como uma mulher forte e má como Jezabel. Depois, imagine-se tão forte como Jezabel, mas sendo uma pessoa boa. Deixe sua mente divagar nessas imagens. O que você faria se fosse forte e bondosa?

QUINTA-FEIRA • *Sua promessa*

O fim de Jezabel (2Rs 9.33-37) foi exatamente o que Elias havia profetizado para ela (1Rs 21.23). Não há dúvida de que o julgamento para sua vida perversa foi rápido e certo. É difícil conciliar esse aspecto de nosso Deus com a imagem de amor e compaixão que temos dele. Todavia, ele é um Deus que odeia o mal e certamente o castigará. Se, porém, nos aproximarmos dele pedindo perdão e reconciliação, ele é também um Deus que ama e mostra misericórdia.

Promessas nas Escrituras

> Aqueles que acreditam em ídolos inúteis
> desprezam a misericórdia.
>
> Jonas 2.8

> Mas onde aumentou o pecado, transbordou a graça.
>
> Romanos 5.20

> Por amor a Cristo lhes suplicamos: Reconciliem-se com Deus. Deus tornou pecado por todos nós aquele que não tinha pecado, para que nele nos tornássemos justiça de Deus.
>
> 2Coríntios 5.20-21

> A misericórdia triunfa sobre o juízo!
>
> Tiago 2.13

SEXTA-FEIRA • *Seu legado de oração*

> Quem conhece o poder da tua ira?
> Pois o teu furor é tão grande
> como o temor que te é devido.
> Ensina-nos a contar os nossos dias
> para que o nosso coração alcance sabedoria.
>
> Salmos 90.11-12

MEDITE: 2Reis 9.

LOUVE A DEUS: Porque ele não permite que o mal fique impune.

AGRADEÇA: A justiça, mesmo quando parece tardia.

CONFESSE: Qualquer tendência para aceitar a misericórdia de Deus como fato consumado.

PEÇA A DEUS: Que lhe dê um temor sadio de ofendê-lo.

Eleve o coração

Se Jezabel tivesse pensado mais em seu fim inevitável, sua história poderia ter sido bem diferente. Por mais que gostemos de agir como se nunca iremos morrer, é saudável pensar em nossa morte de tempos em tempos. Isso nos dá uma lição de humildade, afasta nossas ilusões, lembra-nos de que somos criaturas que temos de prestar contas ao nosso Criador. Reserve meia hora para imaginar seu último dia neste mundo. Com quem gostaria de passá-lo? Que tipo de legado gostaria de deixar? Você tem remorsos, assuntos não resolvidos, sonhos não realizados? Peça a Deus que a guie nesse exercício. Permita que o Senhor lhe mostre o que pode ser afirmado e comemorado em sua vida e o que ainda precisa ser transformado por sua graça. Depois, diga a Deus que está disposta a fazer o que for necessário para tornar-se a mulher que ele quer que você seja.

Senhor, não quero temer-te pelos motivos errados, mas pelos certos — sentir temor reverencial por quem tu és. Deus de toda graça, que eu nunca faça pouco caso de tua justiça ou de teu poder. Ao contrário, permite que eu viva de modo a honrar o teu nome. Porque tu és Maravilhoso, Conselheiro, Deus Poderoso, Pai Eterno, Príncipe da Paz.

SEMANA 28

A viúva de Sarepta

SEU CARÁTER: Mulher fenícia, ela demonstrou hospitalidade extraordinária a um dos profetas de Deus, oferecendo-lhe abrigo seguro durante um período de fome.

SEU SOFRIMENTO: Ter vivenciado pobreza extrema e fome, e a perda do marido e do filho.

SUA ALEGRIA: Ter testemunhado vários milagres da provisão de Deus.

TEXTOS-CHAVE: 1Reis 17.8-24; Lucas 4.25-26.

SEGUNDA-FEIRA • *Sua história*

Seus braços eram esguios com a pele áspera, como os gravetos secos que recolhera para acender o fogo. Ao lado do fogão, seu corpo tremia, sugando e sorvendo avidamente o vapor da panela, como se o cheiro do pão cozinhando pudesse satisfazer sua fome e acalmar seus medos. Ela morara a vida inteira perto do Mediterrâneo, em Sarepta, a cerca de onze quilômetros de Sidom, num território governado pelo pai de Jezabel. Sempre amara o mar, mas agora suas águas em abundância pareciam zombar dela, fazendo-a lembrar-se de tudo o que lhe faltava.

Lágrimas escapavam de seus olhos, por mais que ela piscasse para tentar reprimi-las. Como era difícil vivenciar seus medos sozinha, acordar no meio da noite sem ninguém para aquecê-la, sem ninguém para sussurrar doces palavras sobre o amanhã. Se ao menos seu marido estivesse vivo para extrair uma colheita dos campos. Mas ele morrera antes da seca, deixando-a com um filho pequeno, uma casa e poucos recursos. Todas as noites, ela esperava pela chuva, mas todas as manhãs, quando acordava, via o céu brilhante, sem nuvens.

Embora passasse fome para alimentar o filho, sentia-se culpada ao ver a barriga do menino distendida. Sua necessidade a condenava. Ela falhara como mãe, sem conseguir proteger, alimentar e amparar a criança.

Mantinha- se com os ombros encolhidos como se quisesse esconder os seios. Nos últimos dias, havia raspado o resto de farinha do barril e derramado a última gota de óleo da botija. Começou, então, a preparar uma última refeição para ela e para o filho.

Foi nessa hora que um estranho a chamou:

— Pode me trazer um pouco d'água numa jarra para eu beber?

Ela estava indo educadamente buscar a água, quando ele acrescentou:

— Por favor, traga também um pedaço de pão.

"O homem estaria louco?", ela pensou. "Por que não pede também que eu estale os dedos e faça aparecer uma vaca para alimentá-lo?"

A mulher virou-se para trás e respondeu:

— Juro pelo nome do SENHOR, o teu Deus, que não tenho nenhum pedaço de pão; só um punhado de farinha num jarro e um pouco de azeite numa botija. Estou colhendo uns dois gravetos para levar para casa e preparar uma refeição para mim e para o meu filho, para que a comamos e depois morramos.

O homem, porém, insistiu:

— Não tenha medo. Vá para casa e faça o que disse. Mas primeiro faça um pequeno bolo com o que você tem e traga para mim, e depois faça algo para você e para o seu filho. Pois assim diz o SENHOR, o Deus de Israel: "A farinha na vasilha não se acabará e o azeite na botija não se secará até o dia em que o SENHOR fizer chover sobre a terra".

Em vez de amaldiçoar o estranho por sua insensibilidade, como seria de se esperar, a mulher fez exatamente o que ele havia pedido, dando-lhe o alimento que reservara para si e o filho.

A mulher de Sarepta não era judia; era fenícia. Não tinha ideia de que o estrangeiro era Elias, o profeta que ousou informar o rei Acabe que Deus estava retendo a chuva para castigar a idolatria de Israel. Ela ficaria espantada se soubesse que esse mesmo Deus dissera a Elias:

— Vá imediatamente para a cidade de Sarepta de Sidom e fique por lá. Ordenei a uma viúva daquele lugar que lhe forneça comida.

A viúva de Sarepta sentia-se completamente só, sem saber que Deus a vigiava. Todavia, por alguma razão, acreditou em Elias e agiu de acordo com seu pedido, dando-lhe tudo o que tinha.

Depois disso, cada vez que tirava farinha da vasilha, cada vez que despejava azeite da botija, a viúva presenciava o desenrolar de outro milagre, de outro sinal de favor, de mais uma prova da provisão de Deus. Da maneira como Elias prometera, o suprimento de farinha e de azeite durou dia após dia, mês após mês, nunca faltando até que as chuvas finalmente chegaram e reavivaram a terra.

É característica de Deus construir uma parábola de amor e graça durante um período de julgamento, mostrando sua misericórdia e poder em meio à fraqueza e à necessidade. A fé que a viúva possuía salvou não só o filho e a si mesma, como também proporcionou refúgio para Elias, que deve ter se perguntado por que Deus havia escolhido uma proteção tão frágil — uma mulher pobre que vivia no território de sua maior inimiga, Jezabel.

Mais tarde, a fé daquela viúva seria novamente posta à prova com a morte de seu filho. Mas ela seria também a primeira mulher a testemunhar o poder de Deus para ressuscitar os mortos, o que ele fez em resposta às incessantes orações de Elias em favor do menino. Aquela mulher superou dificuldades extremas. Sua história revela o poder de Deus para dar aquilo de que mais precisamos: um atributo do coração chamado fé.

TERÇA-FEIRA • *Sua vida e seu tempo*

Viúvas

A viúva de Sarepta morava num país que tratava as viúvas como cidadãs de segunda classe, desprezava-as e permitia que passassem fome. Quando Elias chegou e pediu pão à viúva, parecia estar pedindo que ela desse o último alimento que possuía para si e para o filho. Mas, na verdade, ele estava lhe proporcionando sustento, que duraria até a fome acabar.

Uma mulher sozinha raramente tinha meios de sustentar-se financeiramente, por isso ela dependia dos filhos ou, então, da comunidade a seu redor, se não tivesse filhos. A Bíblia conta que Deus tem amor e cuidado especiais pelas mulheres que perderam o marido (Sl 68.5; 146.9). Ele ordenou aos israelitas que tratassem as viúvas com compaixão e que as sustentassem. Ao afirmar que os israelitas eram desobedientes, os profetas quase sempre ressaltavam a negligência no tratamento das viúvas (Is 1.23; 10.1-2; Ez 22.6-7; Ml 3.5), e o comportamento oposto era digno de nota (Jó 29.13).

No Novo Testamento, Paulo deu instruções às viúvas, dizendo que, se fossem jovens, deviam casar novamente. A igreja só precisava cuidar de uma viúva se ela tivesse mais de 60 anos e se não houvesse outros membros da família para sustentá-la (1Tm 5.3-16). A história emocionante de

Dorcas, em Atos 9.36-42, mostra quanto pode significar um simples ato em favor de uma viúva realmente necessitada.

A igreja de hoje é também responsável por cuidar das viúvas da congregação. Em geral, as viúvas que recebem aposentadoria ou pensão conseguem manter-se financeiramente, mas suas necessidades vão muito além de dinheiro no banco. Os membros da igreja podem demonstrar amor por essas mulheres, oferecendo-lhes apoio emocional, ajudando-as a cuidar dos filhos ou nos serviços domésticos ou, então, oferecendo-lhes amizade.

QUARTA-FEIRA • *Seu legado nas Escrituras*

Leia 1Reis 17.7-24.

1. Em sua opinião, por que o Deus de Israel enviou o profeta de Israel a Sarepta para pedir ajuda a uma viúva pagã?
2. A mulher é extremamente sincera com Elias no versículo 12. O que ela quer dizer a ele nesse texto?
3. Por que você acha que ela atendeu ao pedido de Elias?
4. Nos versículos 17-18, quem ela culpa pela morte do filho? Se a reação dela lhe causa surpresa, explique por quê.
5. Que lições podemos extrair desta história? O que ela nos diz a respeito de Deus?

QUINTA-FEIRA • *Sua promessa*

Deus não vira as costas às necessidades dos que não têm condições de se sustentar. Ele não diz para pessoas totalmente desprovidas de recursos: “Dá um jeito aí; se vira!”. Não dá uma batida de leve nas costas delas, dizendo que lamenta a vida ser tão difícil. Ao contrário, às vezes ele interfere de forma milagrosa, como neste caso, quando garantiu que o azeite e a farinha — na quantidade suficiente para um pão pequeno — não acabassem.

Um cheque inesperado chega às suas mãos na hora em que você mais precisa. A mãe de outra criança doa para seus filhos as roupas que não servem mais para os filhos dela. Deus usa algo ou alguém para mudar o coração de seu marido no momento em que você achava que ele não mais a amava. Nosso Deus provê tudo de forma milagrosa, garantindo aquilo de que necessitamos, às vezes das maneiras mais inesperadas.

Promessas nas Escrituras

> [...] da tua bondade, ó Deus,
> supriste os pobres.
>
> Salmos 68.10

> Abençoarei este lugar com fartura;
> os seus pobres suprirei de pão.
>
> Salmos 132.15

> Mas se uma viúva tem filhos ou netos, que estes aprendam primeiramente a colocar a sua religião em prática, cuidando de sua própria família e retribuindo o bem recebido de seus pais e avós, pois isso agrada a Deus. A viúva realmente necessitada e desamparada põe sua esperança em Deus e persiste dia e noite em oração e em súplica.
>
> 1Timóteo 5.4-5

SEXTA-FEIRA • *Seu legado de oração*

> Então a mulher disse a Elias: "Agora sei que tu és um homem de Deus e que a palavra do SENHOR, vinda da tua boca, é a verdade".
>
> 1Reis 17.24

MEDITE: 1Reis 17.8-24.

LOUVE A DEUS: Por seu cuidado constante.

AGRADEÇA: Tudo o que Deus já lhe proporcionou e os recursos que ainda proporcionará.

CONFESSE: Qualquer pensamento seu de que Deus não se importa com o que está acontecendo em sua vida.

PEÇA A DEUS: Que a torne uma mulher que confia nele a cada dia para atender às suas necessidades físicas, emocionais e espirituais.

Eleve o coração

Todas as vezes que nos enredamos em pensamentos cheios de ansiedade quanto ao futuro, desperdiçamos uma preciosa energia emocional. Esse tipo de preocupação é gerado pelo uso negativo do poder de nossa imaginação. E nesse caso, talvez até seja uma tentativa equivocada de controlar o futuro. Mas, em vez de controlar o futuro, logo descobrimos que a ansiedade é que nos controla. Jesus disse: "Não se preocupem com o amanhã, pois o amanhã trará as suas próprias preocupações. Basta a cada dia o seu próprio mal" (Mt 6.34).

Passe a adquirir hábitos que a ajudem a anular o poder da preocupação em sua vida. Comece manifestando gratidão a Deus todas as manhãs por alguns sinais de sua bondade: uma amiga carinhosa, um belo jardim, o sorriso de uma criança. A gratidão aumentará o sentimento da presença de Deus em sua vida. Depois, separe um tempo para pensar nas maneiras como Deus cuidou de você no passado. Escreva isso e transforme essas palavras em seu arsenal de fé, para que, quando for tentada a ter pensamentos de ansiedade, você se lembre de exemplos concretos de como Deus já atendeu às suas necessidades.

Pai, é fácil permitir que a ansiedade sufoque minha gratidão. Ajuda-me a ter uma atitude de gratidão em tua presença em vez de simplesmente formular, de maneira apressada, meu próximo pedido desesperado. Usa meus momentos de fraqueza e necessidade para mostrar-me tua força.

A sunamita

SEU CARÁTER: Generosa e hospitaleira, ela era uma mulher rica e capacitada, que demonstrou grande bondade a um dos profetas de Deus.
SEU SOFRIMENTO: Ter perdido o filho que lhe havia sido prometido.
SUA ALEGRIA: Ter testemunhado a profundidade da fidelidade de Deus.
TEXTOS-CHAVE: 2Reis 4.8-37; 8.1-6.

SEGUNDA-FEIRA • *Sua história*

A poucos quilômetros ao norte de Jezreel, onde a história de Jezabel terminou de maneira tão trágica, vivia uma rica mulher judia, que, com olhar astuto, observava a movimentação dos viajantes que partiam de Nazaré rumo a Jerusalém. Um dos personagens mais pitorescos que passava pela estrada perto de sua casa era Eliseu, o profeta sucessor de Elias.

Certo dia, a sunamita convidou Eliseu para tomar uma refeição em sua casa. Depois disso, ela disse ao marido:

— Sei que esse homem que sempre vem aqui é um santo homem de Deus. Vamos construir lá em cima um quartinho de tijolos e colocar nele uma cama, uma mesa, uma cadeira e uma lamparina para ele. Assim, sempre que nos visitar ele poderá ocupá-lo.

Comovido com a bondade da mulher, Eliseu quis saber, por meio de seu servo Geazi, se poderia usar sua influência com o rei de Israel em favor dela. A mulher, porém, não estava buscando favores na corte do rei, portanto Eliseu insistiu com seu servo, dizendo:

— O que se pode fazer por ela?

Geazi limitou-se a responder o óbvio: a mulher e seu marido idoso não tinham filhos, não havia nenhum herdeiro para dar continuidade ao nome da família. Eliseu chamou, então, a mulher e fez uma promessa incrível:

— Por volta desta época, no ano que vem, você estará com um filho nos braços.

A mulher contestou:

— Não, meu senhor. Não iludas a tua serva, ó homem de Deus!

Contudo, um ano mais tarde, exatamente conforme Eliseu predisse, a mulher carregava um bebê nos braços, rindo enquanto contava aos outros a história da dádiva surpreendente de Deus. Ao contrário de suas antepassadas — Sara, Rebeca, Raquel, Tamar e Ana —, a sunamita parecia satisfeita, mesmo sem filhos. A promessa de Eliseu, porém, foi um tiro certeiro, satisfazendo o desejo oculto em seu coração.

Certa manhã, alguns anos depois, um servo entrou na casa com o menino nos braços, explicando que ele se queixara de dor de cabeça enquanto estava com o pai no campo. Talvez tivesse ficado tempo demais sob o sol.

Enquanto o acariciava, acalmando-o com sons e cânticos ternos, a mãe viu que o rosto do menino estava vermelho, e a testa, quente. E, apesar das palavras de confiança que murmurava, a mulher sentiu o medo tomar conta dela. Quanto mais forte apertava o menino nos braços, mais o espírito dele parecia retirar-se. Sua respiração era difícil; o olhar, vago. Por volta do meio-dia, ele morreu.

Sem dizer uma só palavra, ela levou o corpo do menino ao quarto do profeta e deitou-o carinhosamente na cama de Eliseu. Fechou a porta, chamou um servo e partiu imediatamente para o monte Carmelo, onde esperava encontrar Eliseu.

Ao avistá-la, o profeta perguntou-se em voz alta por que ela percorrera quarenta quilômetros rumo ao norte.

— Corra ao seu encontro e pergunte a ela: "Está tudo bem com você? Tudo bem com seu marido? E com seu filho?".

A mulher, porém, esquivou-se de Geazi com palavras amáveis e correu ao encontro de Eliseu, exclamando:

— Acaso eu te pedi um filho, meu senhor? Não te disse para não me dar falsas esperanças?

Imediatamente o profeta deu instruções a Geazi:

— Ponha a capa por dentro do cinto, pegue o meu cajado e corra. Se você encontrar alguém, não o cumprimente e, se alguém o cumprimentar, não responda. Quando lá chegar, ponha o meu cajado sobre o rosto do menino.

A mulher, entretanto, não quis aceitar um substituto. O profeta seguiu, então, para Suném atrás de Geazi, que havia partido para cumprir as ordens de seu senhor. Ao chegar, Eliseu encontrou o menino imóvel e frio, deitado em sua cama. Eliseu fechou a porta e, orando, deitou-se sobre o corpo do menino, de modo que suas mãos, boca e olhos se tocassem. Enquanto permaneceu ali, sentiu o corpo gelado aquecendo-se sob o seu. Levantou-se e andou um pouco pelo quarto. Finalmente, deitou-se outra vez sobre o corpo sem vida e orou. O peito do menino se elevou e, em seguida, ele espirrou! E espirrou novamente.

É possível que a sunamita tivesse ouvido a história sobre como Elias havia ressuscitado o filho da viúva de Sarepta em circunstâncias semelhantes. Se ela conhecia de fato essa história, aquele milagre certamente fortaleceu sua esperança, dando-lhe coragem para sair em busca de um milagre para ela, em vez de abater-se sob o peso de tão grande tristeza. Ao ver, com os próprios olhos, o sinal irrefutável da bondade de Deus, ela curvou-se até o chão e prostrou-se aos pés do profeta. Deus foi fiel à sua palavra, cumprindo sua promessa para ela e preservando-a diante de circunstâncias impossíveis.

TERÇA-FEIRA • *Sua vida e sua época*

Hospitalidade

Eliseu aceitou o convite para fazer uma refeição na casa da sunamita depois que ela o "constrangeu" a isso. Ele sentiu-se tão bem cuidado, confortável e à vontade que adquiriu o hábito de ir à casa dela sempre que se encontrava nas proximidades — e com tal frequência que a mulher pediu ao marido que construísse um quarto especial só para o profeta.

A hospitalidade desempenhava um papel importante na vida dos povos do Oriente Médio. A viagem pelo deserto era exaustiva, e naquela época não havia hotéis. Quando os viajantes chegavam a uma cidade no fim do dia, paravam no centro ou junto à porta e esperavam que alguém os convidasse para passar a noite. Se não recebessem convite, dormiam ao relento.

Os anfitriões eram responsáveis não só pela alimentação e por um lugar para os hóspedes dormirem, mas também deviam cuidar da segurança deles, protegendo-os de assaltantes e de outros perigos (Gn 19.8). Quando as refeições eram servidas, o anfitrião assumia a posição de servo e procurava satisfazer as necessidades dos hóspedes. Se um hóspede fosse especialmente favorecido em relação a outro, ele devia receber uma porção maior ou extra de alimento (Gn 43.34).

Há numerosos exemplos de hospitalidade nas Escrituras. Abraão preparou uma refeição suntuosa para os três estranhos que o visitaram (Gn 18), oferecendo-lhes pães, um novilho, coalhada e leite. Rebeca praticou uma forma básica de hospitalidade quando ofereceu água ao servo de Abraão e a seus animais (Gn 24.15-21). Salomão alimentava todo o pessoal de seu palácio, além de estrangeiros e visitantes. Sua lista de provisões diárias em 1Reis 4.22 apresenta uma descrição do que era necessário para alimentar um número tão grande de pessoas. Neemias não somente se recusou a exigir "a comida destinada ao governador", mas também alimentou generosamente pelo menos 150 pessoas por dia (Ne 5.17-18).

Seis vezes o Novo Testamento exorta os cristãos a serem hospitaleiros. Nessas passagens não se fala de novilhos cevados nem de jantares exuberantes; há apenas uma simples exortação para assegurar que as pessoas à nossa volta sejam bem cuidadas. Romanos 12.13 diz: "Compartilhem o que vocês têm com os santos em suas necessidades. Pratiquem a hospitalidade". Nunca se sabe: você pode estar acolhendo um anjo sem saber (Hb 13.2)!

QUARTA-FEIRA • *Seu legado nas Escrituras*

Leia 2Reis 4.8-37.

1. Em sua opinião, por que Eliseu adquiriu o hábito de parar na casa da sunamita?
2. Por que você acha que a mulher respondeu daquela maneira quando Eliseu lhe disse que teria um filho (v. 16)? Compare com o versículo 28.
3. Por que ela disse "não se preocupe" ao marido e "está tudo bem" a Geazi quando a situação não estava nada boa? Qual era o objetivo dela?
4. Centenas de mães perderam filhos no período em que Deus salvou um menino por intermédio de Elias e depois por intermédio de Eliseu. O que você acha dessas histórias? O que elas nos dizem a respeito de Deus?
5. O que você admira na sunamita e gostaria de imitar?

QUINTA-FEIRA • *Sua promessa*

A sunamita sabia que havia esperança, mesmo em meio às circunstâncias mais devastadoras. Um filho lhe fora prometido quando era estéril, e agora ela se apegava tenazmente a essa promessa, embora o menino estivesse morto, deitado na cama de Eliseu. "Não se preocupe", ela disse ao marido, sabendo perfeitamente que o filho deles havia morrido. Mas o Deus que lhe fizera a promessa estava vivo. Ela sabia que não ele não a abandonaria.

"Não se preocupe." Você é capaz de expressar esse sentimento, mesmo quando o mundo parece estar desabando sobre sua cabeça? Talvez não. Lembre-se, entretanto, de que mesmo nas piores circunstâncias — mesmo quando você se sentir abandonada, mesmo quando a tragédia se abater — Deus estará presente. Confie em sua Palavra e adquira confiança com a sunamita, que, em meio a uma situação aterradora, foi capaz de dizer: "Não se preocupe".

Promessas nas Escrituras

> Deus não é homem para que minta, nem filho de homem para que se arrependa. Acaso ele fala, e deixa de agir? Acaso promete, e deixa de cumprir?
>
> Números 23.19

> Bendito seja o Deus e Pai de nosso Senhor Jesus Cristo, Pai das misericórdias e Deus de toda consolação, que nos consola em todas as nossas tribulações.
>
> 2Coríntios 1.3-4

> Pois quantas forem as promessas feitas por Deus, tantas têm em Cristo o "sim".
>
> 2Coríntios 1.20

> Apeguemo-nos com firmeza à esperança que professamos, pois aquele que prometeu é fiel.
>
> Hebreus 10.23

SEXTA-FEIRA • *Seu legado de oração*

> "Por volta desta época, no ano que vem, você está com um filho nos braços."
>
> 2Reis 4.16

MEDITE: 2Reis 4.8-37.

LOUVE A DEUS: Porque ele nunca despreza nem sequer um pequeno ato de bondade feito por amor a ele.

AGRADEÇA: A bondade que você tem recebido de outras pessoas.

CONFESSE: Sua tendência de esquecer as necessidades dos outros por estar concentrada demais em suas próprias necessidades.

PEÇA A DEUS: Que desperte em você o desejo de ter oportunidades para cuidar de outras pessoas de maneira básica e prática.

Eleve o coração

A sunamita é um exemplo maravilhoso de alguém que anteviu as palavras de Jesus a seus discípulos: "Busquem, pois, em primeiro lugar o Reino de Deus e a sua justiça, e todas essas coisas lhes serão acrescentadas" (Mt 6.33). Assim como os lírios do campo, ela não se preocupou com a provisão de Deus e, portanto, recebeu-a abundantemente. Peça a Deus uma oportunidade nesta semana para realizar um ato de bondade ou de hospitalidade em favor de alguém. Procure dedicar suas orações, seus talentos e sua energia, de modo constante, a um grupo ou ministério que trabalha para obter justiça em prol dos que mais necessitam dela.

> *Pai, revela a mim hoje a necessidade de alguém. Ajuda-me depois a sair de minha zona de conforto e a encontrar um meio de demonstrar teu amor a essa pessoa.*

SEMANA 30

Atalia e Jeoseba

SEU NOME SIGNIFICA *"o Senhor é grande"*

SEU CARÁTER: Neta de Onri, um dos reis mais idólatras e perversos de Israel, era filha de Acabe e provavelmente também de Jezabel. Foi a única mulher a reinar sobre Judá. Enquanto Acabe e Jezabel difundiam a adoração a Baal em Israel, no reino do Norte, Atalia ocupou-se em promovê-lo alguns anos mais tarde no reino do Sul, em Judá. Obcecada pelo poder, Atalia assassinou os membros de sua família para consegui-lo.

SUA ALEGRIA: Sua crueldade foi recompensada, pelo menos durante algum tempo, tornando-a rainha de Judá.

SEU SOFRIMENTO: Ter fracassado em sua tentativa de destruir a linhagem real de Judá.

TEXTOS-CHAVE: 2Reis 11; 2Crônicas 22; 23.11-21.

JEOSEBA

SEU NOME SIGNIFICA *"juro pelo nome dele"*

SEU CARÁTER: Princesa e mulher do sumo sacerdote, Jeoseba era uma mulher corajosa, cujos atos preservaram a linhagem de Judá, da qual nasceria o Messias.

SUA ALEGRIA: Ter conservado a vida do filho mais moço de seu irmão, para que ele se tornasse rei de Judá por direito.

SEU SOFRIMENTO: Ter suportado o reinado de Atalia em Judá e enfrentado a perda de vários sobrinhos pelas mãos da rainha.

TEXTOS-CHAVE: 2Reis 11.2; 2Crônicas 22.11.

SEGUNDA-FEIRA • *Sua história*

Rainhas malvadas são a base dos contos de fada. Lembra-se da rainha da neve dos contos de Hans Christian Andersen, ou da rainha malvada de *O leão, a feiticeira e o guarda-roupa*? Atalia foi tão má quanto as mulheres perversas dos contos de fada, uma rainha que aterrorizou o coração do povo de Deus ao matar os próprios netos e disseminar a adoração a Baal em Judá, o reino do Sul, da mesma forma que seus pais, Acabe e Jezabel, o fizeram no reino do Norte.

Atalia casou-se com o rei de Judá, fortalecendo, assim, uma aliança entre os reinos do Norte e do Sul. Mas, depois de alguns anos, ele morreu e foi sucedido no trono por Acazias, filho de Atalia. Alguns meses depois, Jeú, o carrasco de Jezabel, assassinou o novo rei.

Após a morte do marido e do filho, a rainha Atalia deve ter-se sentido vulnerável e solitária, mais ainda porque a linhagem de seu pai, Acabe, também havia sido destruída em Israel. Sua paranoia e ânsia pelo poder formaram uma mistura venenosa, levando-a a matar os netos para garantir para si o trono de Judá. Atalia pode até ter-se envaidecido pelo fato de, como emissária de Baal, ter exterminado os herdeiros reais de Judá, na tentativa de tornar impossível para Deus cumprir sua promessa de um futuro Messias da linha de Davi na tribo de Judá.

Durante alguns anos, a partir de 841-835 a.C., Atalia reinou em Judá, promovendo a adoração a Baal e desviando cada vez mais o povo de Deus. Bem próximo dela, porém, uma conspiração se formava. Sem ela saber, um de seus netos sobrevivera. Sua enteada, Jeoseba, escondera o pequeno Joás antes que a rainha pudesse assassiná-lo com os outros filhos de Acazias. Casada com o sumo sacerdote, Jeoseba arriscou a vida ao esconder o herdeiro no templo durante seis anos. Quando o menino completou 7 anos, seu marido orquestrou um golpe de estado e colocou a coroa de rei em Joás.

No momento em que Atalia soube do plano, correu para o templo, rasgou as roupas e gritou:

— Traição! Traição!

Mas, como aconteceu com sua mãe Jezabel antes dela, ninguém lhe deu a menor atenção. Ao contrário, a rainha Atalia foi imediatamente agarrada e executada do lado de fora do templo. Assim que a rainha foi executada, o povo de Judá comemorou destruindo o templo de Baal e matando seu principal sacerdote.

Embora as comparações entre Atalia e Jezabel sejam óbvias, a história delas lembra-nos de outra que se passou setecentos anos antes. O faraó do Egito, determinado a destruir o povo de Deus, ordenou que todo menino recém-nascido fosse afogado no rio Nilo. Assim como o faraó foi enganado por um de seus filhos (sua filha salvou Moisés e criou o menino como se fosse dela), Atalia foi ludibriada por Jeoseba, sua enteada. Mais uma vez, a coragem e a compaixão de uma mulher ajudaram a subverter o mal e manter viva a promessa.

TERÇA-FEIRA • *Sua vida e sua época*

O templo

Esperta Jeoseba! Ela escondeu o pequeno Joás no lugar em que Atalia, a adoradora de Baal, teria menos probabilidade de encontrá-lo: no templo do Senhor. Embora às vezes o povo de Israel fizesse mau uso do templo para adorar ídolos, ele permaneceu, acima de tudo, como um local de adoração ao Deus verdadeiro.

O rei Davi deu início aos planos para que um grande templo substituísse o tabernáculo como lugar de adoração. O tabernáculo não era uma construção permanente, e Davi julgou adequado que Deus tivesse uma casa tão esplêndida quanto a sua (2Sm 7.2). Davi reuniu grande quantidade de pedra, ferro, bronze e "mais toras de cedro do que se podia contar" (1Cr 22.4) como preparação para a construção do templo. Ele obteve, também, "três mil e quinhentas toneladas de ouro, trinta e cinco mil toneladas de prata" (v. 14).

Salomão, filho de Davi, foi quem, na verdade, construiu o templo em Jerusalém. A construção iniciou-se durante o quarto ano do seu reinado (966 a.C.) e só foi completada no décimo primeiro ano. A estrutura era feita de pedra cortada e lavrada nas pedreiras, e transportada até o local do templo. A pedra era, então, coberta com madeira de cedro, na qual se esculpiam querubins, palmeiras e flores, e, depois, recoberta de ouro. Os capítulos 5 a 8 de 1Reis descrevem maravilhosamente a suntuosa estrutura que Salomão dedicou ao Senhor.

Jeoseba e seu marido, o sumo sacerdote, esconderam o herdeiro do trono justamente nessa estrutura. Agora, o templo guardava não apenas a presença do Deus verdadeiro, mas também do ascendente do Filho de Deus, o Messias Jesus. Mediante os atos corajosos de uma mulher, a linhagem de Davi foi protegida, e nossa salvação garantida por meio do Messias.

QUARTA-FEIRA • *Seu legado nas Escrituras*

Leia 2Reis 11.1-21.

1. Atalia era filha de Jezabel e foi criada por ela. Como você supõe que essa criação exerceu influência em sua vida adulta?
2. A mãe e os irmãos de Atalia (Jezabel e seus filhos) foram assassinados em Israel. O filho de Atalia foi assassinado em Judá. Depois, ela ordenou a morte dos próprios netos para poder assumir o trono. Em sua opinião, de que forma ela justificou suas ações?
3. O que você acha que se passou na mente de Jeoseba quando ela salvou o bebê Joás no momento em que os irmãos e irmãs deles estavam sendo assassinados (v. 2)? Descreva como você imagina esses eventos do ponto de vista dela.
4. Joás foi o último rei da linhagem do rei Davi. Talvez Jeoseba não soubesse que estava desempenhando um papel no futuro nascimento do Messias, Jesus, o descendente prometido de Davi. O que isso lhe diz a respeito de como Deus opera no mundo?
5. Atalia foi corajosa de certa maneira — agiu visando aos próprios interesses, com consequências medonhas. Jeoseba foi corajosa de maneira mais admirável. Quando você precisou ter coragem na vida? De que maneira você necessita de coragem agora?

QUINTA-FEIRA • *Sua promessa*

Deus sempre vence. Essa afirmação parece bastante simplista, mas é verdade. Mesmo quando gente como Atalia tenta acabar com uma família inteira e frustrar o plano de Deus para a redenção, quando gente como os sacerdotes de Baal induz pessoas a adorar ídolos em vez de adorar o Deus verdadeiro, o Senhor sempre triunfa no fim. As forças negativas de nossa cultura levam-nos a imaginar onde nossa nação vai parar. Muitos de nossos líderes demonstram quase nenhuma integridade ou moralidade, e a desonestidade é desenfreada. Em geral, a bondade é a exceção, e não a regra. Mas não se desespere. Essa não é uma batalha que Deus planeja perder. No final, ele prevalecerá!

Promessas nas Escrituras

> Nenhum dos que esperam em ti
> ficará decepcionado.
>
> Salmos 25.3

> Muitos são os planos no coração do homem,
> mas o que prevalece é o propósito do SENHOR.
>
> Provérbios 19.21

> Mas graças a Deus, que sempre nos conduz vitoriosamente em Cristo.
>
> 2Coríntios 2.14

SEXTA-FEIRA • *Seu legado de oração*

> Mas Jeoseba, filha do rei Jeorão, pegou Joás, um dos filhos do rei Acazias que iam ser assassinados, e o colocou num quarto, junto com a sua ama. Assim Jeoseba, filha do rei Jeorão, mulher do sacerdote Joiada e irmã de Acazias, escondeu Joás de Atalia, de forma que ela não pôde matá-lo.
>
> 2Crônicas 22.11

MEDITE: 2Crônicas 22.10-12; 23.

LOUVE A DEUS: Por seu poder, que muito excede ao poder do mal.

AGRADEÇA: Porque Deus sempre cumpre suas promessas apesar de quaisquer obstáculos.

CONFESSE: Qualquer tendência de permitir que circunstâncias difíceis sufoquem sua fé.

PEÇA A DEUS: Coragem para agir em favor dos inocentes, sejam quais forem as consequências.

Eleve o coração

Quase sempre as Escrituras trazem as mais ricas revelações quando você aprende a diminuir o ritmo e a orar sobre o que acabou de ler. Use a história de Jeoseba para aprender a orar de acordo com as Escrituras. Embora fosse uma personagem de menor importância, relegada pela maioria dos leitores, ela desempenhou papel decisivo na vida do povo de Deus.

Ponha-se no lugar dela por apenas quinze minutos. Imagine como Jeoseba deve ter-se sentido, não por um momento, mas durante vários anos, quando enfrentou uma rainha má e poderosa. Onde encontrou forças? Quais eram suas tentações e medos? Solte a imaginação para ter uma ideia de como a vida dela deve ter sido. Peça a Deus que fale a seu coração por meio dessa história. Depois, peça-lhe graça para ser semelhante a Jeoseba — uma mulher que sempre ama, protege e cultiva a vida. Feito isso, pare um pouco para pensar na alegria de Jeoseba quando soube da derrota final de Atalia, quando se deu conta de que o menino cuja vida salvara era agora rei. Deixe que a história de vida de outra mulher a encoraje a fazer o que é certo, sejam quais forem os riscos envolvidos.

Senhor, quando eu me defrontar com o mal, seja no governo, na igreja, em minha vizinhança ou em minha família, ajuda-me a fazer o possível para resistir a ele. Dá-me sabedoria para agir, coragem para fazer o que é necessário e graça para confiar os resultados a ti.

Hulda

SEU NOME SIGNIFICA *"doninha"*

SEU CARÁTER: Encarregada pelo rei de tratar de um assunto de grande importância, ela foi uma profetisa cujas palavras produziram uma reforma religiosa significativa.

SEU SOFRIMENTO: O povo de Deus ter se recusado a atender ao Senhor com obediência e amor, desprezando as repetidas advertências sobre as consequências de sua infidelidade.

SUA ALEGRIA: Como profetisa, ela teve o privilégio de ser uma mensageira de Deus.

TEXTOS-CHAVE: 2Reis 22.14-20; 2Crônicas 34.22-33.

SEGUNDA-FEIRA • *Sua história*

Ela apertou o rolo de couro junto ao peito, como se estivesse segundo um bebê. Hilquias, o sumo sacerdote, e vários outros homens de Jerusalém estavam diante dela. O rei Josias queria saber: as palavras do livro da Lei, que Hilquias acabara de encontrar no templo, se cumpririam?

Ela abriu o manuscrito e começou a ler:

> Ouça, ó Israel: O SENHOR, o nosso Deus, é o único SENHOR, Ame o SENHOR, o seu Deus, de todo o seu coração, de toda a sua alma e de todas as suas forças. [...] Temam o SENHOR, o seu Deus, e só a ele prestem culto, e jurem somente pelo seu nome. Não sigam outros deuses, os deuses dos povos ao redor; pois o SENHOR, o seu Deus, que está no meio de vocês, é Deus zeloso; a ira do SENHOR, o seu Deus, se acenderá contra vocês, e ele os banirá da face da terra.
>
> Deuteronômio 6.4-5,13-15

> Vocês serão amaldiçoados na cidade e serão amaldiçoados no campo. [...] O SENHOR enviará sobre vocês maldições [...] até que vocês sejam destruídos e sofram repentina ruína pelo mal que praticaram [...]. O SENHOR os ferirá com doenças devastadoras [...] com loucura, cegueira e confusão mental [...]. Vocês serão motivo de horror e objeto de zombaria e de riso para todas as nações [...] porque não obedeceram ao SENHOR, o seu Deus.
>
> Deuteronômio 28.16,20,22,28,37,62

Embora a voz de Hulda estivesse firme, sua garganta ficou dolorida com o esforço de pronunciar tais palavras em voz alta — ameaças terríveis que lhe marejaram os olhos, advertências que trouxeram visões e mais visões do passado. Ela reviu mentalmente a cena em que os reis de Judá, Acaz e Manassés, sacrificaram seus filhos a divindades pagãs. Viu a fumaça do incenso subindo diante dos ídolos pagãos no templo. Ficou observando a morte dos profetas, enquanto adivinhadores e feiticeiros eram honrados, enquanto os reis se curvavam diante das estrelas, e o povo os acompanhava, prostituindo-se com falsos deuses e rejeitando as iniciativas do Todo-poderoso. Viu os filhos de Israel saindo acorrentados da terra onde manam leite e mel. Seu rosto enrubesceu e ela sentiu uma ardência percorrer-lhe o corpo quando seus lábios dispararam duras palavras:

> Assim diz o SENHOR: Eu vou trazer uma desgraça sobre este lugar e sobre os seus habitantes; todas as maldições escritas no livro que foi lido na presença do rei de Judá. Porque me abandonaram e queimaram incenso a outros deuses, provocando a minha ira por meio de todos os ídolos que as mãos deles têm feito, minha ira arderá contra este lugar e não será apagada. Digam ao rei de Judá que os enviou para consultar o SENHOR: Assim diz o SENHOR, o Deus de Israel, acerca das palavras que você ouviu: "Já que o seu coração se abriu e você se humilhou diante de Deus quando ouviu o que ele falou contra este lugar e contra os seus habitantes, e você se humilhou diante de mim, rasgou as suas vestes e chorou na minha presença, eu o ouvi", declara o SENHOR. "Portanto, eu o reunirei aos seus antepassados, e você será sepultado em paz. Seus olhos não verão a desgraça que trarei sobre este lugar e sobre os seus habitantes".
>
> 2Crônicas 34.24-28

Hulda é uma das quatro mulheres com autêntico ministério profético mencionadas no Antigo Testamento (as outras três são Miriã, Débora e a mulher de Isaías). Embora profetas como Jeremias e Sofonias também estivessem ativos na época, o rei Josias consultou Hulda sobre a surpreendente descoberta do livro da Lei (material que provavelmente forma o cerne de Deuteronômio).

Com exceção da breve cena, descrita acima de forma imaginária, sabemos pouco sobre a história de Hulda — somente que Deus lhe confiou suas palavras num período de crise nacional. Cem anos antes, Judá havia testemunhado o castigo de Deus ao reino do Norte. A incrédula nação de Israel fora levada cativa para a Assíria, exatamente como os profetas haviam advertido. Hulda conhecia, sem dúvida, os sórdidos detalhes. Ela não poderia ter ignorado seu significado terrível para Judá. Talvez também tenha vivido durante parte do reinado de 55 anos de Manassés, o mais longo e com o pior rei de Judá. Certamente se animara com as reformas recentes do rei Josias e suas tentativas de restaurar o templo, embora o povo tivesse quase se esquecido de Deus.

No entanto, as palavras de sua profecia confirmaram o que o rei temia. Judá estava à beira de um precipício. Deus era um Deus e amor e zeloso, que abençoava os que o amavam e lhe obedeciam e amaldiçoava os que não o faziam. No decorrer dos séculos, sua ira foi aumentando e as infidelidades de Judá não passaram despercebidas.

Depois da profecia de Hulda, Josias comandou uma das maiores reformas religiosas da história, eliminando o paganismo de Judá e até de partes de Israel. Mas os reis que o sucederam logo reverteram o rumo tomado e desviaram novamente o povo. Trinta e cinco anos após a profecia de Hulda, Judá foi levado cativo para a Babilônia, e todas as suas cidades foram destruídas.

O magnífico reino de Davi e de Salomão chegou ao fim. Embora todas as outras nações capturadas pela Assíria e Babilônia tivessem deixado de existir, havia ainda um futuro para Israel. Foi castigado, mas nunca destruído. Disciplinado, mas nunca abandonado. Tudo porque Deus ainda amava seu povo.

As palavras de Isaías, profeta que precedeu Hulda em algumas décadas, proclamaram um dia futuro de restauração:

Eles reconstruirão as velhas ruínas
    e restaurarão os antigos escombros;
    renovarão as cidades arruinadas [...].
Em lugar da vergonha que sofreu,

o meu povo receberá porção dupla,
e ao invés da humilhação,
ele se regozijará em sua herança.

Isaías 61.4,7

Juízo e misericórdia, lei e graça, castigo e salvação — essas são as tensões que caracterizam a história do caso de amor de Deus com seu povo. Hulda foi uma mulher que compreendeu esses paradoxos e não temeu proclamar a verdade, mesmo para o rei. Deve ter sido difícil pronunciar aquelas palavras, mas ela não deixou de dizê-las. Hulda deu valor à Palavra de Deus em tempos de crise espiritual.

TERÇA-FEIRA • *Sua vida e sua época*

Livros e rolos

Os escritores antigos registravam ideias e informações em tabletes de argila. Centenas de milhares desses tabletes foram descobertos, muitos dos quais ainda não foram lidos. Calcula-se que 99% dos tabletes antigos existentes estão por ser descobertos.

Mais tarde, os escritores passaram a escrever em rolos. O papel desses rolos era feito de folhas de papiro, planta que crescia ao longo do rio Nilo. Os pedaços separados eram colados, formando uma folha comprida, e, depois, enrolados em varas de madeira, com o começo do rolo à direita e o fim à esquerda. Os leitores, geralmente homens e às vezes meninos (as meninas raramente aprendiam a ler), liam as colunas de letras de cima para baixo, da direita para a esquerda. O leitor enrolava a parte já lida do rolo e desenrolava a não lida.

Depois de algum tempo, os israelitas começaram a fazer outro tipo de papel, chamado pergaminho, de peles de animais. Eles tinham o cuidado de escolher apenas peles de animais limpos para o papel que seria usado no registro das Escrituras. As peles eram tratadas até ficarem flexíveis e de cor bem clara; depois disso, várias dessas peles preparadas eram costuradas para formar um rolo. Por exemplo, uma cópia antiga do livro de Isaías, encontrada como parte dos Manuscritos do Mar Morto, em 1974, é um rolo feito de dezessete peças de pele, de vários tamanhos, unidas por costuras. O rolo tem 25 cm de largura e o surpreendente comprimento de 7,2 metros quando desenrolado.

Os livros, como os conhecemos hoje, com páginas encadernadas entre duas capas, só surgiram no século segundo depois de Cristo. A escrita ainda tinha de ser feita por uma pessoa, à mão, o que limitou o número desses livros até o século 15, quando Johannes Gutenberg inventou a imprensa. Seu primeiro livro? A Bíblia, hoje conhecida como a famosa Bíblia de Gutenberg. Ainda existem cerca de dez exemplares completos da primeira edição.

Os manuscritos originais do Antigo e Novo Testamentos, chamados autógrafos, não mais existem. O pergaminho e o papiro deterioram-se com o tempo e quando expostos à umidade. É possível também que os livros e as cartas do Novo Testamento tenham sido lidos até acabarem reduzidos a pedaços ou tenham sido destruídos nos tempos de perseguição.

O livro da Lei, descoberto no templo durante a época de Josias, era provavelmente feito de papiro. Os historiadores não sabem ao certo que trecho da lei estava contida nesse rolo. Alguns acreditam que ele continha todo o Pentateuco (de Gênesis a Deuteronômio), e outros acreditam que só continha Deuteronômio. A reação de Josias, porém, nos leva a crer que o rolo continha pelo menos as maldições de Levítico 26 ou de Deuteronômio 28. Hulda, a profetisa fiel durante um período de infidelidade nacional, pronunciou corajosamente o julgamento de Deus. Enfatizou as palavras de julgamento que Josias já lera no livro da Lei e, depois, pronunciou uma palavra de perdão para Josias por causa de sua tristeza diante dos pecados de seu povo. Mais uma vez, Deus demonstrou seu julgamento de maneira fiel e maravilhosa, bem como sua disposição para perdoar.

QUARTA-FEIRA • *Seu legado nas Escrituras*

Leia 2Reis 22.8-20.

1. A nação vinha seguindo falsos deuses durante tanto tempo que o livro da Lei (provavelmente parte de Deuteronômio) havia sido deixado de lado e esquecido. Como você descreve a reação emocional do rei ao ouvir a lei de Deus? Em sua opinião, por que ele reagiu daquela maneira?
2. Descreva Hulda com suas palavras: sua pessoa, seu caráter e seu relacionamento com Deus.
3. O que a mensagem de Deus à nação e ao rei diz a respeito dele: seu caráter e a maneira como lida com seu povo?

4. Como você se sentiria se tivesse de entregar a seu povo a mensagem que Hulda entregou ao dela?
5. Quando Deus a torna ciente de seu próprio erro, como você costuma reagir?

QUINTA-FEIRA • *Sua promessa*

A história de Hulda e suas palavras ao rei ilustram o contraste entre o julgamento de Deus e sua misericórdia. Ele julga aqueles que merecem castigo, mas perdoa sem demora aqueles que se arrependem. Aliás, ele está ansioso por perdoar, esperando apenas que nos apresentemos diante dele com arrependimento.

Promessas nas Escrituras

> Por amor do teu nome, SENHOR,
> perdoa o meu pecado, que é tão grande!
>
> Salmos 25.11

> Quem é comparável a ti, ó Deus,
> que perdoas o pecado e esqueces a transgressão
> do remanescente da sua herança?
> Tu, que não permaneces irado para sempre,
> mas tens prazer em mostrar amor.
> De novo terás compaixão de nós;
> pisarás as nossas maldades
> e atirarás todos os nossos pecados
> nas profundezas do mar.
>
> Miqueias 7.18-19

> Se confessarmos os nossos pecados, ele é fiel e justo para perdoar os nossos pecados e nos purificar de toda injustiça.
>
> 1João 1.9

SEXTA-FEIRA • *Seu legado de oração*

> Assim que o rei ouviu as palavras da Lei, rasgou suas vestes [...]: "Vão consultar o SENHOR por mim e pelo remanescente de Israel e de Judá acerca do que está escrito neste livro que foi encontrado".
>
> 2Crônicas 34.19,21

MEDITE: 2Crônicas 34.14-33.
LOUVE A DEUS: Por falar claramente o que ele espera de nós.
AGRADEÇA: Porque ele nos deu sua Palavra, a Bíblia.
CONFESSE: Qualquer complacência diante dos mandamentos de Deus.
PEÇA A DEUS: Graça para você levar sua Palavra a sério, a fim de entender a ligação entre amor e obediência.

Eleve o coração

Toda mulher conhece o prazer de ter uma casa limpa, na qual o chão é bem varrido e encerado, as janelas brilham e não há teias de aranha nos cantos e frestas. Nosso coração pode ficar sujo pelo desgaste diário, pela desobediência e descaso em agir da maneira como Deus deseja. Reserve um dia para fazer uma limpeza completa em sua alma. Até que ponto você tem se saído bem no cumprimento do que é mais básico: os Dez Mandamentos?

Leia novamente Deuteronômio 5.6-21, caso tenha esquecido os mandamentos ou os desconheça. Não leia o texto tão ao pé da letra, a ponto de esquecer que idolatria pode ser apego ao dinheiro, ao poder e até mesmo a uma pessoa. Você já assassinou alguém com palavras cheias de ódio? Já roubou a reputação de alguém devido à inveja? Quando tomar consciência de seus erros, não fique chafurdando neles. Admita simplesmente que pecou e peça perdão a Deus e graça para mudar. Ore para que o Senhor torne seu coração um lugar atraente para que o Espírito Santo habite ali. Desfrute, pois, do perdão e aceite sua graça.

> *Pai, permite que eu tenha ouvidos para ouvir tua Palavra e um coração para obedecer a ela. Purifica-me de meu pecado e lava-me até que eu esteja mais alva do que a neve. Torna minha alma limpa e um lugar amplo e espaçoso para teu Espírito habitar nela.*

SEMANA 32

Ester

SEU NOME PODE DERIVAR DE *"Istar", a deusa babilônica do amor ou da palavra persa para "estrela". Seu nome hebraico, "Hadassa", significa "murta".*

SEU CARÁTER: Órfã numa terra estranha, ela se dispôs a esconder sua identidade judia para ganhar o afeto de um rei pagão. Também se dispôs a fazer concessões morais ao deitar-se com o rei e aceitar um casamento que exigiria que ela adorasse deuses pagãos. Mesmo assim, demonstrou coragem em meio a uma crise. Antes de arriscar a vida por seu povo, humilhou-se mediante jejum e, depois, colocou sua considerável beleza, graça social e sabedoria a serviço do plano de Deus.

SEU SOFRIMENTO: Saber que o marido, o rei, havia colocado involuntariamente a vida dela e de seu povo em perigo.

SUA ALEGRIA: Ver o luto se transformar em celebração quando os judeus foram libertados de seus inimigos.

TEXTO-CHAVE: Ester 1—10.

SEGUNDA-FEIRA • *Sua história*

Vasti, rainha da Pérsia, era a mulher mais poderosa do Oriente Médio; todavia, seu poder era tão frágil quanto uma vela numa tempestade. Seu marido, Xerxes, acabara de chamá-la para comparecer a uma reunião festiva de seus nobres. Mas Vasti, que não tinha intenção de desfilar como uma novilha premiada diante de um rebanho de homens embriagados, decidiu não ir.

O que deveria ser feito para castigar sua insolência? Um dos conselheiros do rei falou em nome de todos:

— A rainha Vasti não ofendeu somente o rei, mas também todos os nobres e os povos de todas as províncias do rei Xerxes, pois a conduta da rainha se tornará conhecida por todas as mulheres, e assim também elas desprezarão seus maridos e dirão: "O rei Xerxes ordenou que a rainha Vasti fosse à sua presença, mas ela não foi". Hoje mesmo as mulheres persas e medas da nobreza que ficarem sabendo do comportamento da rainha agirão da mesma maneira com todos, os nobres do rei.

A pobre Vasti sofreu as consequências do medo de todo homem. Por ter-se recusado a atender ao chamado do rei, Vasti foi banida para sempre da presença real, e uma grande insubordinação doméstica foi sufocada antes mesmo de começar.

Depois de algum tempo, iniciou-se a busca de uma nova rainha para substituir Vasti. Naquela época, havia muitos judeus morando na Pérsia. Exilados de Judá cem anos antes (depois da queda de Jerusalém, em 587 a.C.), eles haviam sido deportados para a Babilônia, que, por sua vez, fora conquistada pela Pérsia. Mardoqueu e sua prima órfã Ester viviam entre os exilados, a cerca de mil quilômetros a nordeste de Jerusalém.

Como qualquer outra jovem virgem, a formosa Ester foi levada ao harém do rei. A recusa de tal privilégio poderia muito bem significar a morte. Aconselhada por Mardoqueu a manter segredo sobre sua origem judia, já que isso provavelmente a desqualificaria para tornar-se rainha, Ester passou os doze meses seguintes aguardando um encontro com o rei. Quando chegou o momento, Ester agradou de tal modo ao rei que se tornou rainha no lugar de Vasti.

Algum tempo depois, um amalequita chamado Hamã subiu ao poder na Pérsia. Hamã tinha um posto tão elevado que os outros oficiais se ajoelhavam diante dele em sinal de respeito. Um homem, porém, o judeu Mardoqueu, recusava ajoelhar-se. Hamã ficou furioso e decidiu eliminar todos os judeus do reino.

Na tentativa de determinar o momento mais propício para destruí-los, Hamã consultou reverentemente seus deuses, lançando sortes (ou *pur*). Uma data futura, dali a onze meses, foi revelada — 7 de março, pelos nossos cálculos. Então, Hamã persuadiu Xerxes a emitir um decreto ordenando que todos os judeus em seu reino fossem mortos naquele dia. Como incentivo, o decreto proclamava que quem matasse um judeu poderia saquear sua propriedade.

Mardoqueu reagiu imediatamente. Entrou em contato com Ester e pediu que ela suplicasse misericórdia a Xerxes. Ester, porém, teve medo e respondeu:

— Todos os oficiais do rei e o povo das províncias do império sabem que existe somente uma lei para qualquer homem ou mulher que se aproxime do rei no pátio interno sem ser por ele chamado: será morto, a não ser que o rei estenda o cetro de ouro para a pessoa e lhe poupe a vida. E eu não sou chamada à presença do rei há mais de trinta dias.

Mardoqueu replicou:

— Não pense que pelo fato de estar no palácio do rei, você será a única entre os judeus que escapará, pois, se você ficar calada nesta hora, socorro e livramento surgirão de outra parte para os judeus, mas você e a família do seu pai morrerão. Quem sabe se não foi para um momento como este que você chegou à posição de rainha?

Ester instruiu, então, Mardoqueu:

— Vá reunir todos os judeus que estão em Susã, e jejuem em meu favor. Não comam nem bebam durante três dias e três noites. Eu e minhas criadas jejuaremos como vocês. Depois disso irei ao rei, ainda que seja contra a lei. Se eu tiver que morrer, morrerei.

No terceiro dia, Ester aproximou-se do rei. No momento em que a viu, ele estendeu o cetro de ouro e disse.

— Que há, rainha Ester? Qual é o seu pedido? Mesmo que seja a metade do reino, lhe será dado.

Ester, entretanto, limitou-se a convidar o rei e Hamã para um banquete que preparara especialmente para eles. Na noite do banquete, o rei pediu novamente que Ester dissesse o que desejava, mas ela apenas convidou o rei e Hamã para outro banquete, a ser realizado na noite seguinte.

Naquela noite, a caminho de casa, Hamã avistou Mardoqueu sentado arrogantemente em vez de ajoelhar-se enquanto ele passava. Hamã indignou-se, mas sua mulher o consolou propondo um plano perverso — ele deveria construir uma forca e pedir, então, ao rei que enforcasse Mardoqueu na manhã seguinte.

Enquanto Hamã construía entusiasmado uma forca para seu inimigo, o rei andava inquieto, de um lado para outro, em seu quarto. Incapaz de dormir, ordenou a um de seus servos que lesse os registros históricos do reino. A leitura daquela noite mencionava justamente como Mardoqueu havia, certa vez, salvado a vida do rei ao adverti-lo de uma conspiração contra ele. O rei lembrou-se de que Mardoqueu nunca fora recompensado adequadamente por sua lealdade.

Na manhã seguinte, o rei perguntou a Hamã:

— O que se deve fazer ao homem que o rei tem o prazer de honrar?

Supondo que o rei queria recompensá-lo de algum modo novo e maravilhoso, o tolo Hamã fez uma sugestão pomposa:

— Ao homem que o rei tem prazer de honrar, ordena que tragam o manto do próprio rei e um cavalo que o rei montou, e que ele leve o brasão do rei na cabeça. Em seguida, sejam o manto e o cavalo confiados a alguns dos príncipes mais nobres do rei, e ponham eles o manto sobre o homem que o rei deseja honrar e o conduzam sobre o cavalo pelas ruas da cidade, proclamando diante dele: "Isto é o que se faz ao homem que o rei tem o prazer de honrar!".

O rei ordenou:

— Vá depressa apanhar o manto e o cavalo, e faça ao judeu Mardoqueu o que você sugeriu.

O susto deixou Hamã sem fala. O homem que planejara sepultar seu inimigo foi subitamente obrigado a exaltá-lo no mesmo dia!

Naquela noite, quando o rei e Hamã estavam outra vez tomando vinho no banquete oferecido pela rainha, o soberano implorou a Ester que pedisse o que seu coração desejasse. Desta vez, ela falou sem hesitar:

— Se posso contar com o favor do rei, e se isto lhe agrada, poupe a minha vida e a vida do meu povo; este é o meu pedido e o meu desejo. Pois eu e meu povo fomos vendidos para destruição, morte e aniquilação.

— Quem se atreveu a uma coisa dessas? Onde está ele? — perguntou o rei.

— O adversário e inimigo é Hamã, esse perverso.

A estrela de Hamã, que subira a tão grande altura, caiu repentinamente, como um relâmpago descendo do céu. Ele foi morto na mesma forca que construiu para o judeu Mardoqueu, e seus bens foram transferidos para Ester. Além disso, o rei, por não poder revogar um decreto seu, emitiu outro para anular o primeiro, dando aos judeus em todo o império o direito de proteger-se, de destruir, de matar e de aniquilar qualquer inimigo que levantasse a mão contra eles no dia 7 de março.

Quando as notícias do decreto se espalharam, muitas pessoas de várias nacionalidades ficaram tão aterrorizadas que afirmaram ser judias. Aquele dia, que os deuses de Hamã revelaram como sendo o dia de prestação de contas para os judeus, tornou-se o dia de prestação de contas para seus inimigos. Dali em diante, os judeus passaram a comemorar esses eventos numa festa que chamaram de Purim. Conforme diz a Bíblia, houve comemoração "pois nesses dias os judeus livraram-se dos seus inimigos; nesse mês a sua tristeza tornou-se em alegria, e o seu pranto, num dia de festa".

Subjugado por forças estrangeiras depois do exílio, o povo de Deus deve ter se sentido o mais fraco da sociedade. Porém, o elemento mais fraco que um judeu exilado em terra estranha era uma mulher judia. E mais fraco ainda que todos seria uma jovem órfã descendente de judeus. Deus, mais uma vez, empregou um de seus métodos favoritos para cumprir seus propósitos: levantou uma mulher imperfeita, a mais fraca dentre os fracos, e a colocou numa posição de imensa importância estratégica.

Coube, porém, a Ester a tarefa de decidir se desempenharia o papel oferecido por Deus. Como aconteceu com Moisés, ela preferiu identificar-se com o povo de Deus, mesmo a ponto de arriscar a própria vida. Embora o exílio fosse uma punição por causa da prolongada infidelidade de Israel, Deus mostrou que continuava ao lado de seu povo, livrando-o e protegendo-o de maneiras surpreendentes, mudando a sorte do inimigo numa série de reversões impressionantes. Os poderes terrenos estavam em ação para matar e destruir, mas um poder celestial, bem maior, trabalhava para salvar e preservar.

TERÇA-FEIRA • *Sua vida e sua época*

A festa do Purim

Quando lançou sortes, ou o *pur*, para descobrir o melhor dia para aniquilar os judeus no reino de Xerxes, Hanã estabeleceu involuntariamente uma festa chamada Purim, quando os judeus, em vez de ser aniquilados, comemoraram sua libertação. Ester e seu primo Mardoqueu trabalharam juntos para derrubar o plano de Hamã, e quando tiveram sucesso, enviaram uma proclamação a todos os judeus que viviam no reino de Xerxes "determinando que anualmente se comemorassem o décimo quarto e o décimo quinto dias do mês de adar, pois nesses dias os judeus livraram-se dos seus inimigos; nesse mês a sua tristeza tornou-se em alegria, e o seu pranto, num dia de festa" (Et 9.21-22).

Adar era o último mês do calendário judeu, correspondendo a fevereiro/março de nosso calendário. Josefo, general e historiador judeu do século primeiro, afirmou que os judeus de todo o mundo celebravam a festa do Purim naquela época, e ela continua sendo uma comemoração popular entre os judeus até hoje.

A adoração e o jejum marcam, em geral, o primeiro dia da festa. O livro inteiro de Ester é lido em voz alta, e a congregação responde "Que o seu nome seja apagado" cada vez que o nome de Hamã é lido. As crianças do grupo respondem ao nome de Hamã com chocalhos e guizos. No segundo dia da festa, a alegria e a comemoração se manifestam. Comida, música, peças de teatro e brincadeiras, canções especiais e recitais dão um toque a mais às festividades. As pessoas trocam presentes e não se esquecem de oferecer presentes e alimento aos pobres, por ter sido esse um desejo especial de Mardoqueu (Et 9.22).

Semelhante à Páscoa, a festa de Purim comemora o livramento divino. Salvos do governo do faraó e da escravidão no Egito e livres da destruição planejada por Hamã, os judeus comemoraram uma libertação que só Deus poderia ter orquestrado. Antes condenados, agora estavam livres. Como cristãos, também temos motivo para comemorar. Em vez de um Moisés ou de uma Ester, Deus enviou seu Filho para nos libertar, salvando-nos da terrível destruição do pecado e da morte. Essa é, certamente, razão suficiente para comemorar!

QUARTA-FEIRA • *Seu legado nas Escrituras*

Leia Ester 3.12—4.17.

1. Ao esconder sua condição de judia e dispor-se a fazer parte do harém do rei Xerxes, Ester parecia estar cedendo à cultura pagã na qual vivia. O que você acha de sua atitude a esse respeito?
2. Com base em informações antigas, sabemos que o marido de Ester, o rei, era conhecido por seu temperamento irracional e acessos de crueldade. Descreva o dilema de Ester. O que acontecerá se ela não fizer nada? O que pode acontecer se ela atender ao pedido de Mardoqueu?
3. Leia 4.12-14. O que você vê nas palavras de Mardoqueu que motivaram Ester a correr o risco?
4. Por que Ester pede a todos os judeus da cidade que jejuem (4.15-16)?

5. O nome de Deus não é mencionado na versão original hebraica dessa história, nem a palavra oração é mencionada pelo autor. Onde você vê Deus nessa história?
6. A posição ocupada por Ester não foi acidental — nem é a sua. Pense na época e na comunidade em que Deus colocou você. O que Deus poderia pedir para você fazer no lugar exato em que se encontra?

QUINTA-FEIRA • *Sua promessa*

É comum Deus usar pessoas inusitadas para cumprir seus propósitos. Nessa história, ele eleva uma órfã judia à posição de rainha de um grande império. Ester começa como uma órfã e se torna uma pessoa importante, uma mulher que arrisca a vida para manter-se firme em sua posição.

Mais uma vez, Deus revela sua tendência de usar as pessoas mais inusitadas e comuns para cumprir seus propósitos divinos. Mas talvez você fique se perguntando se Deus poderia usá-la, um dia, para cumprir os propósitos dele, apesar de todos os seus defeitos e imperfeições e de sua falta de talento ou influência. É claro que pode! Ele não busca pessoas perfeitas, talentosas e influentes; antes, busca apenas pessoas dispostas a atender a seu chamado.

Promessas nas Escrituras

> Quem sabe se não foi para um momento como este que você chegou à posição de rainha?
>
> Ester 4.14

> Porque, se há prontidão, a contribuição é aceitável de acordo com aquilo que alguém tem, e não de acordo com o que não tem.
>
> 2Coríntios 8.12

> [...] livremo-nos de tudo o que nos atrapalha e do pecado que nos envolve, e corramos com perseverança a corrida que nos é proposta, tendo os olhos fitos em Jesus, autor e consumador da nossa fé.
>
> Hebreus 12.1-2

SEXTA-FEIRA • *Seu legado de oração*

> Pois, se você ficar calada nesta hora, socorro e livramento surgirão de outra parte para os judeus, mas você e a família do seu pai morrerão. Quem sabe se não foi para um momento como este que você chegou à posição de rainha?
>
> Ester 4.14

MEDITE: Ester 5—8.

LOUVE A DEUS: Porque ele reverte a sabedoria e o poder do mundo de modo a usá-los em seu favor, muitas vezes usando táticas surpreendentes para realizar seu plano.

AGRADEÇA: Porque Deus tem um propósito importante para sua vida.

CONFESSE: Qualquer inclinação para enxergar sua vida separadamente do povo de Deus, para hesitar em dar um passo de fé para o qual Deus a chamou.

PEÇA A DEUS: Graça para agir de maneira corajosa e sábia.

Eleve o coração

Muitas moças judias comemoram a festa do Purim vestidas como a rainha Ester. Um meio de imitá-la hoje é por meio do jejum. Antes de agir, Ester usou uma disciplina espiritual de longa data para expor sua necessidade diante de Deus. O jejum foi um sinal visível de sua dependência e fraqueza, uma forma eloquente de suplicar a ajuda de Deus. Esta semana, faça uma súplica eloquente e escolha um dia para jejuar na hora do café da manhã e do almoço — e do jantar também, se tiver coragem! Beba apenas água ou suco de frutas. Talvez você tenha uma necessidade ou problema pessoal que gostaria de entregar a Deus. Diga-lhe que você necessita dele muito mais que necessita de alimento. Não tente manipulá-lo por meio do autossacrifício. Simplesmente apresente sua fraqueza na presença dele.

> *Senhor, preciso de ti muito mais do que de alimento ou de água. Sem tua presença, tua proteção, tua sabedoria, teu dom de fé, eu ficaria perdida. Só tenho fome de ti. Ouve a minha oração e dá-me tudo de que preciso para obedecer à tua vontade. Usa-me na igreja e no mundo à minha volta para cumprir teus propósitos.*

SEMANA 33

A mulher de Provérbios 31

SEU CARÁTER: Ela representa a realização de uma vida repleta de sabedoria.

SUA ALEGRIA: Ser elogiada pelo marido e pelos filhos como uma mulher que supera a todas as outras.

TEXTO-CHAVE: Provérbios 31.10-31.

SEGUNDA-FEIRA • *Sua história*

O livro de Provérbios está repleto de descrições pouco elogiosas às mulheres. Há nele esposas desobedientes, prostitutas, mulheres sedutoras, estranhas, espalhafatosas, desafiadoras, esposas que são como o gotejar contínuo num dia de chuva ou podridão nos ossos do marido, mulheres cujos pés nunca ficam em casa, mulheres atrevidas e mulheres tão repulsivas que são comparadas a um anel de ouro no focinho de um porco.

Ao ler Provérbios, qualquer mulher pode ter a impressão de que seus autores eram propensos a culpar as mulheres por fraquezas que, na verdade, estão arraigadas na psique masculina, especialmente quando se trata de pecado sexual. Mas, para equilibrar as coisas, há também algumas descrições odiosas de homens, inclusive patifes, vilões, tagarelas, insensatos e preguiçosos. Provérbios, na verdade, começa e termina com retratos positivos das mulheres: primeiro, como a sabedoria personificada e, depois, como uma pessoa que não comete erros.

Quem, afinal, era essa mulher, colocada num pedestal, descrita em Provérbios 31? Seria ela, como muitos pensam, a mulher e a mãe ideal? Nas casas judias tradicionais, o marido e os filhos recitavam o poema de Provérbios 31 à mesa aos sábados. Para facilitar sua memorização, esse poema foi escrito em estilo acróstico, isto é, a primeira letra de cada verso segue a ordem do alfabeto hebraico. Ele descreve uma mulher rica, aristocrática, com uma casa muito grande para administrar. É trabalhadora, empreendedora, capaz, forte, sábia, habilidosa, generosa, atenciosa com outros, digna, temente a Deus, serena — um crédito tremendo para o marido. Levanta-se de madrugada para alimentar a família. Avalia um campo, considera seu valor e o compra. Tece o fio e faz roupas de linho, e depois as vende. "Seus filhos se levantam e a elogiam; seu marido também a elogia, dizendo: 'Muitas mulheres são exemplares, mas você a todas supera'" (v. 28-29)

A descrição da mulher de Provérbios 31 oferece um contraste revigorante em relação a outras descrições de mulheres nos tempos antigos, que tendem a retratá-las em termos mais frívolos e decorativos, enfatizando apenas seu encanto ou beleza. No entanto, a mulher perfeita de Provérbios nem sempre agrada às mulheres em geral. Às vezes, alguns maridos e pregadores críticos, incapazes de resistir à tentação, esfregam essa personagem bíblica no nariz das mulheres. Que mulher poderia comparar-se a ela? O valor da mulher só deve ser medido pelo que realiza na esfera doméstica? Ou a mulher de Provérbios 31 é um símbolo de todas as contribuições que a mulher podia oferecer à cultura de sua época? Sejam quais forem as respostas a essas perguntas, há mais nessa história do que simplesmente a descrição de uma esposa e mãe ideal.

Antes de descobrir mais sobre sua verdadeira identidade, precisamos fazer uma pergunta mais abrangente: há realmente um número tão grande de mulheres nas páginas de Provérbios? Talvez haja, de fato, apenas duas mulheres principais em Provérbios: a mulher sábia e a insensata (como alguns a chamam). A última categoria inclui a adúltera e todas as outras mulheres perversas; a primeira abrange a sabedoria abstrata e a sabedoria concreta personificadas na mulher de Provérbios 31.

Em Provérbios 3.13-16, um jovem recebe esta instrução: "Como é feliz o homem que acha sabedoria, o homem que obtém entendimento, pois a sabedoria é mais proveitosa do que a prata e rende mais do que o ouro. É mais preciosa do que rubis; nada do que você possa desejar se compara a ela. Na mão direita, a sabedoria lhe garante vida longa; na mão esquerda, riquezas e honra". Essa é a sabedoria abstrata, personificada numa mulher.

Provérbios 31 ecoa este louvor: "Uma esposa exemplar; feliz quem a encontrar! É muito mais valiosa que os rubis. [...] Ela só lhe faz o bem, e nunca o mal, todos os dias da sua vida. Escolhe a lã e o linho e comprazer trabalha com as mãos. Como os navios mercantes, ela traz de longe as suas provisões. Antes de clarear o dia ela se levanta, prepara comida para todos os de casa, e dá tarefas às suas servas. Ela avalia um campo e o compra; com o que ganha planta uma vinha" (v. 10,12-16). Esse é um exemplo concreto de como a sabedoria se revela na vida de uma pessoa.

Em contraste, o homem que recebe a mulher imprudente, a prostituta, a adúltera, não passa de um tolo. Tornou-se presa da mulher insensata, que oferece prazeres enganosos, que o levarão à morte.

Do início ao fim, Provérbios é um manual prático para uma vida baseada na sabedoria. No final, só há duas escolhas, tanto para os homens como para as mulheres: escolher a sabedoria ou amar a insensatez. A mulher de Provérbios 31 pode muito bem ter o propósito de inspirar homens e mulheres com a apresentação de um retrato do que uma vida virtuosa é capaz de produzir: abrigo para outros, serenidade, honra, prosperidade, generosidade, confiança no futuro — verdadeira bênção. Quem não desejaria ser como essa mulher? Quem não a louvaria?

TERÇA-FEIRA • *Sua vida e sua época*

Fiação e tecelagem

A mulher de Provérbios tinha talento verdadeiro para trabalhar com tecidos. Ela começava selecionando a lã e o linho (v. 13), depois os tecia em fios (v. 19). Os fios de lã eram transformados em ricas peças de púrpura, a fim de manter a família aquecida no inverno (v. 21). Os fios de linho eram usados para fazer cobertas, roupas finas para ela e roupas e cintos para vender (v. 22,24).

Tradicionalmente, o trabalho das mulheres — fiar e tecer para confeccionar roupas, lençóis, tapetes e outras necessidades — ocupava uma enorme quantidade de tempo e talento das mulheres hebreias. Fibras de plantas, como algodão e linho, ou lã de ovelhas, eram trefiladas e torcidas para produzir um fio longo. Esse fio era usado para costurar os tecidos, juntando-os por meio de agulhas feitas de osso, ou usado para confeccionar um novo tecido. A tecelagem, uma arte que os hebreus provavelmente aperfeiçoaram durante sua estada no Egito, era feita num tear rudimentar.

As famílias do Antigo Testamento usavam tecidos para várias finalidades. O tecido mais antigo e mais comum nos tempos bíblicos era a lã. Os tecidos de lã eram fabricados com pelo de cordeiro e ovelha. Essa era roupa diária do povo em geral, mesmo no calor. O linho, extraído da planta do linho, era utilizado nas roupas íntimas. Alguns tipos de linho eram tão finos que formavam um tecido sedoso, translúcido, com o qual os ricos faziam suas roupas. Peças pesadas, tecidas de pelo de cabra ou camelo, serviam para fazer tendas à prova d'água e roupas externas.

Parece um trabalho árduo, não? E era. As mulheres da casa gastavam quase todo o tempo extra numa etapa ou outra da confecção de tecidos. A "mulher exemplar" de Provérbios 31 "com prazer trabalha com as mãos" (v. 13), e parece que o fuso e a roca nunca lhes saíam das mãos (v. 19). É por isso que ela "não teme por seus familiares" (v. 21). A tarefa de fiar e tecer a mantém ocupada o tempo todo, mas ela e sua família estão prontas para enfrentar o frio.

Você se cansou só de ler sobre a mulher de Provérbios 31? Gostaria que ela se sentasse e descansasse por um momento? Qualquer que seja sua reação a essa mulher impressionante, note que ela nunca desperdiçou o tempo que lhe foi concedido. Em nossa cultura cômoda e prática de roupas compradas na loja e de restaurantes fast-food, talvez você não tenha de costurar as próprias roupas nem de preparar suas refeições — mas a questão não é essa. O importante é saber o que você está fazendo com o tempo que lhe foi concedido.

QUARTA-FEIRA • *Seu legado nas Escrituras*

Leia Provérbios 31.10-31.

1. Esta passagem lhe parece fora da realidade? Por quê? O que lhe parece mais dentro da realidade para a mulher de hoje?
2. Como o marido dessa mulher a via e a tratava? Por quê?
3. Relacione algumas das diversas tarefas que mantêm essa mulher ocupada. Depois relacione *como* ela realiza seu trabalho.
4. Leia o versículo 29. Imagine alguém dizendo essas palavras sobre você. Que pensamentos e sentimentos lhe vêm à mente?
5. O que significa temer o Senhor (v. 30)? Por que é mais importante que ser bonita, boa dona de casa, exímia decoradora ou talentosa em artes ou negócios?
6. O que seria necessário para você se tornar uma mulher que tema mais o Senhor, que ria dos dias que virão?

QUINTA-FEIRA • *Sua promessa*

Muitas mulheres acham o texto de Provérbios 31 um tanto desanimador. Não permita que isso aconteça com você. Lembre-se: essa mulher tão competente não é, em última análise, louvada por aquilo que faz, mas por uma única coisa: ela teme o Senhor. A mulher digna de louvor não é necessariamente aquela que costura a própria roupa, que cozinha maravilhosamente ou é estonteante — a mulher digna de louvor é a que teme o Senhor. Esse é o alvo que devemos ter em mente. Não a beleza exterior. Nem uma casa perfeitamente limpa e decorada. Nem mesmo mais conhecimento intelectual ou perspicácia para negócios. Ao contrário, tenha como alvo um amor ousado, totalmente entregue a Deus. Assim, você será também digna de louvor.

Promessas nas Escrituras

> No temor do SENHOR está a sabedoria,
> e evitar o mal é ter entendimento.
>
> Jó 28.28

> A beleza é enganosa,
> e a formosura é passageira;
> mas a mulher que temo o SENHOR
> será elogiada.
>
> Provérbios 31.30

> "Ame o Senhor, o seu Deus, de todo o seu coração, de toda a sua alma, de todas as suas forças e de todo o seu entendimento" e "Ame o seu próximo como a si mesmo."
>
> Lucas 10.27

SEXTA-FEIRA • *Seu legado de oração*

> Pois a sabedoria é mais preciosa do que rubis;
> nada do que vocês possam desejar compara-se a ela.
>
> Provérbios 8.11

MEDITE: Provérbios 8.11-36.

LOUVE A DEUS: Pelo dom da sabedoria que preserva, abençoa e até prolonga a nossa vida.

AGRADEÇA: Os benefícios da sabedoria que você já experimentou em sua vida diária.

CONFESSE: Qualquer tendência para preferir a sabedoria do mundo à sabedoria de Deus.

PEÇA A DEUS: Todos os dias para que faça de você uma mulher que anseia por sabedoria, que prefere a sabedoria a prata e ouro.

Eleve o coração

Provérbios está cheio de declarações marcantes que contêm profunda sabedoria para a vida diária. Leia esse livro das Escrituras, escolha alguns versículos favoritos e memorize-os. Você pode começar com estes:

> O coração bem disposto é remédio eficiente,
> mas o espírito oprimido resseca os ossos.
>
> Provérbios 18.2

> Quem obtém sabedoria ama-se a si mesmo;
> quem acalenta o entendimento prospera.
>
> Provérbios 19.8

Senhor, tu conheces melhor que eu o coração no qual a sabedoria se desenvolve mais — aquele onde a paciência, a fé e a humildade estão presentes para alimentá-la. Ajuda-me a cultivar um coração no qual a sabedoria crie raízes e brote depressa. Permite que a sabedoria venha a fazer parte de minha vida de tal forma que produza abrigo para outras pessoas.

SEMANA 34

A sulamita

SEU CARÁTER: É a única voz feminina que fala conosco por meio das Escrituras de maneira ampla e direta. As vozes de Rute, Ester, Ana e Maria, por exemplo, são expressas por meio de narração. A sulamita declara ousadamente seu anseio e o desejo de unir-se a seu Amado pelo casamento.

SEU SOFRIMENTO: Ficar às vezes separada de seu Amado.

SUA ALEGRIA: Deleitar-se com um amor tão apaixonado.

TEXTO-CHAVE: Cântico dos Cânticos 1—8.

SEGUNDA-FEIRA • *Sua história*

Ela era jovem, formosa e desejável. Ele, belo, forte e ágil, um pastor ou um rei que esbanjava louvores incomuns à sua amada. Comparou os cabelos da sulamita a um rebanho de cabras descendo um monte; o pescoço à torre de Davi e seus dentes a ovelhas recém-banhadas ("cada uma tem o seu par!"). Sorrimos diante dessas imagens, mas sentimo-nos fascinadas por essa linda coleção de cânticos de amor. Embora saibamos que não se trata de um cartão do Dia dos Namorados de antigamente, não temos muita certeza de seu significado.

Ao contrário de qualquer outro livro da Bíblia, o Cântico dos Cânticos é repleto de imagens eróticas. A sulamita era tão apaixonada quanto o Amado, tomando a iniciativa de aproximar-se dele, declarando sem rodeios os seus sentimentos. Ela ansiava pelos beijos dele, mostrando-se tão amorosa que até seu nome tinha um doce perfume para ela. Vagueava (ou sonhava estar vagueando) pela cidade à noite à procura dele. Gostaria de fingir que ele era seu irmão, para poder beijá-lo em público sem provocar escândalo. Cada declaração dela evocava uma resposta apaixonada de seu amado, que cantou seu respeito:

Seu porte é como o da palmeira,
e os seus seios como cachos de frutos.
Eu disse: Subirei a palmeira
e me apossarei dos seus frutos.
Sejam os seus seios como os cachos da videira,
e o aroma da sua respiração como maçãs,
e a sua boca como o melhor vinho.

Cântico dos Cânticos 7.7-9

Apesar do imaginário antigo, entendemos a mensagem.

A história da sulamita e de seu Amado não é, na verdade, uma história com uma linha narrativa clara, mas uma expressão poética do amor com todos os seus altos e baixos emocionais. Os cânticos transmitem o desejo, a angústia, a tensão e o êxtase do amor. Porém, os dois apaixonados e as cenas mudam tão rapidamente que é difícil entender o texto. Não é de admirar que tenha havido tantas interpretações diferentes do Cântico dos Cânticos, mais do que de qualquer outro livro do Antigo Testamento.

O que torna essa parte das Escrituras ainda mais enigmática é que ela nunca menciona Deus. Mas, se Deus não tem nada a ver com esses cânticos de amor, como esse material chegou a entrar no cânon bíblico?

Os judeus acreditavam que o livro não tratava especificamente de amantes individuais, mas do amor de Deus por Israel, seu povo. Os cristãos liam-no, a princípio, como uma parábola do amor de Cristo pela Igreja e, mais tarde, como uma parábola de seu amor pela alma de cada pessoa. Os comentaristas modernos tendem a vê-lo de maneira mais literal, como uma expressão da santidade da vida conjugal, a mais completa expressão de amor entre um homem e uma mulher. Eles elogiam sua inclusão na Bíblia, porque celebra o amor conjugal e a expressão sexual desse amor. Qualquer pessoa que se incline a acreditar que a Bíblia ensina uma visão negativa do sexo deve ler este livro das Escrituras antes de chegar a tal conclusão.

Quem, no entanto, escreveu cânticos de amor tão eloquentes? Alguns dizem que foram vários poetas; outros, Salomão, para elogiar uma de suas muitas mulheres. Mas alguns ainda sugerem que foram escritos por uma mulher. Seja qual for o caso, a maioria admite que a poesia do Cântico dos Cânticos pode ser compreendida de mais de um modo. A história da sulamita, em seu mistério, mexe com nosso desejo de amar e de ser amadas.

TERÇA-FEIRA • *Sua vida e sua época*

Amor romântico

A poesia erótica de Cântico dos Cânticos não é simplesmente uma expressão do desejo sexual, mas sim do amor romântico entre um rapaz e uma moça. O amor entre o Amado e a Amada não é apenas de prazer e de intimidade física, mas também de sentimentos e compromissos profundos. O verdadeiro amor não se apaga com as mudanças produzidas pelo tempo, mas é mais forte do que a morte. Nem as águas do tempo, nem os rios da decepção nem a tragédia conseguem levá-lo na correnteza (8.6-7).

A maioria dos casamentos, nos tempos bíblicos, era arranjada. Quando os filhos eram ainda muito jovens, os pais formavam alianças para obter mulheres e maridos para eles. Muitos desses casamentos realizavam-se quando os noivos ainda eram bem jovens, tão jovens que os rabinos passaram a estabelecer uma idade mínima para o casamento: doze anos para as meninas e treze para os meninos. Eram apenas crianças, mas, mesmo assim, o amor romântico e o compromisso surgiam com os anos de vida conjugal.

Embora nem todos os casamentos fossem por amor no início, muitos acabavam caracterizados por esse sentimento. Isaque amou a mulher que o servo de seu pai arranjara para ele (Gn 24.67). Elcana amou Ana, uma esposa que provavelmente recebeu mediante um arranjo com a família dela (1Sm 1.8). Um lindo exemplo de amor sacrificial do marido pela esposa é apresentado em Êxodo 21.2-5, no qual o marido aceita servir a vida inteira como escravo para não deixar a esposa que ama.

O homem, porém, podia escolher a própria noiva, mesmo contra o desejo e o arranjo dos pais. Jacó queria casar-se com Raquel porque a amava (Gn 29.18) e recebeu também a irmã dela, Lia, como parte do negócio. Sansão pediu ao pai que conseguisse uma esposa filisteia para ele, convicto de que era a mulher certa (Jz 14.3).

O Antigo Testamento parece supor que os maridos amarão as mulheres, quer escolhidas por eles quer não. O Pregador, em Eclesiastes, aconselha os maridos: “Desfrute a vida com a mulher a quem você ama” (9.9), como se o amor do marido pela esposa fosse uma dádiva. O Novo Testamento, entretanto, incentiva os maridos a amar as esposas. Em quatro ocasiões distintas e claras (Ef 5.25,28,33; Cl 3.19), Paulo menciona que o marido deve amar a esposa, chegando a comparar esse amor ao amor de Cristo pela Igreja.

Se você foi tão afortunada a ponto de experimentar em seu casamento um amor que tenha pelo menos a metade da paixão descrita em Cântico dos Cânticos, leia-o à luz de sua história e agradeça a Deus a bênção recebida. Se esse não for seu caso, contente-se em saber que o amor conjugal e sua expressão sexual são ideia de Deus desde o início. Além disso, leia também Cântico dos Cânticos como um diálogo entre Deus e sua alma. O amor de Deus é, afinal, mais apaixonado do que qualquer amor humano que você possa experimentar. Ele é o verdadeiro Amado de sua alma, pronto a cantar com você o maior e o mais belo cântico de todos.

QUARTA-FEIRA • *Seu legado nas Escrituras*

Leia Cântico dos Cânticos 8.6-7.

1. Que imagem do amor conjugal você vê nessa passagem?
2. Quando você pensa em seu casamento — ou em sua condição de solteira — à luz dessa passagem, que pensamentos e sentimentos lhe afloram?
3. Imagine Deus sentindo uma paixão como essa por você. Como você reage?

Leia Cântico dos Cânticos 8.6-7.

4. Como esses versículos expressam o compromisso entre o Amado e a Amada? O que é necessário para sustentar tal compromisso?
5. Ao longo da história, os relacionamentos íntimos de amor têm sido vergonhosamente distorcidos e profanados. O Cântico dos Cânticos apresenta uma visão de Deus sobre o significado dos relacionamentos de amor. O que você pode fazer para ter um relacionamento como esse com seu marido e com Deus?

QUINTA-FEIRA • *Sua promessa*

Deus não promete esse tipo de amor erótico, íntimo e terreno a todas as pessoas. Ele abençoa muitos casamentos com esse amor, mas nem todas as pessoas o vivenciam. No entanto, Deus promete amar seu povo com o mesmo amor profundo descrito aqui. Isso inclui você. Você é seu tesouro, sua amada, e ele se alegra em você da mesma forma que o Amado e a Amada de Cântico dos Cânticos se deleitam um no outro.

Promessas nas Escrituras

> Pois vocês são um povo santo para o SENHOR, o seu Deus. O SENHOR, o seu Deus, os escolheu dentre todos os povos da face da terra para ser o seu povo, e o seu tesouro pessoal.
>
> Deuteronômio 7.6

> Bendito seja o SENHOR,
> pois mostrou o seu maravilhoso amor para comigo.
>
> Salmos 31.21

> O SENHOR agrada-se do seu povo;
> ele coroa de vitória os oprimidos.
>
> Salmos 149.4

> Eu a amei com amor eterno.
>
> Jeremias 31.3

> O SENHOR, o seu Deus, está em seu meio,
> poderoso para salvar.
> Ele se regozijará em você;
> com o seu amor a renovará,
> ele se regozijará em você
> com brados de alegria.
>
> Sofonias 3.17

SEXTA-FEIRA • *Seu legado de oração*

> Coloque-me como um selo sobre o seu coração;
> como um selo sobre o seu braço;
> pois o amor é tão forte quanto a morte,
> e o ciúme é tão inflexível quanto a sepultura.
> Suas brasas são fogo ardente,
> são labaredas do SENHOR.
> Nem muitas águas conseguem apagar o amor;

os rios não conseguem levá-lo na correnteza.
Se alguém oferecesse todas as riquezas
da sua casa para adquirir o amor,
seria totalmente desprezado.

Cântico dos Cânticos 8.6-7

MEDITE: Cântico dos Cânticos 1.2-4; 2.10-13; 8.6-8.

LOUVE A DEUS: Porque nada pode nos separar de seu amor.

AGRADEÇA: Porque a paixão de Cristo nos torna belas aos olhos de Deus.

CONFESSE: Qualquer dúvida de que Deus é realmente o Amado de sua alma.

PEÇA A DEUS: Que a ajude a participar desse diálogo de amor com ele.

Eleve o coração

A sulamita estava tão fascinada por seu Amado que o nome dele era como um perfume, que conferia uma fragrância agradável a tudo ao redor dela. Nos tempos bíblicos, os nomes revelavam o caráter da pessoa. Conhecer o nome de alguém significava conhecer sua essência. Esta semana, acenda uma vela perfumada e reserve um tempo para meditar em um ou mais nomes de Deus. Procure passagens relevantes das Escrituras e peça a Deus que se revele mais profundamente a você.

Criador dos céus e da terra (Gn 14.19)
Minha canção (Êx 15.2)
Príncipe da Paz (Is 9.6)
Bom pastor (Jo 10.14)
Conselheiro (Jo 14.26)
Pai das misericórdias (2Co 1.3)
Salvador (1Tm 4.10)
Luz (1Jo 1.5)

Senhor, coloquei-te como um selo sobre o meu coração. Nem morte nem vida, nem anjos nem demônios, nem o presente nem o futuro, nem quaisquer poderes, nem altura nem profundidade, nem nada mais em toda a criação poderá separar-me de teu amor.

SEMANA 35

Gômer

SEU NOME SIGNIFICA *"completo"*

SEU CARÁTER: Apesar de casada, teve vários casos amorosos, atribuindo aos amantes os presentes que o marido lhe dava.

SEU SOFRIMENTO: Ter-se tornado símbolo do adultério espiritual, um retrato da infidelidade de Israel a Deus.

SUA ALEGRIA: O marido continuou a amá-la apesar da infidelidade dela.

TEXTO-CHAVE: Oseias 1—3.

SEGUNDA-FEIRA • *Sua história*

O homem parou à porta, esticando o pescoço e espiando na penumbra. Sentia as pernas e os braços rígidos e frios, apesar do calor do deserto que ainda esquentava a rua estreita. Ele não viu nada a não ser um cão perdido que se aconchegava junto ao muro de uma casa vizinha. Era tarde demais para uma mulher vagar sozinha pelas ruas. Será que ela estaria mesmo sozinha?

Ele não queria entrar ainda, não queria sentir saudade de conversar com ela nem se deitar na cama vazia. No dia seguinte, a notícia da traição dela estaria tomando conta de todas as almas maledicentes da cidade, como a lavagem na barriga de um porco. Oseias, o homem que dirigiria a nação com suas profecias, não conseguia sequer controlar a própria mulher.

Sentiu tristeza e raiva, como uma tempestade irrompendo dentro dele. Pretendia guardar o coração; nunca teve a intenção de entregar-se tão completamente. Seu sofrimento era maior por amá-la tanto. Gômer dissipara seus presentes, zombara de sua ternura e permitira-se ser seduzida por seus amantes.

Foi o próprio Deus quem o advertiu e instruiu: "Vá, tome uma mulher adúltera e filhos da infidelidade, porque a nação é culpada do mais vergonhoso adultério por afastar-se do SENHOR" (Os 1.2). Ele chamou aos filhos *Jezreel* ("Deus dispersa"), *Lo-Ruama* ("não amada") e *Lo-Ami* ("não meu povo"). Cada filho que nascia aumentava o abismo entre marido e mulher. Oseias chegou até a se perguntar se era mesmo o pai dos dois últimos filhos.

A palavra do Senhor enchera a boca de Oseias e, agora, perturbava-lhe a alma, voltando com força impetuosa. Era assim que Deus se sentia em relação a seu povo — dolorosamente traído, apunhalado pelas costas, desgostoso, indignado. Seu amor terno e seus presentes nada significavam para um povo fascinado pelos deuses cananeus. Os líderes de Israel eram os mais prostituídos de todos — virtuosos quando se tratava de agir como meretrizes, enganando os pobres e implorando que os ídolos os abençoassem com paz e riquezas.

A paz, porém, era quase impossível de alcançar. Seis reis haviam governado o reino do Norte durante um período de apenas 25 anos. Quatro foram assassinados por seus sucessores e um capturado na batalha. Enquanto isso, a Assíria observava de longe, como um abutre empoleirado em suas fronteiras.

Se ao menos Israel aprendesse a lição e voltasse para o Senhor antes que fosse tarde demais — se ao menos Gômer regressasse. Oseias queria gritar com ela, sacudi-la para mostrar-lhe seu pecado. A paciência acabara. A ternura se esgotara. Ela não fez caso de suas ameaças, afastando-as como moscas no lombo de um jumento. Que opção ele teria agora? Despi-la e envergonhá-la, castigando sua infidelidade.

Em meio à sua amarga tristeza, ele ouviu a voz de Deus, forte e clara: "Vá, trate novamente com amor sua mulher, apesar de ela ser amada por outro e ser adúltera. Ame-a como o SENHOR ama os israelitas, apesar de eles se voltarem para outros deuses" (Os 3.1).

Então, Oseias recebeu de volta a mulher que nunca deixara de amar. E a palavra do Senhor transformou Lo-Ruama em Ruama ("amada") e Lo-Ami em Ami ("meu povo").

A história de Gômer e Oseias descreve o ciúme de Deus por seu povo. Pela primeira vez, o profeta ousou falar de Deus como marido, e de Israel como sua esposa. Mas essa é uma história de amor confusa, na qual o coração de Deus fica partido em diversas ocasiões. Apesar de suas súplicas e ameaças, Israel só voltou para o Senhor depois que o reino do Norte foi destruído pela Assíria alguns anos mais tarde.

No entanto, para os israelitas, as vidas entrelaçadas de Oseias e Gômer eram uma lembrança viva do julgamento e do amor de Deus. As belíssimas palavras de Oseias ainda nos comovem quando pensamos na Igreja de hoje, em nossa infidelidade e no perdão de Deus:

> Eu me casarei com você para sempre;
> eu me casarei com você com justiça e retidão,
> com amor e compaixão.
> Eu me casarei com você com fidelidade,
> e você reconhecerá o SENHOR. [...]
> Tão certo como nasce o sol, ele aparecerá;
> virá para nós como as chuvas de inverno,
> como as chuvas de primavera que regam a terra.
>
> Oseias 2.19-20; 6.3

Não mais Lo-Ruama; agora somos *Ruama* ("amada"), e não mais Lo-Ami, mas Ami ("meu povo"). Pois nosso Criador se tornou nosso Marido, aquele que odeia nosso pecado, mas que continua nos amando.

TERÇA-FEIRA • *Sua vida e sua época*

Profetas

Oseias, marido de Gômer, apareceu em cena como o último dos profetas que falou a "palavra do SENHOR" (Os 1.1) ao condenado reino do Norte de Israel. Dentro em pouco, os assírios conquistariam a capital de Samaria e levariam cativos milhares de israelitas. Quando o livro de Oseias inicia com "palavra do SENHOR", expressa a autoridade de Oseias como profeta, que Deus falara com ele e que ele deveria transmitir a mensagem ao povo.

Os israelitas na Palestina tinham em mãos a lei que Deus entregara a Moisés e ao povo no Sinai, a qual consistia nos Dez Mandamentos, bem como em outras regras de vida incluídas nos livros de Moisés (de Gênesis a Deuteronômio). Todavia, essas leis não abrangiam grande parte das situações e decisões da vida. Deus instituiu o cargo de profeta para as muitas ocasiões em que houvesse necessidade de uma revelação específica, para que o povo soubesse que direção seguir.

Nem sempre sabemos como os profetas receberam as mensagens de Deus. Algumas vezes, receberam-nas por meio de visões e sonhos. Ezequiel e Daniel registram visões que continham uma mensagem definida de Deus. Em outras ocasiões, conforme narrado em Oseias, os profetas simplesmente declararam que suas palavras vinham do Senhor. A ênfase dos profetas de Deus nunca estava no método de receber a palavra — fosse misterioso ou evidente —, mas na mensagem em si e na necessidade do povo de segui-la. Deus deixou bem claro que, se o povo ouvisse as palavras dos profetas e lhes obedecesse, ele lhes daria tudo o de que necessitassem para enfrentar um futuro incerto.

Assim como sustentou seu povo na terra prometida, Deus também nos sustenta. Talvez não revele milagrosamente o caminho nem expresse sua vontade de forma sobrenatural, como fez com os israelitas, mas ele se revelou e revelou seus planos por meio da Bíblia, e seus mensageiros de hoje ressaltam e explicam os ensinamentos das Escrituras. Podemos ter a certeza de que Deus estará conosco, como esteve com os israelitas, segurando nossa mão, enquanto aguardamos o que o futuro nos reserva.

QUARTA-FEIRA • *Seu legado nas Escrituras*

Leia Oseias 1.2—2.7; 3.1-5.

1. Em que aspectos Oseias 2.2-7 reflete os sentimentos de Oseias a respeito de Gômer? Em que aspectos esses versículos refletem os sentimentos de Deus a respeito de seu povo?
2. Por que o adultério é um símbolo apropriado para o tratamento que os seres humanos dão a Deus?
3. Escreva com suas palavras as promessas de Deus para seu povo em 1.10-21.
4. Em 3.2, Oseias tem de oferecer dinheiro e bens para comprar Gômer de volta apesar da situação em que ela se envolveu. Aparentemente, ela fugiu e se vendeu à prostituição para sobreviver. O que seria necessário para que um homem fizesse o que Oseias faz em 3.1-3?
5. Em que aspectos você se assemelha a Gômer? Como Deus a buscou e a trouxe de volta?

QUINTA-FEIRA • *Sua promessa*

Um casamento tempestuoso. Uma esposa infiel ao marido que a ama. Um marido fiel e amoroso. Filhos cuja paternidade é duvidosa. Todos esses elementos não fazem parte de uma novela, mas sim de um quadro maravilhoso do amor e da fidelidade de Deus a seu povo, que muitas vezes não o amava e lhe era infiel. As promessas descritas na vida de Gômer não se aplicam apenas ao povo de Israel, mas também às pessoas hoje. Deus nos ama e permanece fiel a nós. Mesmo quando o abandonamos e lhe viramos as costas, ele nos aguarda de braços abertos. Ele só pede que nos arrependamos para voltar a derramar suas bênçãos sobre nós.

Promessas nas Escrituras

> Eu lhes darei um coração capaz de conhecer-me e de saber que eu sou o SENHOR. Serão o meu povo, e eu serei o seu Deus, pois eles se voltarão para mim de todo o coração.
>
> Jeremias 24.7

> Conheçamos o SENHOR;
> esforcemo-nos por conhecê-lo.
> Tão certo como nasce o sol,
> ele aparecerá;
> virá para nós como as chuvas de inverno,
> como as chuvas de primavera que regam a terra.
>
> Oseias 6.3

> Arrependam-se, pois, e voltem-se para Deus, para que os seus pecados sejam cancelados, para que venham tempos de descanso da parte do Senhor.
>
> Atos 3.19-20

SEXTA-FEIRA • *Seu legado de oração*

> "Naquele dia", declara o SENHOR,
> "você me chamará 'meu marido';
> não me chamará mais de 'meu senhor'".
>
> Oseias 2.16

MEDITE: Oseias 1—3.

LOUVE A DEUS: Por sua misericórdia.

AGRADEÇA: Porque Deus a amou antes de você sequer ter pensado em amá-lo.

CONFESSE: Qualquer tendência de amar o dinheiro, o prazer, os filhos, o marido ou a carreira mais do que você ama o Senhor.

PEÇA A DEUS: Que aumente seu desejo de conhecê-lo mais intimamente.

Eleve o coração

Às vezes marido e mulher acabam se afastando um do outro não por infidelidade, mas devido ao excesso de atividades. Se seu relacionamento com Deus está começando a afundar-se nos detalhes da vida, que tal planejar uma noite ou um fim de semana de intimidade com ele? Dedique um período para acalmar sua alma na presença dele, para silenciar as pressões cotidianas. Passe o dia caminhando por uma praia solitária, num retiro espiritual ou num chalé ou numa cabana de uma amiga. Leve a Bíblia e um livro de poesias de Christina Rossetti, ou *Momentos íntimos com o Salvador*, de Ken Gire; *O leão, a feiticeira e o guarda-roupa*, de C. S. Lewis; ou *O caminho do claustro*, de Kathleen Norris.

Se você gosta de pintar ou desenhar, leve material e passe momentos de comunhão com Deus por meio das figuras que você criar. Dedique um tempo de louvor ao Senhor, diga-lhe o quanto você o ama, agradeça-lhe por todas as maneiras pelas quais ele a ama. Não tente ter uma grande experiência espiritual, apenas se descontraia e permita que Deus saiba que você deseja estar com ele.

> *Senhor, como posso começar a entender a extensão da fidelidade de teu amor por mim? Atrai-me para tua presença e segura-me em teus braços. Aquieta meu coração turbulento e fala comigo.*

SEMANA 36

Isabel

SEU NOME SIGNIFICA *"Deus é meu juramento"*

SEU CARÁTER: Descendente de Arão, Isabel era uma mulher que a Bíblia chama de "justa aos olhos de Deus". À semelhança de alguns poucos homens e mulheres, ela é louvada por observar todos os mandamentos e regras do Senhor sem restrições. Foi a primeira a reconhecer Jesus como Senhor.

SEU SOFRIMENTO: Ser estéril durante a maior parte de sua vida.

SUA ALEGRIA: Dar à luz João, mais tarde conhecido como João Batista, o precursor do Messias. O nome dele, divinamente designado, significava "o Senhor é gracioso".

TEXTO-CHAVE: Lucas 1.5-80.

SEGUNDA-FEIRA • *Sua história*

Seus olhos eram castanho-claros. Como uvas passas que decoram uma torta, eles observavam o mundo, emoldurados por um rosto que havia ficado tempo demais exposto ao sol. Fios brancos de cabelo teimavam em escapar do xale de lã, causando-lhe cócegas no rosto enrugado. Mãos pequenas repousavam com ternura na barriga arredondada, procurando sentir carinhosamente um sinal de movimento. Mas tudo estava quieto. De seu local privilegiado na laje da casa, ela notou uma figura aproximando-se, e imaginou quem poderia ser o visitante.

Isabel e Zacarias sentiam-se satisfeitos na casa silenciosa naqueles últimos meses, isolados em sua alegria. Cada manhã, ela abria os olhos como se estivesse despertando de um sonho fantástico. Algumas vezes, ria muito ao pensar em como Deus transformara sua vida, gerando um filho em seu útero já envelhecido.

Seis meses antes, Zacarias havia sido escolhido para entrar no santuário do Senhor e oferecer incenso, um privilégio que só ocorria uma vez na vida. Mas, durante sua semana de serviço sacerdotal no templo, ele se assustara muitíssimo com uma figura que apareceu subitamente à direita do altar do incenso e lhe disse: "Isabel, sua mulher, lhe dará um filho, e você lhe dará o nome de João. Ele será motivo de prazer e de alegria para você, e muitos e alegrarão por causa do nascimento dele, pois será grande aos olhos do Senhor" (Lc 1.13-15). Tratava-se de uma repetição da história de Sara e Abraão, de Rebeca e Isaque e de Raquel e Jacó. Deus estava novamente acendendo o fogo com dois gravetos secos.

Isabel não foi capaz de entender a reação do marido ao mensageiro que tanto o aterrorizara. Depois de ver um anjo, como alguém seria capaz de não crer que tudo é possível? Mas Zacarias havia-se deixado levar pelo ceticismo e sofreu as consequências. Perdeu a voz, e só a receberia de volta quando as palavras do anjo se cumprissem. Naqueles dias, ele se comunicava escrevendo numa tabuinha de cera.

Isabel observou novamente a pessoa que subia pelo caminho, uma garota na flor da idade. A mulher mais velha desceu cuidadosamente a escada e entrou na casa para receber a visita. Mas, quando Isabel ouviu a saudação da jovem, uma sensação estranha invadiu o lugar, como um vento com a força de um temporal, sacudindo as travessas e as vigas da casa. Procurando firmar-se, a mulher mais velha sentiu-se subitamente revigorada. O filho saltou em seu ventre, enquanto ela exclamava em alta voz:

Bendita é você entre as mulheres,
  e bendito é o filho que você dará à luz!
Mas por que sou tão agraciada,
  a ponto de me visitar a mãe do meu Senhor?
Logo que a sua saudação chegou aos meus ouvidos,
  o bebê que está em meu ventre agitou-se de alegria.
Feliz é aquela que creu que se cumprirá
  aquilo que o Senhor lhe disse!

Lucas 1.42-45

Maria viajara de Nazaré para visitar sua parenta, Isabel. O mesmo anjo que falara a Zacarias no templo havia sussurrado para a virgem o segredo da gravidez da mulher mais velha, que também esperava um filho. O magnífico cântico de louvor que brotou dos lábios de Maria, por ocasião do encontro delas, pode ter ganhado forma durante sua viagem de mais de noventa quilômetros para o sul, até os montes da Judeia, onde Isabel morava:

> Minha alma engrandece ao Senhor
> e o meu espírito se alegra em Deus, meu Salvador,
> pois atentou para a humildade da sua serva.
> De agora em diante, todas as gerações me chamarão bem-aventurada,
> pois o Poderoso fez grandes coisas em meu favor;
> santo é o seu nome.
> A sua misericórdia estende-se aos que o temem,
> de geração em geração.
> Ele realizou poderosos feitos com seu braço;
> dispersou os que são soberbos no mais íntimo do coração.
> Derrubou governantes dos seus tronos,
> mas exaltou os humildes.
> Encheu de coisas boas os famintos,
> mas despediu de mãos vazias os ricos.
> Ajudou a seu servo Israel,
> lembrando-se da sua misericórdia
> para com Abraão e seus descendentes para sempre,
> como dissera aos nossos antepassados.
>
> Lucas 1.46-55

As duas mulheres se abraçaram; agora, os laços do parentesco eram ainda mais fortes. O Deus de Israel — o Deus de Sara, Rebeca, Raquel, Lia, Miriã, Débora, Noemi, Rute, Abigail e Ana — agia mais uma vez, trazendo cumprimento a uma promessa feita tanto tempo atrás. E, sem dúvida, bendita foi aquela que não duvidou de que as palavras que o Senhor lhe dissera seriam cumpridas.

TERÇA-FEIRA • *Sua vida e seu tempo*

Incenso

Zacarias, marido de Isabel, recebera um privilégio muito especial e importante. Quando chegou seu turno de servir no templo como sacerdote, ele foi escolhido por sorteio — a maneira de Deus escolher — para queimar incenso no templo. Todas as manhãs e noites, ele tirava o fogo do altar das ofertas queimadas e o colocava no altar de ouro do incenso, diante da cortina que separava o Lugar Santo do Santo dos Santos. A seguir, derramava o incenso tirado de uma urna de ouro, no fogo. Enquanto Zacarias desempenhava essa tarefa, todos os adoradores que se achavam no templo naquele dia permaneciam do lado de fora e oravam. A fumaça e o aroma do incenso simbolizavam as orações do povo subindo em direção a Deus. O perfume também servia para purificar o ar infestado pelo odor do sangue dos animais mortos para os sacrifícios.

Os primeiros registros históricos sobre adoração incluem informações sobre a queima de incenso. Todas as nações ao redor da Palestina gostavam do aroma adocicado do incenso, usado não apenas em locais de adoração, mas também nas casas. O incenso que Zacarias queimava no templo era feito de acordo com uma "receita" especial (Êx 30.34-38) de especiarias e sal moídos até virar pó. Esse incenso santo só podia ser usado no templo durante a adoração, e nunca para fins comuns no dia a dia.

O profeta Jeremias condenou muitas vezes os israelitas por queimar incenso a deuses falsos. Mas ele era mais incisivo ainda em sua denúncia quando o coração dos israelitas não se concentrava na adoração (Jr 6.20). Deus deixou claro que a simples queima de incenso não lhe agradava; não passava de um ritual. O Senhor queria corações dedicados a ele com fé e confiança.

Você não acha que isso também se aplica a nós hoje? Em todas as formas de adoração (por exemplo, hinos e cânticos de louvor, liturgias, leituras e representações teatrais), o importante é o que Deus esteja em nosso coração — será que ele está realmente dedicado ao Senhor em fidelidade e verdade?

QUARTA-FEIRA • *Seu legado nas Escrituras*

Leia Lucas 1.5-25,39-45.

1. O que você aprende com Isabel e Zacarias em 1.5-7? O versículo 6 dá a entender que eles eram perfeitos? Se não eram, o que essas palavras significam?
2. Imagine a seguinte cena: um anjo aparece diante de você com um comunicado inacreditável. Qual é sua reação?

3. Quando viu Maria, Isabel ficou cheia do Espírito Santo e proclamou uma bênção em alta voz (v. 42-44). Você já sentiu o desejo de louvar a Deus de modo semelhante? Se sim, quando? Se não, o que precisaria acontecer para você sentir esse desejo?
4. Isabel ia ser a mãe de um profeta, mas louvou a Deus pelo que ele estava fazendo na vida de *Maria*. O que isso revela sobre o caráter de Isabel?
5. Releia o versículo 45. Em que o Senhor deseja que você acredite?

QUINTA-FEIRA • *Sua promessa*

Deus sempre cumpre suas promessas! Durante séculos, Deus disse ao povo de Israel que enviaria um Messias, que seria uma ponte para ligar o povo ao próprio Deus; alguém cujo sacrifício traria redenção eterna. Os eventos do primeiro capítulo de Lucas são apenas o começo do cumprimento da maior promessa de Deus a seu povo. Podemos dizer com Maria: "Minha alma engrandece ao Senhor, e o meu espírito se alegra em Deus, meu Salvador!".

Promessas nas Escrituras

> Mas para vocês que reverenciam o meu nome, o sol da justiça se levantará trazendo cura em suas asas. E vocês sairão e saltarão como bezerros soltos do curral.
>
> Malaquias 4.2

> João viu Jesus aproximando-se e disse: "Vejam! É o Cordeiro de Deus, que tira o pecado do mundo!".
>
> João 1.29

> Esta afirmação é fiel e digna de toda aceitação: Cristo Jesus veio ao mundo para salvar os pecadores.
>
> 1Timóteo 1.15

SEXTA-FEIRA • *Seu legado de oração*

> Feliz é aquela que creu que se cumprirá aquilo que o Senhor lhe disse!
>
> Lucas 1.45

MEDITE: Lucas 1.5-80.

LOUVE A DEUS: Porque ele é o Criador que forma cada criança no útero da mãe.

AGRADEÇA: A dádiva dos filhos.

CONFESSE: Qualquer inclinação para diminuir o valor da vida humana, inclusive a pré-natal.

PEÇA A DEUS: Que restaure nosso apreço pelo milagre da vida humana.

Eleve o coração

> A pessoa é uma pessoa, não importa seu tamanho!
>
> Extraído de *Horton Hears a Who*, de Dr. Seuss

A visita de Maria à prima provavelmente ocorreu quando Isabel estava no sexto mês de gravidez. A mulher mais jovem talvez tenha permanecido lá tempo suficiente para ajudar no parto da mais velha. De qualquer modo, Maria devia estar no primeiro trimestre de gestação, e Isabel, no terceiro. Estas são as fases das duas crianças em gestação:

Jesus:

18 dias — seu sistema nervoso apareceu.

4 semanas — seu coração começou a bater.

30 dias — a maioria de seus órgãos principais havia começado a se formar.

7 semanas — suas características faciais tornaram-se visíveis.

8 semanas — todas as principais estruturas e órgãos de seu corpo estavam presentes.

10 semanas — dentes minúsculos estavam se formando nas gengivas.

12 semanas — seu cérebro estava completamente formado, e ele podia sentir dor e até ser capaz de chupar o polegar.

João:

6º mês — podia agarrar as mãos, chutar, dar cambalhotas, ouvir vozes e sons de fora do útero.

Passe alguns momentos louvando o Criador com estas belas palavras de Salmos 139.13-16:

Tu criaste o íntimo do meu ser
e me teceste no ventre de minha mãe.
Eu te louvo porque me fizeste
de modo especial e admirável.
Tuas obras são maravilhosas!
Digo isso com convicção.
Meus ossos não estavam escondidos de ti
quando em secreto fui formado
e entretecido como nas profundezas da terra.
Os teus olhos viram o meu embrião;
todos os dias determinados para mim
foram escritos no teu livro
antes de qualquer deles existir.

Amado Deus, tu és o Senhor e Doador da vida. Ajuda-me a respeitá-la, protegê-la e nutri-la, seja qual for a idade ou o sexo do ser humano que eu encontrar. Peço isso em nome de Jesus, o pão e a água da vida. Amém.

SEMANA 37

Maria, mãe de Jesus

SEU NOME PODE SIGNIFICAR *"amargura"*

SEU CARÁTER: Era virgem, de família pobre que morava num povoado obscuro da Galileia. Sua reação a Gabriel revela que era uma jovem de fé e de humildade extraordinárias. Sua aceitação irrestrita do plano de Deus para sua vida acarretou grande risco e sofrimento pessoal. Maria deve ter passado por períodos de perplexidade, medo e escuridão no desenrolar dos eventos de sua vida. Ela é honrada não só por ser a mãe de Jesus, mas também como sua primeira discípula.

SEU SOFRIMENTO: Ver o filho que amava ser humilhado e torturado, e depois morrer como o pior dos criminosos.

SUA ALEGRIA: Ver seu filho ressuscitado; ter recebido o Espírito Santo, junto com os outros discípulos de Cristo.

TEXTOS-CHAVE: Mateus 1.18-25; 2; Lucas 1.26-80; 2.1-52; João 19.25-27.

SEGUNDA-FEIRA • *Sua história*

A mulher idosa sentou-se no banco e fechou os olhos, com sua silhueta contra o céu azul de Jerusalém. Até a madeira do banco sobre o qual sentara trazia-lhe recordações. Embora não pudesse mais lembrar os contornos exatos do sorriso dele ou o formato de seu rosto adormecido junto a ela, ainda era capaz de visualizar as mãos ásperas e queimadas pelo sol trabalhando habilmente a madeira de acordo com o objeto ou móvel a ser moldado. José tinha sido um bom carpinteiro e um marido melhor ainda.

Naqueles dias, as lembranças chegavam sem ser convidadas, como um vento tempestuoso levando-a de volta a outros tempos e lugares. Dizem que pessoas que estão se afogando veem sua vida desenrolar-se em detalhes incríveis pouco antes de morrer. A idade tinha um efeito semelhante, ela pensou, exceto que era possível reviver as memórias com muito mais lentidão...

• • •

Uma brisa fresca brincava com sua saia, enquanto ela equilibrava um jarro na cabeça, caminhando em direção ao poço. Notou um estranho se aproximando, vindo na direção oposta. Mesmo no lusco-fusco, suas roupas brilhavam, como que embranquecidas pelo mais forte alvejante. Ele gritou:

— Alegre-se, agraciada! O Senhor está com você!

Certamente nenhum nazareno se atreveria a saudar uma moça solteira daquele jeito. Mas, a cada passo que ele dava, as palavras ficavam mais ousadas ainda, mais fortes, atingindo-a em cheio como a água de uma cascata:

— Não tenha medo, Maria; você foi agraciada por Deus! Você ficará grávida e dará à luz um filho. Ele será grande e será chamado Filho do Altíssimo. O Espírito Santo virá sobre você. Também Isabel, sua parenta, terá um filho na velhice.

Ondas de emoções invadiram seu coração, enquanto ela ouvia as palavras do anjo: primeiro, de perplexidade e medo; depois, de reverência e gratidão; finalmente, uma sensação de alegria e paz. Todo o seu ser estava encharcado de luz. Em seguida, ela ouviu mais palavras, desta vez jorrando dos próprios lábios, e não dos dele:

— Sou serva do Senhor; que aconteça comigo conforme a tua palavra.

Embora o anjo tivesse partido, a paz perdurou em Maria. O Altíssimo visitara sua mais humilde serva e prometera aquilo que toda mulher judia queria ouvir:

Você ficará grávida e dará à luz um filho,
    e lhe porá o nome de Jesus.
Ele será grande e será chamado Filho do Altíssimo.
O Senhor Deus lhe dará o trono de seu pai Davi,
    e ele reinará para sempre sobre o povo de Jacó;
    seu Reino jamais terá fim.

Lucas 1.31-33

A lua pairava como um sorriso no céu noturno. enquanto Maria levantou os baldes cheios e começou a atravessar os campos. Enquanto a água balançava e espirrava ao ritmo de seus movimentos, ela compreendeu que se sentia realizada e satisfeita — como se tivesse acabado de saborear sua refeição favorita. As perguntas, ela sabia, chegariam pela manhã. Por ora, bastava olhar para as estrelas e saber que Deus estava trabalhando e moldando seu futuro.

• • •

— Mamãe, mamãe! — ele gritou correndo na direção dela, com os braços rechonchudos estendidos de modo suplicante.

— Jesus, o que foi agora, filho? — ela sorriu, segurando o menino pesado nos braços antes que ele caísse, tropeçando no emaranhado das próprias pernas e braços. Mas ele só queria beijá-la, rindo e escondendo a cabecinha de cabelos encaracolados em seu peito, como se quisesse mergulhar em seu corpo macio e quente. Ela suspirou contente. Conhecia muitas mães, porém nenhuma delas conseguia descrever a maravilha de ter um filho — o riso, a surpresa constante, a ternura. Sem mencionar o medo e a preocupação que vinham com o pacote.

No entanto, não era hora de abrigar tais pensamentos. Os homens do Oriente tinham partido recentemente. Como pareciam estranhos aqueles magos e a história que contaram da estrela que os guiara durante todo o caminho para Belém em busca de um novo rei! Eles curvaram-se diante de seu bebê de olhos escuros, oferecendo-lhe tesouros de presente: ouro, incenso e mirra — como que homenageando a realeza. Certa manhã pegaram seus pertences com pressa, dizendo que um sonho os avisara para voltar para casa sem levar ao rei Herodes as notícias de sua busca bem-sucedida. Só a menção do nome de Herodes a enchera de terror. Belém ficava a menos de dez quilômetros de Jerusalém —perto demais em se tratando de um homem que havia assassinado os próprios filhos por ciúmes de seu trono. Como tal rei reagiria aos boatos de um menino-rei em Belém?

Duas noites antes, José a acordara, silenciando-a com os detalhes de um sonho que acabara de ter:

— Maria, um anjo me apareceu. Precisamos partir antes de clarear o dia. Herodes planeja procurar nosso filho e matá-lo!

Agora, estavam a caminho do Egito, fazendo a jornada inversa de Moisés, Arão e Miriã, que haviam guiado seus antepassados para a liberdade tanto tempo atrás. Enquanto descansavam, Maria ficou imaginando se voltariam a ver sua terra natal.

• • •

— Mulher — ele murmurou de maneira suave e penosa, com uma crosta de sangue nos lábios, os braços esguios abertos, como que implorando.

As palmas das mãos estavam pregadas com cravos. Ele olhou primeiro para ela e depois para um jovem em pé ao lado da mulher.

— Aí está o seu filho — falou, mas as palavras saíam com dificuldade.

Depois, virando-se para o jovem suspirou:

— Aí está a sua mãe.

Ela queria acariciá-lo com toda a intensidade de seu amor, afogar em seu peito o sofrimento dele, dizer-lhe que era o filho de quem mais necessitava. O Deus que se compadecera de Abraão não teria piedade dela? Permitiria que sofresse aquilo de que até o patriarca fora poupado — o sacrifício de um filho? Por toda a sua vida, ela amara o Deus de quem o anjo lhe falara, chamando-a de "agraciada". Mas como uma mulher cujo filho estava morrendo numa cruz romana poderia considerar-se "agraciada"?

De repente, as próprias palavras dela voltaram-lhe à memória, como se uma versão mais jovem de si mesma as sussurrasse em seu ouvido: "Sou serva do Senhor, que aconteça comigo conforme a tua palavra".

O céu do meio-dia escurecera, mas ela ainda podia divisar a figura do filho na cruz, seus olhos buscando os dela. Espinhos circundavam sua testa em formato de coroa, uma lembrança cruel da placa que o governador romano prendera à madeira: "JESUS NAZARENO, O REI DOS JUDEUS".

Ela pensou nos magos e em seus presentes incomparáveis. O ouro e o incenso, tesouros reais que os ajudaram a sobreviver no Egito. Ela sempre se perguntara sobre a mirra. Agora sabia: era o óleo perfumado para embalsamar o corpo do rei que os sábios foram adorar.

— Meu Deus! Meu Deus! Por que me abandonaste? — o grito feriu-a como uma espada traspassando-lhe o peito.

A terra tremeu violentamente, e ela caiu de joelhos, mal conseguindo completar as palavras do salmo para o homem que pendia morto na cruz:

> Meu Deus! Eu clamo de dia, mas não respondes;
> de noite, e não recebo alívio! [...]
> Mas eu sou verme, e não homem,
> motivo de zombaria e objeto de desprezo do povo.
> Caçoam de mim todos os que me veem;
> balançando a cabeça [...].
> Contudo, tu mesmo me tiraste do ventre;
> deste-me segurança junto ao seio de minha mãe.

Desde que nasci fui entregue a ti;
desde o ventre materno és o meu Deus. [...]
Perfuraram minhas mãos e meus pés.
Posso contar todos os meus ossos,
mas eles me encaram com desprezo.
Dividiram as minhas roupas entre si,
e lançaram sortes pelas minhas vestes.
Tu, porém, SENHOR, não fiques distante!
Ó minha força, vem logo em meu socorro! [...]
Louvem-no, vocês que temem o SENHOR!
Glorifiquem-no, todos vocês, descendentes de Jacó! [...]
A posteridade o servirá;
gerações futuras ouvirão falar do Senhor,
e a um povo que ainda não nasceu proclamarão seus feitos de justiça,
pois ele agiu poderosamente.

Salmos 22.3,6-7,9-10,16-19,23,30

Quando Maria abriu os olhos, o sol do ocaso transformara a cidade numa terra dourada. Ela sorriu e enxugou as lágrimas do rosto enrugado. Que verdadeiras foram as palavras do anjo! Mulher nenhuma, desde Eva, fora tão abençoada como ela, a mãe do Messias. O passado, entretanto, continuava vivo em seu íntimo, mas era o futuro que a enchia de alegria. Em breve, veria novamente o filho e, desta vez, seriam as mãos dele que enxugariam sua derradeira lágrima.

TERÇA-FEIRA • *Sua vida e sua época*

Anjos

Maria encolheu-se de medo quando o anjo Gabriel apareceu diante dela — uma reação bastante comum. As Escrituras mencionam várias vezes que, quando um anjo aparecia a um ser humano, a reação era de medo. Embora não saibamos exatamente como os anjos são ou como aparecem, uma descrição em Mateus afirma que "sua aparência era como um relâmpago, e suas vestes eram brancas como a neve" (Mt 28.3). As reações dos que os viram deixam claro que os anjos são seres sobrenaturais e, portanto, amedrontam.

As 291 referências a anjos nas Escrituras dão uma ideia da variedade de suas atribuições. Os anjos no céu permanecem diante do trono de Deus e o adoram (Mt 18.10). Um anjo ajudou Hagar e Ismael quando eles estavam em dificuldades no deserto (Gn 21.17). Um anjo libertou os apóstolos da prisão (At 5.19). Um anjo dirigiu Filipe à estrada deserta onde Filipe encontrou o eunuco etíope e testemunhou a ele (At 8.26). Um anjo apareceu a Paulo para encorajá-lo (At 27.23-24), a Elias quando ele estava exausto e abatido no deserto (1Rs 19.3-9) e a Daniel e seus amigos em situações de perigo (Dn 3.28; 6.22). Às vezes, Deus usa anjos para castigar seus inimigos (Gn 19.11; 2Rs 19.35).

Os anjos desempenharam um papel importante na vida de Jesus. Depois da primeira aparição a Zacarias, Maria e José, anjos anunciaram o nascimento de Jesus aos pastores (Lc 2.9). Anjos vieram e ministraram a Jesus depois que ele foi tentado no deserto (Mt 4.11) e quando se encontrava no jardim, pouco antes de sua crucificação (Lc 22.43). Um violento terremoto acompanhou o anjo que veio à terra e removeu a pedra acima do túmulo de Jesus Mt 28.2). Quando Jesus subiu ao céu, dois anjos, "homens vestidos de branco" (At 1.10), disseram aos discípulos que ele voltaria do modo como subira.

Em Apocalipse, João descreve uma cena gloriosa:

> Então olhei e ouvi a voz de muitos anjos, milhares de milhares e milhões de milhões. Eles rodeavam o trono, bem como os seres viventes e os anciãos, e cantavam em alta voz:
>
> "Digno é o Cordeiro que foi morto
> de receber poder, riqueza, sabedoria,
> força, honra, glória e louvor!".
>
> Apocalipse 5.11-12

Imagine a cena: centenas de milhares de seres — vestidos com o branco mais puro, como relâmpago — movimentando-se em harmonia ao redor do trono de Deus. Ouça! Você é capaz de imaginar as vozes altas, sobrenaturais, louvando a Jesus? Digno é o Cordeiro! Então, "todas as criaturas existentes no céu, na terra, debaixo da terra e no mar, e tudo o que neles há" (v. 13) se unirão a eles, cantando o mesmo hino de louvor. Que cena maravilhosa! Que som! Maria estará lá louvando seu filho. Você estará lá louvando seu Salvador?

QUARTA-FEIRA • *Seu legado nas Escrituras*

Leia Lucas 1.26-38.

1. Imagine-se no lugar de Maria. Que pensamentos e sentimentos passam por sua mente quando você ouve o que Gabriel diz no versículo 28? Versículo 31? Versículos 32-33? Versículo 35?
2. Qual dessas partes seria a mais difícil de você aceitar com a calma e a humildade que Maria expressa no versículo 38? Por quê?

Leia Lucas 1.46-55.

3. O que o cântico de Maria lhe diz a respeito de seu caráter e das coisas que são importantes para ela?

Leia João 19.25-30.

4. Imagine Maria vendo o filho morrer e lembrando-se de seu cântico em Lucas 1.46-55. O que aquele cântico representa para ela agora?
5. Em que circunstância você precisa dizer a Deus: "Sou serva do Senhor; que aconteça comigo conforme a tua palavra"? Isso é fácil ou difícil para você dizer? Explique sua resposta.

QUINTA-FEIRA • *Sua promessa*

Quando Deus diz que nada é impossível (Lc 1.37), fala com convicção. Ele é Todo-poderoso, Onipotente, o Salvador do mundo. Seja o que for que ele tenha prometido, mesmo que pareça difícil ou impossível de realizar, ele é capaz de cumprir e certamente fará isso.

Promessas nas Escrituras

> Pois o SENHOR, o seu Deus, secou o Jordão perante vocês até que o tivessem atravessado. [...] Ele assim fez para que todos os povos da terra saibam que a mão do SENHOR é poderosa e para que vocês sempre temam o SENHOR, o seu Deus.
>
> Josué 4.23-24

> Para o homem é impossível, mas para Deus todas as coisas são possíveis.
>
> Mateus 19.26

> Porque a loucura de Deus é mais sábia que a sabedoria humana, e a fraqueza de Deus é mais forte que a força do homem.
>
> 1Coríntios 1.25

SEXTA-FEIRA • *Seu legado de oração*

> Alegre-se, agraciada! O Senhor está com você!
>
> Lucas 1.28

MEDITE: Lucas 1.26-38.

LOUVE A DEUS: Porque nada é impossível para ele.

AGRADEÇA: Porque o corpo de uma mulher se tornou habitação da divindade.

CONFESSE: Qualquer tendência a desvalorizar-se por ser mulher.

PEÇA A DEUS: Que faça de você uma mulher que, como Maria, traz Jesus ao mundo, expressando seu caráter, poder, perdão e graça.

Eleve o coração

Escolha um episódio da vida de Maria — seu encontro com Gabriel, o nascimento de seu filho, a cena com os pastores, a apresentação no templo, a visita dos magos, a fuga para o Egito, a agonia do filho na cruz ou sua presença com os discípulos no cenáculo. Imagine-se no lugar dela. Quais são seus conflitos, suas alegrias? Que pensamentos passam por sua mente? Algo ou alguém poderia pegá-la de surpresa?

Peça ao Espírito Santo que oriente suas reflexões, que a ajude a imaginar sons, lugares e aromas que tragam vida a cada cena. Permita que as Escrituras alimentem sua alma com um entendimento mais profundo do propósito de Deus para a sua vida. Ore pela graça de ser como a mulher que disse: “Sou serva do Senhor; que aconteça comigo conforme a tua palavra”.

> *Tua presença toma conta de toda a minha alma, meu Deus, e não posso conter a alegria. Todos os que me virem me chamarão abençoada, porque tu me notaste. Viste minha humildade e minha necessidade, e preencheste meu vazio com tua presença. Torna-me mais semelhante a ti, para que, como Maria, eu possa mostrar quem és a um mundo que necessita desesperadamente de teu amor. Oro em nome do filho de Maria. Amém.*

SEMANA 38

Ana, a profetisa

SEU NOME SIGNIFICA *"favor" ou "graça"*

SEU CARÁTER: Casada por apenas sete anos, ela passou grande parte da viuvez jejuando e orando no templo, dedicando-se inteiramente a Deus. Foi profetisa e uma das primeiras pessoas a dar testemunho de Jesus.

SEU SOFRIMENTO: Por ser viúva deveria, provavelmente, estar entre os membros mais vulneráveis da sociedade, sem ninguém para sustentá-la financeiramente nem para cuidar dela, caso sua saúde deteriorasse.

SUA ALEGRIA: Ter contemplado com os próprios olhos o Messias, que tanto almejava ver.

TEXTO-CHAVE: Lucas 2.22-38.

SEGUNDA-FEIRA • *Sua história*

Um pequeno pássaro atravessou como uma flecha o átrio dos Gentios, voou até o átrio das Mulheres e, depois, para o pátio de Israel (um dos pátios internos do templo, acessível apenas aos homens judeus). Ana piscou os olhos, enquanto observava as asas que se moviam rapidamente à luz do sol e que, depois, desapareceram. Ela gostaria de saber em que lugar privilegiado o passarinho se refugiara.

Ana foi viúva durante a maior parte de seus 84 anos e passava os dias orando e jejuando no templo. Embora tivesse passado pelo átrio externo milhares de vezes, nunca deixou de notar a advertência inscrita em suas paredes, tanto em grego como em latim: "Nenhum estranho deve entrar na balaustrada ao redor do templo e o recinto cercado. Quem desobedecer certamente será condenado à morte". Entrar na presença do Santo era algo de fato assombroso.

Embora não pudesse repetir a oração dos homens judeus, que louvavam a Deus por não os ter criado como gentios nem como mulheres, Ana podia pelo menos ser grata pelo privilégio de subir além do átrio dos Gentios até o átrio das Mulheres, onde ficaria um pouco mais perto do Santo dos Santos. Ao chegar ali, ela curvou a cabeça, balançando o corpo ao ritmo de suas orações:

Como é agradável o lugar da tua habitação,
 SENHOR dos Exércitos!
A minha alma anela, e até desfalece,
 pelos átrios do SENHOR;
o meu coração e o meu corpo
 cantam de alegria ao Deus vivo.
Até o pardal achou um lar,
 e a andorinha um ninho para si,
para abrigar os seus filhotes,
 um lugar perto do teu altar,
ó SENHOR dos Exércitos,
 meu Rei e meu Deus.

Salmos 84.1-3

Uma voz interrompeu subitamente a recitação de Ana do salmo tão conhecido. Ela viu o velho Simeão carregando uma criança nos braços, gritando palavras que fizeram a alma de Ana vibrar:

Ó Soberano, como prometeste,
 agora podes despedir em paz o teu servo.
Pois os meus olhos já viram a tua salvação,
 que preparaste à vista de todos os povos:
luz para revelação aos gentios
 e para a glória de Israel, teu povo.

Lucas 2.29-32

De modo semelhante a ela, Simeão vivia unicamente para a salvação de Israel, em que, mesmo não tendo visto, ele acreditava. Ana ficou olhando enquanto os pais do menino se admiravam diante das palavras dele. Simeão devolveu a criança à mãe, falando desta vez em tom mais baixo:

— Este menino está destinado a causar a queda e o soerguimento de muitos em Israel, e a ser um sinal de contradição, de modo que o pensamento de muitos corações será revelado. Quanto a você, uma espada atravessará a sua alma.

Ana passou delicadamente os braços em volta dos ombros da jovem mãe e fitou a criança adormecida. Palavras de gratidão brotavam-lhe dos lábios. Seu coração flutuava com esperança inabalável. De modo mais vívido que Jacó, que sonhara com uma escada cheia de anjos, ou que Moisés, que vira a sarça em chamas no deserto, ela, Ana, viúva e profetisa da tribo de Aser, acabara de sentir a presença de Deus. Seus olhos viram o menino prometido, cujo brilho afugentaria as trevas e libertaria o povo de Deus.

Ela se sentia agora como um pardal voando livremente na casa de Deus. Não mais lhe importava a proibição de entrar nos átrios mais interiores do templo. O próprio Deus estava quebrando as paredes divisórias entre judeus e gentios, homens e mulheres, revelando-se a todos os que desejassem sua presença. Naquele dia, uma criança transformara o átrio das Mulheres no lugar mais santo de todos.

As Escrituras não mencionam se Ana realmente desejou receber permissão para entrar nos átrios interiores do templo de Jerusalém, mas sua ânsia pela presença de Deus era evidente. Ela era uma mulher com grande apetite espiritual, que entregou sua vida inteiramente nas mãos de Deus e foi recompensada ao conhecer Jesus e seus pais, apenas quarenta dias depois do nascimento dele, durante sua apresentação no templo.

TERÇA-FEIRA • *Sua vida e sua época*

Os átrios do templo

Ana, uma mulher idosa, provavelmente passara mais de sessenta anos no templo. De fato, nunca o havia deixado, mas "adorava a Deus jejuando e orando dia e noite" (Lc 2.37). Sua devoção se revela não apenas no fato de Ana ter passado todos aqueles anos em oração, mas sim de reconhecer o Cristo. (Afinal, Jesus estava com apenas cerca de seis semanas de vida.) Mesmo assim, embora tivesse renunciado a um estilo de vida normal e passasse horas por dia em oração, jejuando como sinal de devoção, ela ainda continuava proibida de entrar no recinto mais sagrado do templo. Apesar de relegada ao átrio exterior das mulheres, ela nunca permitiu que essa restrição oprimisse seu coração ou sufocasse seu amor por Deus.

Salomão construíra o primeiro templo, uma estrutura requintada de pedra calcária branca marchetada a ouro. Zorobabel construiu o segundo templo, quando os judeus voltaram do cativeiro na Babilônia. Herodes, o Grande, construiu o templo onde Ana adorava. Ele foi um construtor incansável, e o templo de Jerusalém foi apenas um de seus projetos.

O templo de Herodes possuía quatro átrios sucessivos, cada um mais exclusivo que o outro. O átrio externo era conhecido como átrio dos Gentios. Era o único lugar onde se permitia a entrada de não judeus. Esse átrio foi também o lugar onde, mais tarde, Jesus expulsou os comerciantes do templo. O átrio interno era dividido em duas partes: o átrio das Mulheres, onde Ana adorava, e o átrio de Israel. Mulheres e homens judeus podiam entrar no átrio das Mulheres, mas só os homens tinham permissão para entrar no átrio de Israel. O átrio dos Sacerdotes cercava o prédio do templo propriamente dito, ao qual só os sacerdotes levitas tinham acesso.

Os costumes daquela época podem ter restringido a localização física da adoração de Ana, mas não sua adoração e devoção. Seja uma Ana! Não permita que nada limite a sua devoção a Deus! Nenhuma regra ou restrição. Nenhum erro ou pecado do passado. Nenhuma situação na vida que você não consiga vencer. Não permita que nada impeça sua adoração a Deus e o reconhecimento de seu Salvador.

QUARTA-FEIRA • *Seu legado nas Escrituras*

Leia Lucas 2.22-38.

1. Simeão "esperava a consolação de Israel" (v. 25). Ana sabia que havia outras pessoas no tempo "que esperavam a redenção de Jerusalém" (v. 38). São referências à vinda do Messias. Como alguém se sentiria se tivesse de aguardar com esperança durante todos aqueles anos?
2. O que as palavras de Simeão revelam a respeito da missão de Jesus?
3. Em sua opinião, por que muitas pessoas estavam esperando e orando pelo Messias? O que isso diz a respeito de como elas encaravam a vida?
4. Descreva o estilo de vida de Ana (v. 37). Que aspectos parecem atraentes ou estranhos para você?
5. O que você espera que Deus realize antes de sua morte? Ou se não espera nada, explique por quê.

QUINTA-FEIRA • *Sua promessa*

A vida de Ana girava em torno da oração e do jejum no templo. Evidentemente, ela não tinha família, nem casa, nem emprego. Deus era sua família; o templo, sua casa; e a oração, sua ocupação. Embora você talvez não tenha a possibilidade de dedicar tanto tempo à oração como Ana, saiba que o tempo que você dedicar nunca será um desperdício. Se você anseia por ver o Salvador e sentir a presença dele em sua vida, inspire-se na devoção de Ana.

Promessas nas Escrituras

> Obedeçam-me, e eu serei o seu Deus e vocês serão o meu povo. Vocês andarão em todo o caminho que eu lhes ordenar, para que tudo lhes vá bem.
>
> Jeremias 7.23

> Ele mostrou a você, ó homem,
> o que é bom e o que o SENHOR exige:
> pratique a justiça, ame a fidelidade
> e ande humildemente com o seu Deus.
>
> Miqueias 6.8

> Nunca lhes falte o zelo, sejam fervorosos no espírito, sirvam ao Senhor.
>
> Romanos 12.11

SEXTA-FEIRA • *Seu legado de oração*

> Nunca deixava o templo: adorava a Deus jejuando e orando dia e noite.
>
> Lucas 2.37

MEDITE: Lucas 2.36-38.

LOUVE A DEUS: Porque Jesus é o verdadeiro Pão do céu que satisfaz o coração faminto.

AGRADEÇA: A vida dos homens e mulheres que sentem fome e sede do reino de Deus.

CONFESSE: Qualquer inclinação para se concentrar tanto em suas próprias preocupações a ponto de deixar de orar pelas necessidades dos outros.

PEÇA A DEUS: Que aumente seu interesse pelo reino.

Eleve o coração

Ana fez mais do que simplesmente ansiar pela vinda do Messias; ela jejuava e orava dia e noite pela vinda do reino de Deus. Embora o cristianismo tenha sido propagado mundo afora, ainda existem pessoas que sofrem os males da guerra e da injustiça, muitas que têm pouco ou nada para comer, e muitas outras que vivem nas trevas espirituais. Nesta semana, vá além de seus interesses imediatos. Pegue um atlas, mapa ou globo e escolha um país pelo qual orar. Leia artigos que a ajudem a compreender o que está acontecendo nesse país. Jejue e ore pela paz, pelo pão diário, pela liberdade e pela justiça, e para que a luz de Cristo brilhe sobre esse povo.

Jesus, anseio que tua luz se espalhe por toda a Terra, para que os povos do mundo inteiro venham a conhecer-te. Dá-me hoje o desejo ardente de orar por outra nação ou grupo étnico que não te conheça como deveria. Mostra-me como orar de maneira que teu reino seja edificado.

SEMANA 39

A samaritana

SEU CARÁTER: Desprezada pelos judeus por ser samaritana e desdenhada por causa de suas várias ligações amorosas, ela não teria sido a primeira escolha da maioria das pessoas para levar o evangelho a uma região onde ele ainda não havia sido pregado.

SEU SOFRIMENTO: Ter vivido de uma forma que a levou a ser marginalizada pela sociedade.

SUA ALEGRIA: Porque Jesus derrubou as barreiras da cultura, raça e religião, a fim de revelar-se a ela.

TEXTO-CHAVE: João 4.1-42.

SEGUNDA-FEIRA • *Sua história*

Todos os dias, a mulher levava seu cântaro à fonte de Jacó, em Sicar, uma cidade localizada entre Jerusalém e Nazaré. Embora fosse a hora mais quente do dia, ela preferia chegar lá antes do anoitecer, quando as outras mulheres se reuniam para buscar água. Já estava cansada da língua ferina daquelas mulheres! Melhor o calor escaldante que seus comentários mordazes.

Naquele dia, porém, para sua surpresa, alguém já havia chegado à fonte — um judeu da Galileia, ao que tudo indicava. Pelo menos, não havia nada a temer do que ele lhe diria, pois os judeus evitavam os samaritanos ao máximo; desprezavam-nos como raça mestiça que não adorava no templo de Jerusalém, mas no santuário do monte Carmelo. Desta vez, ela ficou contente por sua presença não ser notada, e agradecida porque os homens não se dirigiam às mulheres em público.

Ao aproximar-se da fonte, no entanto, o homem surpreendeu-a quebrando as regras com as quais ela contava para se proteger.

— Dê-me um pouco de água — ele pediu.

"Que tipo de judeu era aquele?", ela se perguntou. "Certamente, não era fariseu ou, então, devia ter tomado a estrada mais longa ao redor de Samaria para chegar à Galileia."

Com um menear de cabeça, ela respondeu:

— Como o senhor, sendo judeu, pede a mim, uma samaritana, água para beber?

Ele, porém, não se deu por vencido:

—Se você conhecesse o dom de Deus e quem lhe está pedindo água, você lhe teria pedido e ele lhe teria dado água viva.

— O senhor não tem com que tirar a água — ela replicou — e o poço é fundo. Onde pode conseguir essa água viva? Acaso o senhor é maior do que o nosso pai Jacó, que nos deu o poço, do qual ele mesmo bebeu, bem como seus filhos e seu gado?

"Isso com certeza vai silenciá-lo", ela pensou.

O homem, porém, não desistiu.

— Vá, chame o seu marido e volte.

Este último pedido deixou-a sem palavras. A língua afiada da mulher mal pôde responder:

— Não tenho marido.

— Você falou corretamente, dizendo que não tem marido. O fato é que você já teve cinco; e o homem com quem agora vive não é seu marido. O que você acabou de dizer é verdade.

As palavras dele feriram-na. Desvencilhando-se da mágoa, ela tentou mudar de assunto, distraindo-o com a velha controvérsia entre judeus e samaritanos:

— Senhor, vejo que é profeta. Nossos antepassados adoraram neste monte, mas vocês, judeus, dizem que Jerusalém é o lugar onde se deve adorar.

Jesus declarou:

— Creia em mim, mulher: está próxima a hora em que vocês não adorarão o Pai nem neste monte, nem em Jerusalém. Vocês samaritanos, adoram o que não conhecem; nós adoramos o que conhecemos, pois a salvação vem dos judeus. No entanto, está chegando a hora, e de fato já chegou, em que os verdadeiros adoradores adorarão o Pai em espírito e em verdade. São estes os adoradores que o Pai procura.

A mulher replicou:

— Eu sei que o Messias, chamado Cristo, está para vir. Quando ele vier, explicará tudo para nós.

Disse-lhe Jesus:

— Eu sou o Messias! Eu, que estou falando com você.

Deixando seu cântaro, a mulher voltou à cidade e disse ao povo:

— Venham ver um homem que me disse tudo o que tenho feito. Será que ele não é o Cristo?

Enquanto isso, os discípulos, que tinham ido à cidade buscar alimento, voltaram e insistiram com ele:

— Mestre, come alguma coisa.

Jesus, porém, respondeu:

— Tenho algo para comer que vocês não conhecem.

Golpe, contragolpe — não importa o que ela dissesse, Jesus não recuava. Ele continuou pressionando sob a superfície, convidando-a a ter um entendimento mais profundo, deixando-a sem ação ao revelar que conhecia os detalhes mais íntimos da vida dela. Vencida, a mulher finalmente admitiu a verdade. E foi então que Jesus a surpreendeu com uma revelação sobre si mesmo: admitiu, pela primeira vez, que era o Messias. Sem saber, ela havia conversado com o Salvador.

Jesus chegara à fonte sedento, faminto e cansado da viagem do norte até a Galileia. Mas, quando os discípulos voltaram das compras em Sicar, ele parecia descansado e restaurado pelo seu encontro com a samaritana.

Ela, por sua vez, sentiu-se tão profundamente impressionada com as palavras dele, que declarou a quem quisesse ouvir que Jesus lhe tinha dito tudo quanto ela havia feito. Diante da insistência dos samaritanos, Jesus ficou mais dois dias, e muitos vieram a crer, dizendo à mulher:

— Agora cremos não somente por causa do que você disse, pois nós mesmos o ouvimos e sabemos que este é realmente o Salvador do mundo.

TERÇA-FEIRA • *Sua vida e sua época*

Água

Água fresca e cristalina. Uma comodidade que a maioria de nós considera normal. Abrimos a torneira, e temos prontamente água limpa e fresca à disposição. Na Palestina, entretanto, a água era escassa e valiosa.

Os verões longos e quase sempre sem chuva deixam a maioria dos rios da Palestina completamente secos. Até o rio Jordão fica raso, estreito e lamacento nos meses de verão. Os primeiros povos da Palestina dependiam da chuva durante os meses de primavera e de outono para supri-los de água. Apesar de escassa em outras épocas do ano, a chuva nessas estações abastecia as fontes e os poços e mantinha as cisternas cheias de água.

Os judeus tinham o hábito de coletar cada gota de água da chuva, guardando-a para uso futuro durante as estações secas. As cisternas — tanques cobertos e escavados na rocha especialmente para acumular água da chuva — eram numerosas. Em Jerusalém, somente a área do templo tinha 37 cisternas, uma delas com capacidade para estocar mais de sete milhões de litros de água. Regos, canos e canais levavam a água da chuva da superfície para as cisternas subterrâneas, para que houvesse um suprimento constante de água, até mesmo durante os períodos de seca.

O orvalho denso proporcionava boa parte da umidade necessária para o crescimento das colheitas nos meses de verão. As noites quentes e sem nuvens dos verões na Palestina ofereciam ótimas condições para a formação do orvalho. Nos lugares em que havia bastante água, os lavradores regavam as colheitas e vinhedos, a fim de aumentar ao máximo a produção de um campo.

A água potável era estocada e carregada em peles de cabra. Muitas cidades vendiam água potável nos mercados e nas ruas. Um volume de água pequeno era usado para lavar, pelo fato de ser muito escassa. Todavia, a boa hospitalidade exigia que o hóspede, ao chegar à casa de alguém, recebesse uma bacia com água para lavar pelo menos os pés e as mãos depois de andar pelas estradas empoeiradas (Gn 18.4; Jo 13.5).

Buscar a água para uso diário no poço ou cisterna da vizinhança era tarefa das mulheres mais jovens de uma casa. Elas geralmente iam ao poço no fim da tarde, quando o ar estava mais fresco. É interessante notar que a samaritana foi ao poço ao meio-dia ("a hora sexta"), provavelmente para evitar as outras mulheres, que poderiam olhá-la com desprezo.

A água é usada de maneira simbólica ao longo das Escrituras. Davi comparou seus problemas a "águas profundas" (Sl 69.1-2,14) e "violentas" (124.5). Provérbios compara as palavras das pessoas a águas profundas, e a palavras sábia a "ribeiro que transborda" (Pv 18.4). A boa notícia é como "água fresca" (25.25). Várias passagens referem-se a nossos pecados sendo lavados (Sl 51.7; Ef 5.26; Hb 10.22). Jesus disse à samaritana que possuía um tipo de água que mataria sua sede para sempre. A água da qual ele falava não era, como é natural, composta de duas partes de hidrogênio e uma de oxigênio, mas água espiritual, que nos preencherá de tal forma que todas as nossas necessidades e desejos serão satisfeitos, e nossa sede será saciada.

QUARTA-FEIRA • *Seu legado nas Escrituras*

Leia João 4.4-42.

1. Acompanhe as reações emocionais da samaritana durante seu encontro com Jesus. Em sua opinião, o que ela estava sentindo nos versículos 7-9? Em 10-12? Em 13-15? No versículo 16? Em 17-20? E em 21-26?
2. Ao examinar a vida dela, qual era sua sede verdadeira, em sua opinião?
3. O que você usa para matar sua sede espiritual sem a presença de Cristo? Sua família? Carreira profissional? Fazer compras? Divertimento?
4. Os versículos 25-26 descrevem a primeira vez que Jesus revelou quem ele era. Por que você acha que ele escolheu dizer isso àquela mulher rejeitada pela sociedade, uma samaritana, em vez de contar aos líderes da religião e cultura judaicas ou a seus discípulos? Que reação você teria se fosse a escolhida?
5. Em sua opinião, o que convenceu a samaritana de que Jesus era quem ele disse ser?
6. Se Jesus é realmente o Salvador que conhece tudo o que você fez, o que a samaritana pode ensinar-lhe sobre como reagir a ele hoje?

QUINTA-FEIRA • *Sua promessa*

Você está sedenta? Há um anseio em seu coração que aparentemente não pode ser satisfeito? Você deseja algo para encher um espaço, um vazio que não consegue explicar? Você pode procurar em toda parte, experimentar de tudo, mas não encontrará nada neste mundo que a satisfaça. Só Jesus pode proporcionar a água viva que a fará transbordar, que satisfará todos os seus anseios, que matará sua sede de modo tão completo que você nunca mais terá sede.

Promessas nas Escrituras

Satisfaze-me pela manhã com o teu amor leal,
e todos os nossos dias cantaremos felizes.

Salmos 90.14

Bem-aventurados os que têm fome e sede de justiça,
pois serão satisfeitos.

Mateus 5.6

Bem-aventurados vocês, que agora têm fome,
pois serão satisfeitos.

Lucas 6.21

Jesus respondeu: "Quem beber desta água terá sede outra vez, mas quem beber da água que eu lhe der nunca mais terá sede. Ao contrário, a água que eu lhe der se tornará nele uma fonte de água a jorrar para a vida eterna".

João 4.13

SEXTA-FEIRA • *Seu legado de oração*

Então, deixando o seu cântaro, a mulher voltou à cidade e disse ao povo: "Venham ver um homem que me disse tudo o que tenho feito. Será que ele não é o Cristo?". Então saíram da cidade e foram para onde ele estava.

João 4.28-30

MEDITE: João 4.4-42.

LOUVE A DEUS: Porque em seu reino, os últimos serão os primeiros.

AGRADEÇA: A maneira como ele revelou que você necessita dele.

CONFESSE: Qualquer tendência de agir como se Deus não pudesse usar suas necessidades, mas apenas sua força.

PEÇA A DEUS: Que a torne humilde, a fim de enfrentar sua enorme necessidade de graça.

Eleve o coração

É sempre difícil reconhecer que somos pecadores, principalmente se pensarmos que Deus nos ama de acordo com nosso comportamento.

Embora, talvez, nunca cheguemos a expressá-lo, esse pensamento molda nossa teologia mais do que gostaríamos de admitir. Nesta semana, faça uma lista de tudo o que Deus sabe a seu respeito e que você desejaria que ele não soubesse. Manifeste seu agradecimento por ele amá-la apesar de seus pecados. Depois, rasgue a lista, lembrando-se das palavras de Salmos 103.11-12:

> Pois como os céus se elevam acima da terra,
> assim é grande o seu amor para com os que o temem;
> e como o Oriente está longe do Ocidente,
> assim ele afasta para longe de nós as nossas transgressões.

Senhor, tu conheces tudo a meu respeito, até as coisas que escondo de mim mesma. Concede-me a graça de admitir meus pecados, crendo que, embora me vejas como sou, continuas a me amar. Ajuda-me a abrir mão de qualquer coisa que me impeça de experimentar a água vida de teu Santo Espírito transbordando de dentro de mim.

SEMANA 40

A mulher pecadora

SEU CARÁTER: Ela era uma mulher de má fama, pecadora, possivelmente uma prostituta ou adúltera. Em vez de tentar defender o que era indefensável em sua vida, confessou seu pecado e fez de si mesma um espetáculo público ao manifestar seu amor e gratidão de maneira apaixonada.

SEU SOFRIMENTO: Ter ofendido tanto a Deus.

SUA ALEGRIA: Porque Jesus perdoou seus pecados e elogiou sua grande fé e amor.

TEXTO-CHAVE: Lucas 7.36-50.

SEGUNDA-FEIRA • *Sua história*

A mulher sentiu como se o mundo tivesse se transformado de repente. Portas se abriram, muros desmoronaram, pensamentos sobre o futuro a emocionavam em vez de aterrorizá-la. Ela se sentia purificada e íntegra, inocente como uma adolescente morando ainda na casa do pai. Seu coração era uma mistura incontrolável de tristeza e de alegria, enquanto ela seguia o rabino que acabara de atravessar a porta.

Sem fazer caso dos olhares dos homens, caminhou até a mesa à qual Jesus se reclinava. Levava nas mãos um frasco de alabastro com perfume. Seu corpo tremia ao aproximar-se dele. Ela mal sabia o que estava fazendo quando cobriu de beijos os pés dele e, depois, os ungiu com o precioso bálsamo e os enxugou com seus cabelos. De que outra forma poderia expressar seus sentimentos ao homem que tanto a amara?

Como qualquer bom fariseu, Simão era obediente à lei e media seus dias de acordo com o ritmo firme das regras segundo as quais vivia. Elas eram a garantia de sua pureza e lhe davam sensação de segurança. O Deus santo havia sido muito bondoso ao fornecer um guia para os justos, um estilo de vida para separá-los dos judeus comuns — como a mulher que acabara de entrar pela porta esperando obter algumas migalhas da sua mesa.

Simão ficou surpreso ao ver uma pecadora entrar em sua casa, mesmo que estivesse com fome. Sua surpresa, porém, aumentou ao notar que ela não estava comendo nada; antes, ela chorava copiosamente, a ponto de suas lágrimas se derramarem nos pés de um de seus convidados. Tudo naquela cena o repelia, ofendendo seu senso de ordem — uma conhecida meretriz beijando os pés do homem, enxugando-os com os cabelos e depois derramando perfume neles. Era um espetáculo espantoso.

Mais espantoso ainda foi o fato de o convidado parecer estar gostando da atenção. O anfitrião disse a si mesmo: "Se este homem fosse profeta, saberia quem nele está tocando e que tipo de mulher ela é: uma 'pecadora'". Todas as suas dúvidas a respeito de Jesus cessaram diante da cena que acabara de testemunhar. Sua maneira ordenada de ver o mundo estava agora segura, respaldada pelo julgamento que acabara de fazer.

Como se tivesse ouvido os pensamentos secretos de Simão, Jesus voltou-se para ele e disse:

— Simão, tenho algo a lhe dizer. Dois homens deviam a certo credor. Um lhe devia quinhentos denários e o outro, cinquenta. Nenhum dos dois tinha com que lhe pagar, por isso perdoou a dívida a ambos. Qual deles o amará mais?

Simão respondeu:

— Suponho que aquele a quem foi perdoada a dívida maior.

— Você julgou bem — disse Jesus.

E, virando-se para a mulher, disse a Simão:

— Vê esta mulher? Entrei em sua casa, mas você não me deu água para lavar os pés; ela, porém, molhou os meus pés com suas lágrimas e os enxugou com seus cabelos. Você não me saudou com um beijo, mas esta mulher, desde que entrei aqui, não parou de beijar os meus pés. Você não ungiu a minha cabeça com óleo, mas ela derramou perfume nos meus pés. Portanto, eu lhe digo, os muitos pecados dela lhe foram perdoados; pois ela amou muito. Mas aquele a quem pouco foi perdoado, pouco ama.

Os outros convidados começaram a dizer entre si:

— Quem é este que até perdoa pecados?

Jesus disse então à mulher:

— Sua fé a salvou, vá em paz.

Embora fosse uma pecadora conhecida, aquela mulher reconheceu sua grande necessidade de graça. O arrependimento transformou seu mundo, abrindo uma perspectiva completamente nova das coisas. Simão, em contraste, era um homem religioso que, sem dúvida, dera o melhor de si para viver de maneira respeitável. Seu pecado estava encoberto, escondido até dele próprio. Seu hábito de julgar os outros formara uma cerca ao redor de sua visão unidimensional do universo, protegendo sua vida confortável e ordeira do poder imprevisível da graça.

Tanto Simão quanto a mulher, entretanto, tinham uma dívida que não podiam pagar. Embora o pecado de Simão fosse menos evidente, era mais perigoso. Ele era como um homem seguindo um mapa que certamente o levaria ao céu — mas quando o céu desceu e entrou em sua casa, ele nem sequer o reconheceu. Em contrapartida, a mulher entendeu que estava completamente perdida. Por ter sido muito perdoada, ela muito amou. Encontrou o céu aos pés de Jesus.

TERÇA-FEIRA • *Sua vida e sua época*

Lavagem dos pés

A cena dessa história relata uma das cerca de treze vezes em que as Escrituras falam sobre a lavagem dos pés. A mulher pecadora realizou a tarefa reservada ao servo mais humilde, mais inexperiente da casa.

A maioria das pessoas na Palestina usava sandálias ou andava descalça, de modo que seus pés viviam sujos com a poeira das estradas e dos campos. Ao entrar numa casa, elas retiravam as sandálias na porta. O bom anfitrião providenciava para que os pés dos convidados fossem lavados tão logo entrassem na casa. Apenas uma bacia com água e uma toalha eram suficientes. Depois de andar pelas estradas empoeiradas, a lavagem deixava os pés limpos para entrar na casa e também proporcionava uma sensação de frescor para a visita.

Quando três visitantes apareceram a Abraão, "perto dos carvalhos de Manre", onde vivia (esse não lhe parece um lugar delicioso para morar?), ele providenciou água para lavarem os pés (Gn 18.1-5). Ló revelou as regras básicas da hospitalidade oriental quando convidou os dois anjos para entrar em sua casa, dizendo que poderiam passar a noite lá e lavar os pés (19.1-3). Labão ofereceu água a todos os companheiros do servo de Abraão para lavarem os pés (24.32). No Egito, José fez questão que seus irmãos tivessem água para lavar os pés depois de sua longa viagem da Palestina (43.24). Os sacerdotes deviam sempre lavar os pés e as mãos antes de entrar no templo

(Êx 30.19-21). Não é de admirar que a lista de boas obras a serem feitas pelas viúvas do Novo Testamento, além da criação de filhos e do exercício da hospitalidade, incluísse "lavar os pés dos santos" (1Tm 5.10).

Uma vez que a lavagem dos pés era uma tarefa reservada ao servo mais humilde da casa, o ato de Jesus lavar os pés dos discípulos (Jo 13) torna-se ainda mais comovente. Sua atitude os surpreendeu, mostrando-lhes da maneira mais clara possível como ser um servo-líder. Lavando os pés. Tocando pés sujos de pó e de sujeira. Ajoelhando-se diante daqueles que, por dever, deveriam ajoelhar-se diante dele!

Nem sempre é fácil, não é mesmo? Há tarefas desagradáveis, humildes, que requerem pouca habilidade e chamam pouca atenção. Esfregar o chão da cozinha da igreja. Lavar o cabelo engordurado de um homem idoso que não consegue fazer isso sozinho. Dobrar a roupa lavada. Cuidar de um filho doente. Que tarefas de serva estão em sua lista de deveres para hoje? O importante não é a tarefa em si, mas o que está em seu coração ao fazê-la. Você vai realizá-la com o pensamento de que nasceu para fazer coisas mais importantes? Ou com um amor puro pela pessoa a quem serve?

QUARTA-FEIRA • *Seu legado nas Escrituras*

Leia Lucas 7.36-50.

1. O que custou para aquela mulher fazer o que ela fez?
2. O que precisaria acontecer para você expressar seu amor por Jesus de maneira tão aberta?
3. Em sua opinião, em que a mulher estava pensando enquanto Jesus conversava com Simão (v. 40-47)? E quando Jesus falou dela (v. 48-50)?
4. Como você reagiria se uma prostituta entrasse em sua igreja ou em sua casa durante um estudo bíblico e agisse daquela forma?
5. De que maneira você pode ser compreensiva e demonstrar amor por aqueles cuja vida foi destruída pelo pecado, como a mulher dessa história? Por aqueles cuja vida é caracterizada pelo julgamento de outros, como o fariseu? Quem precisa mais de perdão?
6. Reserve um tempo para pensar na dívida que Jesus cancelou por você. Pense nos pecados específicos pelos quais ele lhe perdoou. Como você pode expressar gratidão?

QUINTA-FEIRA • *Sua promessa*

Sejamos sinceras. Muitas de nós reagiriam a essa pecadora com a mesma atitude do fariseu. É muito mais fácil julgar as pessoas cuja vida foi destruída pelo pecado do que amá-las. Jesus, porém, olhou para a mulher e para Simão e viu a mesma coisa: necessidade de perdão. E o concedeu gratuitamente. Não sabemos qual foi a reação de Simão, mas a da mulher é evidente em suas lágrimas e beijos.

Essa história não está incluída na Bíblia apenas para que vejamos o perdão concedido a uma pecadora; está incluída para que saibamos que, por mais pecadoras que sejamos, por mais destruídas, por mais entrincheiradas que estejamos no erro, o perdão nos será concedido. Basta que o busquemos pela fé — essa é a promessa do Senhor.

Promessas nas Escrituras

Por amor do teu nome, SENHOR,
perdoa o meu pecado, que é tão grande!

Salmos 25.11

Quando os nossos pecados pesavam sobre nós,
tu mesmo fizeste propiciação por nossas transgressões.

Salmos 65.3

[...] todo o que nele crê recebe o perdão dos pecados mediante o seu nome.

Atos 10.43

Nele temos a redenção por meio de seu sangue, o perdão dos pecados, de acordo com as riquezas da graça de Deus, a qual ele derramou sobre nós com toda a sabedoria e entendimento.

Efésios 1.7-8

Pois ele nos resgatou do domínio das trevas e nos transportou para o Reino do seu Filho amado, em quem temos a redenção, a saber, o perdão dos pecados.

Colossenses 1.13-14

SEXTA-FEIRA • *Seu legado de oração*

> Portanto, eu lhe digo, os muitos pecados dela lhe foram perdoados; pois ela amou muito. Mas aquele a quem ouço foi perdoado, pouco ama.
>
> Lucas 7.47

MEDITE: Lucas 7.36-50.

LOUVE A DEUS: Pelo poder do perdão em sua vida.

AGRADEÇA: Porque Deus está sempre pronto a lhe perdoar, seja qual for a frequência ou a gravidade de seu pecado.

CONFESSE: Qualquer farisaísmo que tenha entrado em sua vida.

PEÇA A DEUS: Que a proteja do orgulho, capacite-a a enxergar seus pecados e a crer no desejo e poder dele para conceder-lhe perdão.

Eleve o coração

Quanto tempo faz que as lágrimas de arrependimento lavaram sua alma? Você acha mais fácil ficar olhando as fraquezas dos outros que as suas? Atitudes ásperas em relação aos pecados visíveis de outros — ou até mesmo em relação aos pecados de políticos sem princípios ou de um marido insensível — só farão murchar seu amor por Deus.

Não importa se já faz tempo ou não que você entregou sua vida ao Senhor, há sempre um jeito de o orgulho se infiltrar novamente em seu coração, prendendo-a a uma visão em preto e branco do universo. Lembre-se de que o fariseu recebeu pouco perdão, não porque não havia consequências para seu pecado, mas porque seu arrependimento foi muito pequeno. Nesta semana, sonde seu coração para descobrir qualquer crítica — grande ou pequena — que você tenha feito a respeito de outras pessoas. Faça uma lista das pessoas que você julga tê-la ofendido. Depois, rasgue a folha como sinal de que está arrependida dos julgamentos feitos. Da próxima vez que for tentada a julgar alguém, repita depressa esse exercício em sua mente.

> *Senhor, quando outros me rejeitaram, tu me abraçaste. O que era intocável em mim foi tocado por ti. Faz de mim uma mulher que ame muito, uma mulher que não tema cair a teus pés para banhá-los com lágrimas.*

A mulher com hemorragia

SEU CARÁTER: Em grande desespero para ser curada, ela passou por cima das convenções da época para ter a oportunidade de tocar em Jesus.

SEU SOFRIMENTO: Ter padecido de uma doença crônica que a isolou dos outros.

SUA ALEGRIA: Depois de longos anos de sofrimento, ela finalmente encontrou paz e libertação.

TEXTOS-CHAVE: Mateus 9.20-22; Marcos 5.25-34; Lucas 8.43-48.

SEGUNDA-FEIRA • *Sua história*

A mulher estava indecisa diante da multidão. Sem ser notada, ela foi se misturando com o povo, como mais uma abelha penetrando na colmeia. A vergonha que sentia foi desaparecendo lentamente, substituída por uma sensação de alívio. Ninguém a impedira de se juntar à multidão. Ninguém repelira seu toque.

Ela se aproximou mais, porém um grupo barulhento de homens ainda lhe bloqueava a visão. Ouviu Jairo, um dos dirigentes da sinagoga, falando em voz alta para abafar o vozerio, suplicando a Jesus a cura de sua filha antes que fosse tarde demais.

De repente, o grupo à sua frente se movimentou, partindo-se como as águas do Jordão diante dos filhos da promessa. Era tudo de que ela precisava. Foi abrindo caminho com o braço, e seus dedos tocaram a borda do manto de Jesus. Na mesma hora, uma onda de calor lhe sobreveio, expulsando o sofrimento, a doença. Sua pele formigou e ela estremeceu. Ela sentiu-se forte e confiante — tão atordoada e contente que seus pés queriam levá-la embora antes de atrair a atenção para si com uma risada escandalosa diante daquele milagre silencioso.

Jesus, porém, impediu sua fuga e calou a multidão com uma pergunta curiosa:

— Quem tocou em mim?

— Quem tocou nele? Ele deve estar brincando! — vozes murmuraram. — As pessoas estão se empurrando e se acotovelando para se aproximar dele!

A mulher, agora trêmula, ajoelhou-se aos pés dele:

— Durante doze anos sofri de hemorragia e gastei todo o meu dinheiro com médicos, mas só piorei. Hoje, eu sabia que, se pudesse apenas tocar em sua roupa, seria curada.

Ela sabia também que um simples toque poderia contaminar as pessoas com sua impureza, até mesmo o rabino.

Doze anos de solidão. Doze anos em que os médicos lhe extraíram todos os seus bens. Sua aflição pessoal passara a ser de domínio público. Cada xícara que manuseava, cada cadeira em que sentava poderia contaminar outras pessoas. Embora fosse de natureza ritual, e não ética, sua impureza a excluía da sociedade, impossibilitando de viver com um marido, conceber filhos ou apreciar a companhia de amigos e familiares. O rabino, com certeza, a repreenderia.

Em vez de censurá-la e de envergonhá-la, Jesus a elogiou:

— Filha, a sua fé a curou! Vá em paz e livre-se do seu sofrimento.

As palavras de Jesus devem ter sido como a água rompendo um dique, pondo fim ao seu isolamento e libertando-a. Ele não se dirigira a ela com rispidez, mas sim com ternura; não a chamou de "mulher" ou "pecadora"; chamou-a de "filha". Ela não estava mais sozinha; agora fazia parte da família dele por meio da fé.

Naquele dia, um grande número de homens e de mulheres havia tocado Jesus, mas só uma pessoa o tocou verdadeiramente. Em vez de Jesus ser contaminado pelo contato com ela, o toque dele se mostrara ainda mais contagioso, tornando-a pura e sadia outra vez.

TERÇA-FEIRA • *Sua vida e sua época*

Menstruação

Qualquer mulher que tenha sofrido por causa de uma "hemorragia" conhece as dificuldades e os efeitos debilitantes desse mal. Quando o sangue flui continuamente em vez de seguir o padrão regular mensal, as mulheres são obrigadas a suportar não só as inconveniências dessa condição, como também sofrem perda de forças e de peso.

A mulher dessa história sofreu esse tipo de hemorragia durante doze longos anos. Provavelmente estava fraca e magra. Por causa da impureza ritual que acompanhava tal condição, talvez ela não aparecesse muito em público. Imagine doze anos nesta situação:

> Quando uma mulher tiver um fluxo de sangue por muitos dias fora da sua menstruação normal, ou um fluxo que continue além desse período, ela ficará impura enquanto durar o corrimento, como nos dias da sua menstruação. Qualquer cama em que ela se deitar enquanto continuar o seu fluxo estará impura, como acontece com a sua cama durante a sua menstruação, e tudo sobre o que ela se sentar estará impuro, como durante a sua menstruação. Quem tocar em alguma dessas coisas ficará impuro; lavará as suas roupas e se banhará com água, e ficará impuro até a tarde.
>
> Levítico 15.25-27

Uma mulher era considerada impura por apenas sete dias durante a menstruação (Lv 15.19). A mulher dessa história, no entanto, suportou não apenas a inconveniência, mas também a maldição de viver impura por doze anos. Qualquer pessoa ou coisa em que tocasse tornava-se impura. Imagine só: ela oferece um prato de comida ao marido e suas mãos se tocam — ele fica impuro. Ajuda a vizinha a lavar roupa e suas mãos se tocam — a vizinha fica impura. Qualquer cadeira ou poltrona em que ela se sentasse em casa se tornava impura, bem como qualquer coisa sobre a qual sentasse na casa de um vizinho ou em locais públicos. Em pouco tempo, todos ficaram cientes de seu estado impuro e ninguém queria ficar perto dela.

Vários problemas podem ter causado a doença da mulher: tumores fibrosos, infecção, desequilíbrio hormonal. Qualquer que fosse a causa, os médicos que a trataram no decorrer dos anos haviam tirado todo o seu dinheiro, sem dar-lhe nenhum alívio. Com sua franqueza e compaixão características, Marcos, o autor do Evangelho que leva seu nome, diz que a mulher "padecera muito sob o cuidado de vários médicos" (Mc 5.26). De fato, é provável que muitas vezes a cura que proporcionaram foi pior que a própria doença. Por mais dinheiro que ela gastasse e por maior que fosse sua agonia, sua moléstia parecia impossível de ser curada. Até o dia em que ela encontrou o Deus dos impossíveis.

O que os médicos não puderam fazer Jesus pôde. Nada de tratamentos repulsivos nem penosos. Nada de visitas a médicos mais interessados em ganhos financeiros que em sua cura. Com um toque suave e gentil em seu manto, ela sarou. Curada. Livre. Num piscar de olhos!

A glória de Cristo está no fato de que ele tem sucesso onde outros falham. Cristo traz cura quando os médicos dizem que é impossível. Oferece perdão quando o coração afirma que nunca poderá ser perdoado. Traz consolo quando o sofrimento é grande demais para suportar, e paz em meio ao caos. Ele apresenta o possível depois de doze anos de impossibilidade.

QUARTA-FEIRA • *Seu legado nas Escrituras*

Leia Marcos 5.24-34.

1. Escolha três palavras para descrever o sofrimento dessa mulher durante doze anos.
2. É provável que ela tenha tocado outras pessoas acidentalmente enquanto tentava se aproximar de Jesus. Na qualidade de mulher impura, que risco ela estava correndo ao fazer isso? O que a levou a aceitar tal risco?
3. Em sua opinião, por que a mulher estava com medo de admitir que havia tocado em Jesus?
4. Há algum aspecto da vida dessa mulher — seu sofrimento, suas atitudes, sua cura — com o qual você se identifica? Qual?
5. Se você tem recorrido a Jesus em busca de cura e ainda não a recebeu, o que acha dessa história?

QUINTA-FEIRA • *Sua promessa*

Deus promete nos curar. Essa afirmação pode parecer duvidosa para muitos que sofrem de males e de incapacidade física por anos a fio, mas precisamos lembrar que nosso conceito de cura não é necessariamente o mesmo de Deus. Para alguns, a cura talvez não ocorra aqui neste mundo. A verdadeira cura — aquela que tornará sãos até os que não sofrem de nenhuma doença física específica neste mundo — ocorrerá no céu, e não aqui. Lá, Deus promete realizar a cura definitiva de nossas enfermidades e deficiências físicas e de nossa inclinação para o pecado.

Promessas nas Escrituras

> [...] eu sou o SENHOR que os cura.
>
> Êxodo 15.26

> SENHOR meu Deus, a ti clamei por socorro,
> e tu me curaste.
>
> Salmos 30.2

> Bendiga o SENHOR a minha alma!
> Bendiga o Senhor todo o meu ser!
> Bendiga o SENHOR a minha alma!
> Não esqueça nenhuma de suas bênçãos!
> É ele que perdoa todos os seus pecados
> e cura todas as suas doenças,
> que resgata a sua vida da sepultura
> e o coroa de bondade e compaixão.
>
> Salmos 103.1-4

> Agora o tabernáculo de Deus está com os homens, com os quais ele viverá. Eles serão os seus povos; o próprio Deus estará com eles e será o seu Deus. Ele enxugará dos seus olhos toda lágrima. Não haverá mais morte, nem tristeza, nem choro, nem dor, pois a antiga ordem já passou.
>
> Apocalipse 21.3-4

SEXTA-FEIRA • *Seu legado de oração*

> Quando ouviu falar de Jesus, chegou por trás dele, no meio da multidão, e tocou em seu manto, porque pensava: "Se eu tão somente tocar em seu manto, ficarei curada".
>
> Marcos 5.27-28

MEDITE: Marcos 5.21-34.

LOUVE A DEUS: Porque seu toque produz paz e liberdade.

AGRADEÇA: Porque a fé é um dom que se desenvolve com o uso.

CONFESSE: Qualquer tendência de não querer correr riscos a tal ponto que isso comece a sufocar sua fé.

PEÇA A DEUS: Ajuda para lembrar da história dessa mulher na próxima oportunidade de você exercer a verdadeira fé.

Eleve o coração

Tentar levar uma vida cristã sem fé é o mesmo que tentar comer sopa com um garfo, beijar uma pessoa sem encostar os lábios ou sair pedalando um avião até que levante voo. Isso não a fortalecerá, não a entusiasmará, nem a levará a lugar algum. Se você sentir a chama da fé se extinguindo, peça a Deus que tome a pequena fé que você tem e a faça flamejar novamente. Nesta semana, antes de deitar-se à noite, lembre-se de que você necessita de Deus. Acenda uma vela pequena ao lado da cama e repita esta oração:

Pai, perdoa minha fé pequena
Torna-a grande
Reduz meu ego
Torna-o pequeno
Dá-me uma oportunidade
De tocar-te e de ser tocada
Por mais tola
Por mais amedrontada
Por mais estranha que me sinta
Sopra minha pequena chama para que brilhe
E ilumine o caminho à minha frente.
Amém.

Ore com sinceridade, e Deus não deixará de supri-la com oportunidades para exercer sua fé. (Não se esqueça de apagar a vela antes de fechar os olhos!)

Herodias

SEU NOME, A FORMA FEMININA DE "HERODES", SIGNIFICA *"heroica"*

SEU CARÁTER: Mulher orgulhosa, usou a filha para manipular o marido a fazer sua vontade. Agiu com arrogância do começo ao fim, desobedecendo completamente às leis da terra.

SUA VERGONHA: Ser repreendida por um profeta arrogante por ter abandonado o marido, Filipe, para casar-se com Herodes Antipas, meio-irmão dele.

SUA ALEGRIA: Porque o plano de assassinar seu inimigo, João Batista, foi bem-sucedido.

TEXTOS-CHAVE: Mateus 14.3-12; Marcos 6.14-29; Lucas 3.19-20; 9.7-9.

SEGUNDA-FEIRA • *Sua história*

Seu avô, Herodes, o Grande, reinara na Judeia durante 34 anos e promovera a prosperidade de uma região conturbada do império romano. Construiu teatros, anfiteatros e pistas de corrida, bem como um palácio e um templo magnífico em Jerusalém. Apesar desses empreendimentos ambiciosos, ele conseguiu baixar os impostos em duas ocasiões.

O reinado de Herodes, no entanto, tinha algumas manchas no passado que pioraram ainda mais ao longo dos anos. Herodias conhecia bem essas histórias — como o avô mandara matar um grande número de meninos judeus em Belém, como assassinara sua esposa favorita (a avó de Herodias) e três de seus filhos por causa de intrigas reais ou imaginárias. A idade avançada e a doença nada fizeram para melhorar o caráter dele. Herodes estava decidido a transformar sua morte num período de luto universal em vez de celebração. Num ato final e perverso, ordenou que todos os líderes judeus se reunissem em Jericó. Prendeu-os, então, num estádio e ordenou que fossem executados no momento em que ele morresse. Seu último desejo, no entanto, não se cumpriu: os prisioneiros foram libertados assim que ele morreu, na primavera de 4 a.C.

O avô de Herodias foi um homem ruim.

Já o marido de Herodias e seu meio-irmão, Antipas, haviam escapado com vida da família sanguinária de Herodes, mas Antipas foi o que teve mais sorte. Enquanto Filipe e Herodias definhavam em Roma sem nenhum território para governar, Antipas foi indicado tetrarca da Galileia e da Pereia. Ela pôde sentir o poder daquele homem na primeira vez em que ele os visitou em Roma. E o poder era o afrodisíaco favorito de Herodias.

Embora fosse casado com a filha do rei Aretas IV, de Nabateia, ao leste, Herodes Antipas divorciou-se rapidamente para casar-se com Herodias. Por meio de um golpe arriscado, Antipas havia roubado a mulher do irmão, comprometido sua fronteira oriental e desagradado seus súditos judeus, cuja lei proibia a troca de mulheres, especialmente entre irmãos. Com Herodias a seu lado, Herodes Antipas deve ter-se sentido suficientemente poderoso para enfrentar as consequências.

No entanto, nem Antipas nem Herodias esperavam que sua transgressão se tornasse um assunto de agitação pública. Afinal, quem se atreveria a provocar agitação, a não ser a costumeira gentalha arrogante? Fazia quatrocentos anos que um profeta verdadeiro não perturbava Israel.

O problema, porém, estava chegando até eles na forma de um novo Elias, a quem Deus havia alimentado com gafanhotos e mel no deserto na fronteira de seu reino. Esse profeta, João Batista, não se importava com a diplomacia. Não podia ser comprado nem provocado, e pregava uma mensagem de arrependimento para todos os que quisessem ouvir:

> Voz do que clama no deserto:
> "Preparem o caminho para o Senhor,
> façam veredas retas para ele".
>
> Lucas 3.4

João Batista não poupava ninguém, nem as pessoas comuns que o procuravam no deserto, nem os fariseus hipócritas, nem os saduceus privilegiados, e certamente não pouparia Herodes Antipas e Herodias, a quem reprovou por sua união ilegal. Herodias queria que Antipas matasse João, mas até ele precisava agir cautelosamente para não iniciar um motim entre o número cada vez maior de seguidores de João. Essa seria exatamente a desculpa que seu ex-sogro, Aretas, precisava para atacar o flanco oriental de Antipas. Portanto, de acordo com o historiador Josefo, João foi encarcerado em Macaero, uma fortaleza a leste do Mar Morto.

No dia do aniversário de Antipas, realizou-se uma festa em sua homenagem, à qual compareceram muitos dignitários famosos. Durante a comemoração, Salomé, filha de Herodias, dançou para Herodes Antipas e para seus convidados. O rei apreciou tanto a apresentação que prometeu à enteada que lhe daria tudo o que desejasse, até metade de seu reino.

Salomé, a boa filha de sempre, correu para aconselhar-se com a mãe. Deveria pedir um esplêndido palácio ou uma parte do tesouro real? Herodias, porém, só tinha uma coisa em mente. Quando voltou ao salão do banquete, Salomé surpreendeu Antipas com um pedido insólito:

— Dá-me aqui, num prato, a cabeça de João Batista.

Apesar de angustiado com o pedido da moça, ele ficou mais aflito ainda diante da ideia de quebrar um juramento feito publicamente. E, desprezando completamente a lei judaica, que proibia tanto a execução sem julgamento quanto a decapitação como forma de execução, Antipas ordenou a morte imediata de João.

Naquela noite, Herodias deve ter saboreado seu triunfo sobre aquele a quem Jesus chamou de o maior homem que existira na face da terra. João havia sido enviado como o último dos profetas, um novo Elias, cuja pregação deveria preparar o caminho para Jesus. Se Herodias tivesse atendido ao chamado de João para arrepender-se, seu coração poderia ter aceitado o evangelho. Em vez de ser lembrada como apenas mais um membro de uma dinastia sanguinária, poderia ter-se tornado uma verdadeira filha de Deus. Em vez de ter a felicidade de estar ao lado das grandes mulheres da Bíblia, preferiu seguir o exemplo de uma das piores — Jezabel, sua mãe espiritual. Ao fazer isso, ela cauterizou o coração contra a verdade e contra todas as possibilidades transformadoras da graça.

TERÇA-FEIRA • *Sua vida e sua época*

Os Herodes

Os dois maridos de Herodias faziam parte da família herodiana de reis, inclusive a própria Herodias. Seu primeiro marido, Herodes Filipe, bem como o segundo, Herodes Antipas, eram tios dela. A família dos Herodes governou a Judeia e suas cercanias por mais de 125 anos. O primeiro Herodes, conhecido como Herodes, o Grande, reinou na Judeia de 37 a 4 a.C., período caracterizado por divisões e problemas internos, mas também por prosperidade. Enquanto esteve no poder, ele construiu anfiteatros, palácios, fortalezas, templos para os gentios e o templo de Herodes, em Jerusalém. Esse templo foi seu maior empreendimento, mencionado pelo historiador Josefo como a obra mais nobre de Herodes. A literatura rabínica da época declara: "Quem não viu o templo de Herodes nunca chegou a ver um belíssimo edifício".

As cinco mulheres de Herodes, o Grande, tiveram sete filhos, a maioria dos quais passou a governar partes do Oriente Médio para o império romano. Filipe, o filho de Herodes com Mariane de Simão, foi o primeiro marido de Herodias. A própria Herodias era filha de outro filho de Herodes. Isso a tornava neta e também nora de Herodes pelo casamento. Herodias não foi a única dos filhos de Herodes a formar tais relacionamentos; a bisneta de Herodes, Berenice, tornou-se consorte de seu irmão, Herodes Agripa II, também bisneto de Herodes.

Os acontecimentos no banquete de aniversário descritos em Marcos 6 são o ponto culminante de anos de vida corrupta de uma família que tinha poder e sabia como usá-lo e abusar dele. O comportamento de Herodias, embora horrível, não causa surpresa. Provavelmente, cada passo ao longo do caminho, até culminar no pedido da morte de João Batista, foi pequeno, pouco notado, mas conduziu inexoravelmente ao pecado, de modo que aqueles atos de aparente irresponsabilidade cometidos ao longo dos anos passaram a ser aceitáveis e razoáveis. O pecado é assim. Conforme sua mãe já deve ter dito um dia — e é verdade —, uma mentirinha leva a outra maior, que leva a outra maior ainda. O caminho do pecado é pavimentado de decisões pequenas, aparentemente insignificantes, que não levam a lugar algum, a não ser desviar-se cada vez mais da verdade e de Deus.

QUARTA-FEIRA • *Seu legado nas Escrituras*

Leia Marcos 6.14-29.

1. Observe as diferentes reações a João nos versículos 19-20. O que essas reações lhe dizem a respeito de Herodes e Herodias?
2. Como você costuma reagir quando alguém lhe aponta um pecado ou uma fraqueza? Fica zangada? Toma a defensiva? Ouve o que a outra pessoa diz, mas não muda de comportamento? Chora ou sente-se

magoada? Faz o possível para agradar a outra pessoa? Enfrenta as verdades que existem na repreensão da outra pessoa?

3. Quais são os sinais nessa história de que o poder (ter controle sobre as coisas, conseguir que sua vontade prevalecesse) era importante para Herodias?
4. Em que ocasiões conseguir que sua vontade prevalecesse lhe pareceu extremamente importante? O que você fez? Quais foram as consequências?
5. Ponha-se no lugar da filha de Herodias. Como você se sentiria?

QUINTA-FEIRA • *Sua promessa*

Por mais negativo que pareça, a lição ou promessa aprendida com Herodias é uma só: o pecado nos devorará. Se o pecado sempre encontrar abrigo em nossa vida, mais cedo ou mais tarde ele nos consumirá. Só há uma saída: abandonarmos o pecado e nos arrependermos. Assim, encontraremos perdão e nova vida em Cristo. Ele promete perdoar o pecado mais terrível, a vida mais depravada, os comportamentos mais perversos. É possível que tenhamos ainda de suportar as consequências de nosso pecado, mas não temeremos mais seu julgamento. Tendo Cristo como nosso mediador, tornamo-nos puras como se nunca tivéssemos pecado.

Promessas nas Escrituras

Então reconheci diante de ti o meu pecado
 e não encobri as minhas culpas.
Eu disse: Confessarei as minhas transgressões ao SENHOR,
 e tu perdoaste a culpa do meu pecado.

Salmos 32.5

[O SENHOR] não nos trata conforme os nossos pecados
 nem nos retribui conforme as nossas iniquidades.
Pois como os céus se elevam acima da terra,
 assim é grande o seu amor para com os que o temem;
e como o Oriente está longe do Ocidente,
 assim ele afasta para longe de nós as nossas transgressões.

Salmos 103.10-12

Embora os seus pecados sejam vermelhos como escarlate,
eles se tornarão brancos como a neve;
embora sejam rubros como púrpura,
como a lã se tornarão.

Isaías 1.18

SEXTA-FEIRA • *Seu legado de oração*

Porquanto João dizia a Herodes: "Não te é permitido viver com a mulher do teu irmão". Assim, Herodias o odiava e queria matá-lo.

Marcos 6.18-19

MEDITE: Marcos 6.14-29.
LOUVE A DEUS: Porque ele nos dá oportunidades de nos arrependermos e de voltarmos para ele.
AGRADEÇA: Os homens e mulheres em sua vida que tiveram a coragem de dizer-lhe a verdade.
CONFESSE: Qualquer tendência de tomar a defensiva diante de críticas construtivas.
PEÇA A DEUS: A graça de reagir com humildade diante da correção.

Eleve o coração

A maioria de nós odeia críticas. Parte de nossa atitude defensiva origina-se da incapacidade que temos de entender a ligação entre quebrantamento e graça. Como nossa reação seria diferente se compreendêssemos que o arrependimento é como uma enxada de jardim quebrando a terra e preparando-a para a semeadura! Se quisermos cultivar o fruto do Espírito em nossa vida — amor, alegria, paz, paciência, gentileza, bondade, fidelidade, mansidão e domínio próprio —, devemos ter apreço pela verdade, seja ela qual for.

Aceitar críticas não significa ser uma mulher com baixa autoestima. Significa apenas ficar atenta a nossos pecados e defeitos, crendo no desejo de Deus de nos perdoar e de nos ajudar a mudar. Nesta semana, passe alguns momentos sondando sua alma. Deus está tentando chamar sua atenção para alguma coisa fora do prumo em sua vida? Está levantando um profeta em sua família — um filho ou marido que esteja tentando dizer-lhe a verdade? Em caso positivo, ouça com atenção e depois ore com base naquilo que ouviu. Resista à tentação de fazer a pessoa pagar por suas palavras, ficando amuada, com raiva ou criticando-a de volta. Ao contrário, seja a primeira a se desculpar. O hábito do arrependimento tornará seu coração um solo fértil para a graça de Deus.

Pai, sei que o coração humano é enganoso. Peço que me dês coragem para ser sincera e fé para crer em teu perdão. Permite que meu coração seja um lugar de quebrantamento, onde a graça e a verdade possam florescer.

SEMANA 43

Joana

SEU NOME SIGNIFICA *"o Senhor tem sido gracioso"*

SEU CARÁTER: Mulher de alta posição da corte de Herodes, Joana foi curada por Jesus. Em sinal de agradecimento, entregou-se totalmente a ele e apoiou seu ministério, seguindo-o em todos os lugares por onde ele andou. A história de sua cura pode ter chegado aos ouvidos de Herodes.

SUA ALEGRIA: Encontrar o túmulo vazio, apenas com a presença de anjos, que proclamaram a ressurreição de Jesus.

TEXTOS-CHAVE: Lucas 8.1-3; 24.10 (e Mt 14.1-12 e Lc 23.7-12 para informações sobre Herodes e sua corte).

SEGUNDA-FEIRA • *Sua história*

Joana era uma mulher rica, acostumada a um ambiente mundano. Não era possível viver na corte de Herodes Antipas sem aprender a navegar nas poderosas correntes de intrigas que sempre envolviam o trono dele. Nada, porém, havia perturbado e desgostado tanto Joana como a morte do profeta João. Um homem santo assassinado por ter dito a verdade, sua cabeça foi levada a Herodias numa bandeja, como um prato tentador para satisfazer seu apetite de vingança. Joana sentiu-se muito triste ao ver o sofrimento de Jesus diante da morte de seu primo.

A vida de Joana havia sido tão mudada por Cristo que talvez ela esperasse influenciar Herodes em nome dele. Casada com Cuza, administrador das vastas propriedades de Herodes, ela ocupava uma posição excelente para realizar essa tarefa. Herodes teria ouvido com muita atenção o relato dela sobre os detalhes de sua cura milagrosa. Depois da morte de João, porém, Joana deve ter imaginado o que aconteceria a Jesus se ele tivesse a infelicidade de cair nas mãos de Herodes. E, por falar nisso, o que seria de seus seguidores?

Embora Joana provavelmente entendesse os riscos crescentes que a fé requeria, não há a menor evidência de que tivesse fugido deles. Ao contrário de Nicodemos, ela não fez nenhum esforço para ocultar sua admiração por Jesus. Da mesma forma que outras mulheres, supriu as necessidades de Jesus com seus recursos próprios. É possível que a generosidade dela tenha facilitado a vida daquele mestre, que não tinha "onde repousar a cabeça" (Mt 8.20).

O que sabemos sobre Joana, além de sua posição como mulher de Cuza, é que Jesus a curou de uma enfermidade espiritual ou física, que ela fazia parte do grupo de mulheres que viajavam com Jesus e seus discípulos, que sustentou seu ministério com recursos próprios e que estava presente na ressurreição de Jesus ao lado de Maria Madalena e Maria, mãe de Tiago. Se sua fé lhe custou caro ou não no casamento ou na corte, não sabemos; podemos apenas especular.

É provável que Joana estivesse entre as mulheres presentes na crucificação. E como as outras que foram ungir seu corpo no túmulo, talvez se tenha prostrado reverentemente diante dos anjos que a saudaram com a espantosa notícia:

> Por que vocês estão procurando entre os mortos aquele que vive? Ele não está aqui! Ressuscitou! Lembrem-se do que ele lhes disse, quando ainda estava com vocês na Galileia: "É necessário que o Filho do homem seja entregue nas mãos de homens pecadores, seja crucificado e ressuscite no terceiro dia".
>
> Lucas 24.5-7

Joana deve ter corrido com as outras mulheres para contar aos discípulos a incrível constatação. Embora Pedro e os demais discípulos tenham considerado a história um delírio de mulheres histéricas, Joana dificilmente duvidaria de si mesma. Era uma mulher que vivia num ambiente de poder e havia testemunhado um poder muito maior que o de Herodes, portanto deve ter reconhecido que se tratava do mesmo poder que a havia curado.

Embora seu marido servisse a um homem que se opunha a Cristo, Joana sabia a quem devia fidelidade. Mulher de posição elevada, ela passou a fazer parte do círculo íntimo dos seguidores de Cristo. Preferiu associar-se aos pescadores e aos pobres a viver em companhia dos ricos e poderosos. Deus honrou-a, concedendo-lhe o privilégio de ser uma das primeiras testemunhas da ressurreição.

TERÇA-FEIRA • *Sua vida e sua época*

Cura

Os povos antigos dependiam dos membros da família ou de vizinhos com habilidades na arte da cura para tratar a maioria das moléstias simples. As doenças um pouco mais graves eram tratadas por um sacerdote, que também exercia a função de médico. Imaginava-se que quase todas as enfermidades eram causadas por espíritos ou demônios, por isso os sacerdotes-médicos eram chamados para efetuar curas, embora a profissão de médico já existisse, como no caso de "Lucas, o médico" (Cl 4.14). A prática da medicina concentrava-se em grande parte em medicamentos espirituais. Quase todos os povos do Oriente Próximo acreditavam que os espíritos causadores de doenças entravam por aberturas da cabeça. Alguns médicos egípcios chegavam até a abrir orifícios na cabeça do paciente para que os demônios pudessem sair.

A maior parte das informações sobre doenças nas Escrituras está relacionada com a prevenção, e não a cura. Quando um paciente se restabelecia de uma doença, Deus recebia o crédito, independentemente do tratamento que efetuara a cura. Por exemplo, Deus recebe o crédito pelo desaparecimento da úlcera de Ezequias depois de tratado com um emplastro de figos (2Rs 20.1-7).

Uma das primeiras curas de Jesus foi a de um homem que sofria de uma doença de pele conhecida como lepra (Mc 1.40-42). As pessoas tinham pavor da lepra, não só porque destruía a pele e as extremidades dos membros, mas também porque era considerada contagiosa. A pessoa com essa doença era rejeitada, considerada impura, separada dos amigos, da família e de tudo o que a rodeava, com pouca ou nenhuma esperança de cura. Mas, então, Jesus entrou em cena. Com apenas duas palavras — "Seja purificado!" (v. 41) —, Jesus fez o que outros não conseguiram, e o homem foi embora curado.

Joana e várias outras mulheres fazem parte da lista de pessoas que "haviam sido curadas de espíritos malignos e doenças" (Lc 8.2) por Jesus. As Escrituras não especificam sua doença, mas com certeza era significativa, e ela não conseguira alívio com métodos convencionais. Agora, Joana e as outras mulheres curadas seguiam Jesus e prestavam assistência a ele e a seus discípulos.

Nenhuma doença ou deformidade superava o poder de cura de Jesus. Ele curou a paralisia (Mc 2.3-12). Estancou uma hemorragia (Mc 5.25-29). Mudos e cegos passaram a falar e enxergar (Mt 9.27-33; 20.29-34; Mc 8.22-26). A febre deixava o corpo quando ele o tocava (Mc 1.30-31). Restaurou membros atrofiados (Mc 3.1-5; Lc 13.11-13). Os possuídos de espírito maligno de qualquer tipo encontraram alívio e libertação nas mãos de Jesus (Mt 12.22; Mc 1.23-26; 9.17-29).

Esse mesmo Jesus cura até hoje. Às vezes, por meio da extraordinária habilidade e conhecimento da medicina moderna e dos médicos. Em outras ocasiões, sem nenhuma intervenção humana. Em outras, ainda, levando o doente para o lar no céu. Sempre de modo divino, quando não milagroso. E sempre com seu toque amoroso e abrangente.

QUARTA-FEIRA • *Seu legado nas Escrituras*

Leia Lucas 8.1-3.

1. O fato de Jesus permitir que mulheres viajassem com ele e seus discípulos e que elas pagassem as contas lhe revela alguma coisa?
2. O que lhe diz o fato de Joana voluntariamente apoiar o ministério de Jesus?

Leia Lucas 23.55—24.12.

3. Os discípulos de Jesus do sexo masculino estavam escondidos, com medo de serem presos também. Por que você acha que Joana e as outras mulheres se arriscaram a associar-se a um homem que havia sido executado por traição?
4. Em sua opinião, o que causou surpresa e medo a Joana e às outras mulheres no túmulo (Lc 24.5)?
5. O que você admira em Joana? Quais de suas qualidades você gostaria de ter?

QUINTA-FEIRA • *Sua promessa*

A alegria vem pela manhã. Joana descobriu isso de maneira milagrosa no dia da ressurreição de Jesus. Ela foi ao túmulo esperando ungir seu corpo e chorar. Mas sua tristeza transformou-se em grande alegria. Talvez nossa alegria não chegue esta manhã, nem amanhã cedo, nem mesmo na manhã do outro dia. Enfrentamos muitas provações e muitas situações difíceis. Há tristeza demais neste mundo para imaginar que a alegria pode chegar cada manhã. Mas ela chega. Ele prometeu. No fim do dia, no fim desta vida, haverá uma manhã alegre para todos os que confiam no Senhor.

Promessas nas Escrituras

> O choro pode persistir uma noite,
> mas de manhã irrompe a alegria.
>
> Salmos 30.5

> Do nascente ao poente
> despertas canções de alegria.
>
> Salmos 65.8

> Satisfaze-nos pela manhã com o teu amor leal,
> e todos os nossos dias cantaremos felizes.
>
> Salmos 90.14

> Vocês, que voltaram ao pó,
> acordem e cantem de alegria.
>
> Isaías 26.19

SEXTA-FEIRA • *Seu legado de oração*

> Lembrem-se do que ele lhes disse, quando ainda estava com vocês na Galileia: "É necessário que o Filho do homem seja entregue nas mãos de homens pecadores, seja crucificado e ressuscite no terceiro dia".
>
> Lucas 24.6-7

MEDITE: Lucas 24.1-12

LOUVE A DEUS: Pela verdade que o salmista proclama: "Os ímpios tramam contra os justos e rosnam contra eles; o Senhor, porém, ri dos ímpios, pois sabe que o dia deles está chegando" (Sl 37.12-13).

AGRADEÇA: Porque a derradeira vitória é de Deus — e nossa!

CONFESSE: Qualquer tendência de acreditar que Deus é bem-intencionado, mas fraco.

PEÇA A DEUS: Que lhe dê maior compreensão de sua majestade.

Eleve o coração

O *Messias* de Handel, tradicionalmente entoado no Natal, é uma obra que merece ser ouvida o ano inteiro. Handel a compôs em apenas 24 dias, quando estava prestes a ser preso por causa de dívidas. Quando terminou o movimento que se tornou conhecido como "Aleluia", ele virou-se para seu empregado e, com lágrimas escorrendo pelo rosto, exclamou: "Pensei estar vendo o céu aberto diante de mim e também o grande Deus!". Nesta semana, planeje ouvir na íntegra uma gravação do *Messias* de Handel. Ao ouvir a letra e a música, peça a graça de ver o céu aberto à sua frente e o grande Deus.

> *Pai, tu ris de todos os governantes e poderes deste mundo que se opõem a ti. Ajuda-me a entender que mal nenhum, por mais terrível e prolongado que seja, jamais prevalecerá contra ti. Dá-me uma compreensão maior de teu poder de ressurreição e de tua majestade.*

SEMANA 44

A mulher siro-fenícia

SEU CARÁTER: Embora fosse gentia, ela se dirigiu a Jesus como "Senhor, Filho de Davi". Sua grande fé resultou na libertação de sua filha.

SEU SOFRIMENTO: Porque a filha estava possuída por um espírito maligno.

SUA ALEGRIA: Jesus ter livrado a filha da servidão espiritual.

TEXTOS-CHAVE: Mateus 15.21-28; Marcos 7.24-30.

SEGUNDA-FEIRA • *Sua história*

Seu corpo sacudia e se retorcia; os braços movimentavam-se violentamente no ar. De olhos arregalados, a menina falava com fantasmas que a mãe não podia ver. A expressão de seu rosto mudava tão rápido quanto as nuvens numa tempestade repentina. Medo, surpresa e depois uma risada enlouquecida, como se alguém lhe tivesse roubado a alma. Fios de cabelo escuro e pastosos espalhavam-se, revoltos, por seu rosto.

A mãe não entendia o que acontecera com a criança doce que a seguia como um cãozinho a todos os lugares. Que saudades ela sentia dos beijos macios e do narizinho apertado de encontro a seu rosto. Havia dormido mal nas últimas noites, com medo do que a filha pudesse fazer contra si mesma. Nenhuma das duas, ela pensou, conseguiria aguentar muito mais tempo.

Justo naquela manhã, a mulher tinha ouvido falar de um curandeiro judeu que, segundo amigos, havia chegado a Tiro na esperança de livrar-se das multidões que se acotovelavam ao redor dele na Galileia. A mulher sabia que os judeus raramente se misturavam com os gentios, mas isso não tinha importância. Iria até ele, suplicaria sua ajuda, provocaria uma cena, se necessário. Faria tudo para que ele a ouvisse. Não demorou muito a encontrá-lo.

Aproximando-se de Jesus, ela implorou:

— Senhor, Filho de Davi, tem misericórdia de mim! Minha filha está endemoninhada e está sofrendo muito.

Jesus, porém, não lhe deu atenção nem resposta.

Os discípulos disseram finalmente a ele:

— Manda-a embora, pois vem gritando atrás de nós.

Jesus sabia, no entanto, que não se livraria dela com facilidade. A única maneira, na verdade, seria responder à súplica da mulher. Dirigindo-se aos discípulos, ele disse:

— Eu fui enviado apenas às ovelhas perdidas de Israel.

Ao ouvir essas palavras, a mulher caiu a seus pés novamente, implorando:

— Senhor, ajuda-me!

Jesus, então, virou-se e disse:

— Não é certo tirar o pão dos filhos e lançá-lo aos cachorrinhos.

A mulher, no entanto, insistiu:

— Sim, Senhor, mas até os cachorrinhos comem das migalhas que caem da mesa dos seus donos.

Jesus respondeu:

— Mulher, grande é a sua fé! Seja conforme você deseja.

A mulher siro-fenícia voltou, então, para onde estava a filha, que ficou livre do espírito maligno na mesma hora em que Jesus falara.

As Escrituras não descrevem em detalhes a menina dessa história; mencionam apenas que estava possuída de um demônio. Com base em incidentes similares, como o do endemoninhado geraseno, cuja história é contada em Lucas 8, ou do menino que se atirava no fogo, em Mateus 17, os sinais da possessão demoníaca eram provavelmente óbvios e provocavam medo.

Por que Jesus pareceu tão rude com a pobre mulher, sem fazer caso de seu pedido e, depois, referiu-se a ela e à sua filha como cachorrinhos?

A resposta dele parece menos rude quando entendemos que a palavra que Jesus usou nesse trecho para "cachorrinhos" não foi a mesma palavra irônica que os judeus geralmente reservavam aos gentios. Antes, era a palavra usada para cãezinhos de estimação. Jesus estava também deixando claro que sua missão principal eram os israelitas. Se ele tivesse realizado milagres e curas em Tiro e em Sidom, teria corrido o risco de ver o mesmo tipo de cena conturbada que acabara de deixar na Galileia, iniciando, assim, um ministério para os gentios antes do tempo determinado pelo Pai.

A mulher, porém, desconhecia a razão do silêncio dele, e isso pôs sua fé à prova. Mas, em vez de desistir ou de sentir-se ofendida, ela teve presença de espírito, revelando grande humildade e fé inabalável. Essa era uma combinação à qual Jesus parecia incapaz de resistir — solo fértil para semear um milagre. A mulher siro-fenícia deve ter-se alegrado naquele dia ao ver sã e salva a filha que tanto amava, grata pelo pão da vida que caíra da mesa do Mestre.

TERÇA-FEIRA • *Sua vida e sua época*

Possessão demoníaca

O Novo Testamento contém muitas histórias de pessoas possuídas por demônios. Os demônios são anjos caídos, emissários de Satanás enviados à terra para oprimir os seres humanos e desviá-los de Deus. Sob o controle de Satanás, seu único objetivo é realizar os propósitos dele. Os demônios têm poderes sobrenaturais neste mundo: inteligência sobrenatural — eles conhecem e tentam ocultar a verdade (1Jo 4.1-3) e reconhecem Jesus como Filho de Deus (Mc 5.7) — e força sobrenatural — um homem endemoninhado conseguia fugir mesmo estando acorrentado (Lc 8.29).

Apesar de sua força sobrenatural, os demônios não são mais poderosos do que Deus ou seu Filho. No Novo Testamento, sempre que enfrentavam Cristo ou seus discípulos, os demônios tremiam e obedeciam às suas ordens.

Diríamos hoje que os endemoninhados descritos no Novo Testamento são pessoas que sofrem de algum tipo de doença física ou mental. Não sabemos, porém, qual é a distinção entre as duas coisas. Depois de Jesus ter expulsado um demônio de um homem, este foi descrito como “assentado, vestido, em perfeito juízo” (Mc 5.15). É bem provável que a possessão demoníaca do homem fosse uma enfermidade mental aguda. Às vezes, a possessão causava mudez, cegueira ou convulsões (Mt 9.32; 12.22; Mc 9.20). Hoje, só podemos especular se consideraríamos essas doenças como meramente físicas.

É interessante notar que os demônios são mencionados apenas duas vezes no Antigo Testamento (Dt 32.17; Sl 106.37), em contraste com mais de setenta vezes no Novo Testamento — em quase todas as passagens nos Evangelhos. É possível que o ministério de Jesus aos enfermos expusesse mais do que nunca a atividade demoníaca. Ou talvez Satanás tenha concentrado uma quantidade extraordinária de força e de poder sobre a terra de Israel enquanto Jesus andava e curava por ali.

Quando deixou este mundo, Jesus enviou o Espírito Santo para habitar em seu povo. A vida de Cristo dentro de nós, cristãos, é nossa defesa contra as forças malignas. Às vezes, sofremos enfermidades físicas, emocionais ou mentais que parecem demônios dentro de nós. Deus usa, com frequência, o poder do tratamento médico para nos curar dessas doenças. Não devemos, porém, subestimar o poder que possuímos interiormente como filhas de Deus. Esse poder forma um círculo de proteção à nossa volta e dentro de nós, enquanto mantivermos comunhão íntima com Deus, o Pai, Cristo, o Filho, e o Espírito Santo — nossa força e nosso consolo.

QUARTA-FEIRA • *Seu legado nas Escrituras*

Leia Mateus 15.21-28.

1. Por que você acha que, a princípio, Jesus não deu atenção à mulher?
2. Por que você acha que ela não desistiu, apesar da aparente rejeição?
3. Por que Jesus fez uma exceção à sua política de concentrar seu ministério nos judeus?
4. Você tem a tendência de desistir com facilidade ou é persistente? O que sua situação atual exige?
5. Quando uma pessoa necessitada se aproxima de você, em geral qual é sua reação? E quando a pessoa é necessitada *emocionalmente* — fica o tempo todo perto de você, interrompendo suas conversas com os outros, fazendo perguntas que você não pode responder e, em geral, querendo mais do que você gostaria de dar?

QUINTA-FEIRA • *Sua promessa*

Que possível promessa poderia encontrar caminho numa mulher pagã, cuja filhinha estava possuída por um espírito maligno? A mulher siro-fenícia não saberia o que fazer com a filha se não tivesse ouvido falar de Jesus. De qualquer forma, ela teve fé para crer que ele era o único capaz de salvar a menina.

Os espíritos malignos, infelizmente, não são criaturas dos tempos antigos. Nós também temos de lutar contra os poderes malignos em nossa vida. A diferença, agora, é que Jesus obteve a vitória final na cruz. Como cristãos, compartilhamos sua vitória. Ele nos deu autoridade sobre as forças do mal que nos ameaçam. Talvez estejamos no meio da batalha, porém, por mais estranho que possa parecer, a vitória já foi alcançada!

Promessas nas Escrituras

> Finalmente, fortaleçam-se no Senhor e no seu forte poder.
>
> Efésios 6.10

> Vocês podem reconhecer o Espírito de Deus deste modo: todo espírito que confessa que Jesus Cristo veio em carne procede de Deus; mas todo espírito que não confessa Jesus não procede de Deus.
>
> 1João 4.2-3

> Porque aquele que está em vocês é maior do que aquele que está no mundo.
>
> 1João 4.4

SEXTA-FEIRA • *Seu legado de oração*

> Jesus respondeu: "Mulher, grande é a sua fé! Seja conforme você deseja".
>
> Mateus 15.28

MEDITE: Mateus 15.21-28

LOUVE A DEUS: Por seu poder de libertar-nos de todas as formas do mal.

AGRADEÇA: A libertação que você já obteve.

CONFESSE: Qualquer falta de esperança a respeito de seus filhos ou de outras pessoas que você ama.

PEÇA A DEUS: Que lhe dê a mesma fé "canina" que a mulher siro-fenícia possuía, para que você nunca desista de orar pela salvação de seus queridos.

Eleve o coração

A maioria de nossos filhos jamais será possuída por demônios, mas todos eles estão envolvidos, como nós, numa guerra espiritual. Como mãe, suas orações e sua vida desempenham um importante papel na proteção espiritual de seus filhos. Nesta semana, ore o Salmo 46 ou o Salmo 91 para a proteção espiritual de sua família. Ou reserve alguns momentos para orar estes versículos de Salmos 125.1-2:

> Os que confiam no SENHOR são como o monte Sião,
> que não se pode abalar,
> mas permanece para sempre.
> Como os montes que cercam Jerusalém,
> assim o SENHOR protege o seu povo,
> desde agora e para sempre.

Imagine que cada membro de sua família esteja rodeado por Deus, como as montanhas que cercam a cidade de Jerusalém. Apresente-os diante do Senhor em oração e deixe-os sob os cuidados dele. Quando estiver preocupada com membro da família em particular, faça uma rápida oração pedindo a Deus que o cerque com sua proteção.

Senhor, cerca meus filhos como as montanhas que rodeiam Jerusalém. Cerca nossa família com teu poder e tua paz. Livra-nos do mal agora e sempre. Amém.

SEMANA 45

Marta

SEU NOME, A FORMA FEMININA DE "SENHOR", SIGNIFICA *"senhora"*

SEU CARÁTER: Ativa e pragmática, parecia que nunca lhe faltavam palavras. Embora Jesus a tivesse repreendido por preocupar-se e afligir-se com coisas pequenas, ela permaneceu sua amiga próxima e seguidora.

SEU SOFRIMENTO: Ter aguardado, aparentemente em vão, que Jesus chegasse a tempo de curar Lázaro, seu irmão.

SUA ALEGRIA: Ter visto Jesus restaurar a vida do irmão.

TEXTOS-CHAVE: Lucas 10.38-42; João 11.1—12.3.

SEGUNDA-FEIRA • *Sua história*

Marta, Maria e Lázaro eram irmãos e moravam juntos em Betânia, um povoado a pouco mais de três quilômetros de Jerusalém, na encosta oriental do monte das Oliveiras. Os três eram amigos chegados de Jesus.

Durante uma das frequentes visitas de Jesus à casa deles, Marta ficou aborrecida com Maria, e sua indignação transbordou como água fervendo numa chaleira. Em vez de ajudá-la nas várias tarefas de alimentar e hospedar Jesus e sua comitiva de discípulos, Maria passava o tempo todo sentada alegremente aos pés dele. Sentindo-se menosprezada e desconsiderada, Marta aproximou-se de Jesus e inquiriu-o:

— Senhor, não te importas que minha irmã tenha me deixado sozinha com o serviço? Dize-lhe que me ajude.

Jesus, porém, não atendeu ao pedido dela. Ao contrário, repreendeu-a:

— Marta, Marta! Você está preocupada e inquieta com muitas coisas; todavia apenas uma é necessária. Maria escolheu a boa parte, e esta não lhe será tirada.

A repreensão carinhosa de Jesus deve tê-la embaraçado e surpreendido, pois foi calculada para quebrar os grilhões de sua autopiedade e revelar o que estava realmente acontecendo sob seu teto e em seu coração. Aquela mulher competente talvez tenha compreendido, pela primeira vez, quanta coisa havia perdido. Aflita com a necessidade de servir Jesus, não reservara tempo para aproveitar a estada dele em sua casa, para ouvi-lo e aprender com ele. Sua ira com Maria pode ter sido provocada pela inveja, não por sentir-se sobrecarregada de trabalhos, pois a irmã penetrara no círculo de homens para sentar-se ao pé do Mestre e aprender com ele.

A história de Marta aponta, claro, para o que é realmente importante na vida. Ela parecia confusa e aflita, convencida de que sua atividade incessante produziria algo de importância duradoura. Marta, porém, faz mais que ensinar mediante seus erros. Ela mostra o que significa ter um relacionamento tão sólido e íntimo com Jesus a ponto de não haver necessidade de disfarçar ou esconder nada. Marta parecia livre para ser ela mesma na presença de Jesus. Para onde, afinal, ela conduziria sua frustração e ira senão a Jesus?

Marta parece ter exercido sua fé de forma direta e ativa, questionando, desafiando, pedindo a Jesus que corrigisse o que estava errado. Sua espiritualidade era semelhante à de Jacó, que lutou a noite inteira com um anjo, ou à de Jó, que questionou Deus em meio a seu sofrimento, ou à de Pedro, que avançou impetuosamente, aos tropeções, em direção à fé, apesar de seus erros.

Numa cena posterior, vemos Marta, depois da morte do irmão, correndo para encontrar-se com Jesus quando soube que estava chegando. Sua saudação mesclou-se com uma queixa:

— Senhor, se estivesses aqui meu irmão não teria morrido.

A fé de Marta, no entanto, também estava presente. Ela completou:

— Mas sei que, mesmo agora, Deus te dará tudo o que pedires.

— O seu irmão vai ressuscitar — declarou-lhe Jesus.

— Eu sei que ele vai ressuscitar na ressurreição, no último dia — Marta replicou.

E Jesus disse:

— Eu sou a ressurreição e a vida. Aquele que crê em mim, ainda que morra, viverá; e quem vive e crê em mim, não morrerá eternamente. Você crê nisso?

Ela lhe respondeu:

— Sim, Senhor, eu tenho crido que tu és o Cristo, o Filho de Deus que devia vir ao mundo.

Logo depois dessa extraordinária manifestação de fé, o lado prático de Marta voltou à tona. Quando Jesus pediu que a pedra fosse removida do túmulo de Lázaro, ela contestou, expondo a preocupação que estava na mente de todos:

— Senhor, ele já cheira mal, pois já faz quatro dias.

Ela deve ter-se espantado muito quando, em lugar da podridão da morte, Lázaro saiu vivo do túmulo.

Quanto mais investigamos a história de Marta, mais familiar ela nos parece — tão familiar quanto o rosto diante de nós no espelho do banheiro. Por ser uma mulher que dava demasiada importância às próprias atividades em vez de sentar-se calada aos pés de Jesus, ela pediu justiça sem compreender que sua versão de justiça era, na verdade, injusta. Sua abordagem prática da vida tornava a fé difícil. Mas ela também amava a Jesus e tinha confiança em seu amor por ela. De que outra forma teria encontrado coragem para pressioná-lo, a fim de que respondesse às suas muitas perguntas? Marta apresenta um retrato humano e afetuoso do que significa ter Jesus como amigo. Permitiu que ele aumentasse sua fé, repreendesse sua visão tacanha do mundo e lhe mostrasse o que o poder de Deus é capaz de realizar.

TERÇA-FEIRA • *Sua vida e sua época*

O trabalho das mulheres

O trabalho da mulher dos tempos bíblicos era definido de modo muito mais claro que em nossa cultura. Havia serviços que as mulheres faziam e serviços que os homens faziam; tarefas que as meninas faziam e tarefas que os meninos faziam.

Marta estava apenas fazendo o que julgava ser seu dever. Havia sido criada para cuidar dos hóspedes, das pessoas em sua casa. Maria foi quem se afastou das expectativas culturais da época, sentando-se aos pés de Jesus com os homens, em vez de ajudar Marta na cozinha. Quando Marta se queixou, Jesus respondeu com sua franqueza característica, desconsiderando as imposições de sua época e insistindo com Marta em que parasse e refletisse na escolha feita por Maria.

As mulheres daquela época mantinham-se ocupadas desde a manhã até a noite com um volume enorme de tarefas domésticas:

- Moer grãos para fazer pão, depois misturar, amassar e assar o pão para o dia.
- Comprar carne no mercado, ou preparar um animal do rebanho da casa para ser comido, e depois cozinhar a carne.
- Cardar, fiar e tecer fios de vários tipos para fazer roupas pessoais, roupas de cama e tecidos para outros usos da casa.
- Costurar roupas para os membros da família.
- Tirar água do poço para as necessidades de cada dia.
- Limpar a casa.
- Lavar os utensílios e pratos usados no preparo das refeições e durante elas.
- Lavar as roupas da família.
- Ensinar, disciplinar e amar as crianças da casa.

A lista é infindável e não muito diferente daquelas que muitas mulheres de hoje poderiam fazer como parte de suas responsabilidades como esposa e mãe. As tarefas são, com frequência, intensas demais. Chegam a parecer tediosas e exaustivas, mas nunca deixam de ter importância.

As palavras de Jesus para Marta não significam que o "trabalho das mulheres" deva ser desprezado ou deixado por fazer. Isso seria irreal. Porém, esse trabalho nunca deve tomar o lugar do contato diário e íntimo com os membros de nossa família e com o Senhor de nossa vida.

QUARTA-FEIRA • *Seu legado nas Escrituras*

Leia Lucas 10.38-42.

1. Em sua opinião, o que teria acontecido se Marta tivesse se sentado aos pés de Jesus com Maria?
2. Quais eram os pontos positivos de Marta?
3. Marta foi muito franca com Jesus. Se você fosse sincera com Jesus — mais sincera do que nunca — o que lhe diria?
4. O que Jesus estava tentando dizer a Marta?

Leia João 11.17-27.

5. O que esta passagem lhe diz a respeito das qualidades de Marta?
6. Você se identifica mais com Marta ou com Maria? Explique sua resposta. Qual é a maior necessidade de sua vida neste momento?

QUINTA-FEIRA • *Sua promessa*

Em João 11, Marta volta a encontrar-se com Jesus após a morte de seu irmão, Lázaro. Com sua franqueza característica, ela diz a Jesus que, se ele tivesse chegado mais cedo, Lázaro não teria morrido. Suas palavras abrem caminho para Jesus declarar a todos — inclusive a nós hoje — que somente ele é a ressurreição e a vida. Se crermos nele, mesmo que morramos, viveremos. Que promessa! Que consolo! Por meio de Jesus, a morte não mais tem mais poder algum sobre nós.

Promessas nas Escrituras

Disse-lhe Jesus: "Eu sou a ressurreição e a vida. Aquele que crê em mim, ainda que morra, viverá; e quem vive e crê em mim, não morrerá eternamente".

João 11.25-26

[...] então se cumprirá a palavra que está escrita:

"A morte foi destruída pela vitória".
"Onde está, ó morte, a sua vitória?
Onde está, ó morte, o seu aguilhão?".

O aguilhão da morte é o pecado, e a força do pecado é a Lei. Mas graças a Deus, que nos dá a vitória por meio de nosso Senhor Jesus Cristo.

1Corintios 15.54-57

Bendito seja o Deus e Pai de nosso Senhor Jesus Cristo! Conforme a sua grande misericórdia, ele nos regenerou para uma esperança viva, por meio da ressurreição de Jesus Cristo dentre os mortos.

1Pedro 1.3

SEXTA-FEIRA • *Seu legado de oração*

> "Senhor, não te importas que minha irmã tenha me deixado sozinha com o serviço? Dize-lhe que me ajude!"
>
> Lucas 10.40

MEDITE: Lucas 10.38-41.

LOUVE A DEUS: Por sua paciência.

AGRADEÇA: Porque Deus se encontra conosco onde estamos, e não onde "deveríamos estar".

CONFESSE: Qualquer inclinação para sentir-se amarga em relação a outras mulheres.

PEÇA A DEUS: Que lhe conceda graça para ser sincera com ele.

Eleve o coração

Marta levou sua queixa sobre a irmã diretamente a Jesus. Alguém em sua vida está criando problemas para você — sua filha, sua mãe, sua colega, sua irmã na fé, ou até mesmo uma rival? Em vez de queixar-se a outra pessoa, leve sua reclamação diretamente a Deus. Conte a ele tudo o que a incomoda. Peça que a faça compreender como reagir a essa pessoa, mesmo que isso signifique que a mudança deverá partir de você, e não dela.

> *Pai, tu sabes como é difícil relacionar-me com ____________________. Por favor, ajuda-me a saber o que pensas de nossas dificuldades. Peço-te a graça de abrir mão de minha mágoa e minha queixa. Se quiseres que eu faça alguma coisa para tentar melhorar a situação, dá-me orientações claras e ajuda-me a segui-las.*

SEMANA 46

Maria de Betânia

SEU NOME PODE SIGNIFICAR *"amargura"*

SEU CARÁTER: Maria parece ter sido uma mulher solteira, totalmente dedicada a Jesus. O evangelho a retrata, em contraste com sua irmã, Marta, como uma mulher de poucas palavras. Quando Jesus estava prestes a entrar triunfalmente em Jerusalém, antes da Páscoa, ela teve uma atitude de grande significado profético, que ofendeu Judas Iscariotes, o discípulo que traiu Jesus.

SEU SOFRIMENTO: Chorou diante do túmulo do irmão, Lázaro, e deve ter sofrido muito com a morte de Jesus.

SUA ALEGRIA: Ter praticado uma boa ação para com Jesus.

TEXTOS-CHAVE: Mateus 26.6-13; Marcos 14.3-9; Lucas 10.38-42; João 11.1—12.11.

SEGUNDA-FEIRA • *Sua história*

Jerusalém contava com mais cem mil adoradores, peregrinos que haviam chegado para celebrar a festa anual da Páscoa. E, ao que parece, todos eles tinham ouvido histórias sobre o rabino Jesus.

— Eu mesmo não teria acreditado se não tivesse estado lá! — um homem exclamou. — Estou lhe dizendo: Lázaro deu o último suspiro quatro dias antes de o Nazareno chegar!

— Minha prima viu tudo — disse outro. — De acordo com ela, Jesus simplesmente gritou o nome de Lázaro e ele saiu do túmulo, com a mesma roupa que havia sido enterrado.

— Ouvi dizer que o rabino está vindo a Jerusalém para ser coroado rei durante a Páscoa — declarou o primeiro homem.

— Seria melhor ele ficar em casa — retrucou outro. — Os principais sacerdotes andam dizendo que essa história não passa de fantasia, que Jesus é um agitador que logo fará os romanos se voltarem contra todos nós.

Os boatos espalhavam-se depressa, como as águas de um rio que transborda. Os curiosos perseguiam Maria, questionando-a acerca de seu irmão. "Esteve morto de verdade durante quatro dias?" "Não cheirava mal quando saiu tropeçando do túmulo?" "Qual é a sensação de viver na mesma casa que um fantasma?" "Ele come e dorme?" "É possível ver através dele?" "Ele flutua no ar por onde anda?"

Maria não podia culpá-los por aquelas perguntas malucas. Como não ficar curioso diante do acontecimento espantoso ocorrido em Betânia semanas antes? Como poderiam saber que Lázaro era tão normal quanto qualquer outro homem vivo? Afinal, ressuscitar alguém dentre os mortos não era algo que acontecia todos os dias. Recentemente, sempre que ela olhava para Lázaro, uma onda de alegria percorria-lhe o corpo, como vinho transbordando de uma taça. Seu irmão de sangue havia sido chamado das trevas por um homem cheio de luz. Ela queria muito voltar a ver Jesus!

No entanto, havia sombras em torno de sua felicidade. Nenhuma comemoração poderia apagar a lembrança de Jesus chorando naquele dia, do lado de fora do túmulo de seu irmão. Mesmo enquanto outras pessoas comemoravam o milagre mais espetacular que alguém poderia imaginar, Jesus parecia estranhamente calado. Maria tentava adivinhar em que Jesus estaria pensando ao olhar para eles. Desejava que lhe dissesse, gostaria de poder sondar os segredos de seu coração.

Quando Jesus finalmente voltou a Betânia antes da Páscoa, Marta deu uma festa em sua homenagem. Enquanto ele se encontrava reclinado à mesa com os outros convidados, Maria entrou no aposento e ungiu sua cabeça com mais de meio litro de um perfume caro. A fragrância tomou conta da casa.

O discípulo Judas Iscariotes, em vez de apreciar o gesto dela, objetou com veemência:

— Por que este perfume não foi vendido, e o dinheiro dado aos pobres? Seriam trezentos denários.

Além de não se importar nem um pouco com as pessoas carentes, Judas era quem guardava o dinheiro dos discípulos e estava sempre procurando uma oportunidade para encher seus próprios bolsos.

Em vez de repreender Maria por sua extravagância, Jesus elogiou-a, dizendo:

— Por que vocês estão perturbando essa mulher? Ela praticou uma boa ação para comigo. Pois os pobres vocês sempre terão consigo, mas a mim vocês nem sempre terão. Quando derramou este perfume sobre o meu corpo, ela o fez a fim de me preparar para o sepultamento. Eu lhes asseguro que em qualquer lugar do mundo inteiro onde este evangelho for anunciado, também o que ela fez será contado, em sua memória.

Desde seu primeiro encontro com Cristo, Maria parece ter procurado uma coisa acima de todas as outras — aprofundar ao máximo seu relacionamento com Jesus. Assimilou seus ensinamentos, acreditou em suas promessas, prestou atenção em qualquer mudança no tom de voz que pudesse conter mais informações sobre ele. O amor deu-lhe o discernimento que faltava aos outros. Ela deve ter compreendido que Jesus não entraria em Jerusalém para receber aclamação duradoura, mas para ser humilhado e morrer na cruz. Durante algum tempo, a luz parecia sufocada pela escuridão. Embora todos os demais se ocupassem com a comemoração do triunfo de Jesus na ressurreição de Lázaro, Maria permaneceu silenciosa ao lado dele, compartilhando seu sofrimento.

Cristo considerou o extravagante ato de adoração de Maria uma boa ação, afirmando a todos que ela seria lembrada para sempre por sua generosidade com ele. Maria de Betânia era uma mulher que não temia expressar seu amor e estava decidida a buscar o coração de Deus — uma profetisa cujo gesto revela grande eloquência, mesmo dois mil anos depois.

TERÇA-FEIRA • *Sua vida e sua época*

Páscoa

Todo judeu em boas condições físicas e cerimonialmente puro, em geral acompanhado da família, tinha de comparecer, ao longo do ano, à Páscoa em Jerusalém, assim como a duas outras festas religiosas importantes: a de Pentecostes e a dos Tabernáculos (Êx 23.16). Nos dias do Novo Testamento, em que os judeus estavam espalhados por todo o mundo conhecido naquele tempo, a maioria dos homens religiosos compareciam a essas festas quando possível, o que era apenas ocasionalmente.

A Páscoa ocorria em Nisã, o primeiro mês do antigo calendário judaico, equivalente ao nosso mês de abril. A festa mais importante comemorada pelos judeus, a Páscoa, celebrava seu livramento da escravidão no Egito. Naquela época, Moisés ordenou a cada família que matasse um cordeiro de um ano, sem defeito, e, com o auxílio de um pincel feito de ramos de hissopo, espalhasse o sangue do animal nas vigas laterais e superiores da porta de cada casa. Quando a décima e última praga sobreveio ao Egito, o anjo da morte só entrou nas casas onde não havia sangue nas vigas e matou o primogênito de cada família. As casas com sangue na porta foram poupadas.

As famílias judias comiam carne de cordeiro na ceia da Páscoa, compartilhando a mesa com os vizinhos, caso a família fosse muito pequena para comer o animal inteiro. A refeição incluía uma salada de ervas amargas e pão não levedado (sem fermento). Antes da Páscoa, a casa era limpa de cima a baixo, para verificar se não havia fermento nela capaz de prejudicar o pão não levedado, que servia para recordar o precipitado êxodo ou fuga dos israelitas, não permitindo sequer que o pão levedasse. Os Salmos 113—118, conhecidos como salmos "Hallel Egípcio" (ou de louvor), eram entoados antes e depois da refeição.

Muitas vezes, durante sua história, os judeus negligenciaram a celebração da Páscoa, bem como de muitas outras festas religiosas instituídas por Deus. O Antigo Testamento menciona especificamente todas as vezes que a Páscoa foi restabelecida, deixando evidente a ignorância do povo em relação à natureza sagrada da festa. Na maioria das vezes, a restauração da festa ocorreu em razão de um avivamento religioso (2Rs 23.21-23; 2Cr 30.1; 35.1-19; Ed 6.19-22).

A última ceia de Jesus com os discípulos, na noite em que foi traído, foi a refeição anual da Páscoa. Jesus deu instruções específicas a vários discípulos para o preparo dessa ceia importante. Enquanto estava reclinado à mesa com os discípulos, Jesus revelou que um dos doze o trairia e que ele seria crucificado. Com as palavras "este é o meu corpo" e "este é o meu sangue", ele deu novo significado e importância ao cordeiro pascal. Ao ser crucificado no dia seguinte, ele próprio se tornou o Cordeiro pascal, o Cordeiro de Deus que morreu em lugar dos pecadores.

QUARTA-FEIRA • *Seu legado nas Escrituras*

Leia João 11.28-44.

1. Você entende o versículo 32 como uma acusação, uma afirmação da verdade ou tem outra explicação a dar? Por quê?

2. Ponha-se no lugar de Maria. Seu irmão, que mora com você e a sustenta, morreu. E Jesus o ressuscita. Como você reagiria?

Leia João 11.45—12.8.

3. Em sua opinião, por que Maria fez aquela extravagância, quebrando um frasco de perfume cujo preço equivalia a um ano de salário?
4. Maria ou outra pessoa naquele jantar poderia ter previsto que Jesus seria preso em menos de uma semana? Explique sua resposta.
5. Como você demonstra seu amor por Jesus? Onde entra o dinheiro — se é que entra?

QUINTA-FEIRA • *Sua promessa*

O cordeiro pascal do Antigo Testamento era apenas uma sobra do que estava por acontecer. Como nosso Cordeiro pascal, Jesus completou o plano do Pai para nos redimir do pecado. Assim como no Egito o cordeirinho morreu para que o primogênito das famílias hebreias fosse poupado e liberto da escravidão, Jesus, nosso Cordeiro pascal, morreu em nosso lugar, a fim de que fôssemos libertados do pecado.

Promessas nas Escrituras

> João viu Jesus aproximando-se e disse: "Vejam! É o Cordeiro de Deus, que tira o pecado do mundo!".
>
> João 1.29

> Mas graças a Deus, porque, embora vocês tenham sido escravos do pecado [...] foram libertados do pecado e tornaram-se escravos da justiça.
>
> Romanos 6.17-18

> Pois Cristo, nosso Cordeiro pascal, foi sacrificado. Por isso, celebremos a festa, não com o fermento velho, nem com o fermento da maldade e da perversidade, mas com os pães sem fermento, os pães da sinceridade e da verdade.
>
> 1Coríntios 5.7-8

SEXTA-FEIRA • *Seu legado de oração*

> "Por que vocês estão perturbando essa mulher? Ela praticou uma boa ação para comigo."
>
> Mateus 26.10

MEDITE: Mateus 26.6-13.

LOUVE A DEUS: Por nos dar a capacidade de agradá-lo.

AGRADEÇA: Todas as coisas bonitas que Deus fez para você.

CONFESSE: Qualquer má vontade em aceitar as partes difíceis do evangelho da mesma forma que aceita as agradáveis.

PEÇA A DEUS: Que lhe dê grande desejo de buscá-lo e viver em sua presença.

Eleve o coração

Quem ama deseja, acima de tudo, agradar a pessoa amada. Madre Teresa de Calcutá foi uma mulher que amou excessivamente a Deus. Famosa por seu trabalho com os mais pobres dentre os pobres na Índia e em todo o mundo, ela estava sempre em busca de uma oportunidade para fazer uma "boa ação" para Deus. É fácil negligenciar nosso Amado Divino, pedindo sempre a ele que faça boas obras para nós, em vez de buscarmos formas de agradá-lo e alegrá-lo.

Não é preciso viajar para o outro lado do mundo a fim de encontrar oportunidades de realizar boas obras para Deus. Procure o Senhor entre os mais pobres dentre os pobres em sua comunidade — os que estão emocionalmente empobrecidos, isolados, doentes. Descubra um meio de levar a luz do amor de Deus às pessoas que vivem em trevas. Passe um tempo simplesmente louvando a Deus por quem ele é e pelo modo como se revelou a você. Honre ao Senhor entregando-lhe algo precioso de sua vida. O menor gesto pode ser um presente valioso para Deus.

> *Querido Pai, o Senhor fez tantas coisas boas para mim, buscando-me quando eu não me importava nem um pouco contigo, dando-me um futuro digno de viver. Quero oferecer-me generosamente — não como uma avarenta distribuindo seus favores na esperança de um retorno, mas como uma mulher completamente apaixonada por seu Criador. Transforma minha vida numa fragrância de doce aroma para agradar-te.*

SEMANA 47

Salomé, mãe de Tiago e João

SEU NOME SIGNIFICA *"paz"*

SEU CARÁTER: Seguidora dedicada de Jesus, cujo marido tinha um comércio de pesca. Compartilhava o conceito errôneo e difundido de que o Messias expulsaria os romanos e estabeleceria um reino genuíno na Palestina. Provavelmente seu nome era Salomé.

SEU SOFRIMENTO: Ter assistido à morte de Jesus de Nazaré ao lado de outras mulheres perto da cruz.

SUA ALEGRIA: Ter visto um anjo, no túmulo de Cristo, que proclamou a ressurreição.

TEXTOS-CHAVE: Mateus 20.20-24;27.56; Marcos 15.40-41;16.1-2.

SEGUNDA-FEIRA • *Sua história*

Salomé amava a Jesus quase tanto como a seus filhos, Tiago e João. Ela jamais esqueceria o dia em que eles deixaram o pai e suas redes de pesca para segui-lo. Ultimamente, também passara a crer que Jesus era o Messias de Deus.

Ela sorriu ao ouvir Jesus dar-lhes o apelido de "filhos do trovão" (Mc 3.17). Com certeza, ele reconhecera sementes de grandeza nos dois irmãos de Cafarnaum, cheios de energia e determinação. Que outro motivo Jesus teria para convidá-los a fazer parte do seu círculo de amigos chegados, junto com Simão Pedro? Ela ficou sabendo que Jesus levara os três até o alto de uma montanha. Quando desceram, seus filhos tagarelas mal conseguiam falar. A história, porém, logo veio à luz.

— O rosto de Jesus brilhava como o sol.

— Moisés e Elias apareceram e falaram com ele.

— De repente uma nuvem nos rodeou e uma voz do céu disse: "Este é o meu Filho amado em quem me agrado. Ouçam-no!".

Salomé ouviu. Contemplou a glória e o poder que irradiavam daquele homem. Embora tivesse ouvido boatos sinistros de que as autoridades de Jerusalém odiavam Jesus, ela sabia que o grande rei Davi também havia enfrentado sua cota de inimigos antes de estabelecer seu reino. E Jesus prometera aos discípulos que eles se sentariam em doze tronos em seu reino:

— E todos os que tiverem deixado casas, irmãos, irmãs, pai mãe filhos ou campos, por minha causa, receberão cem vezes mais e herdarão a vida eterna.

Como duvidar dele? Mesmo com uma fé tão pequena quanto um grão de mostarda, montanhas poderiam ser movidas.

Salomé deixara sua casa confortável, na costa noroeste da Galileia, para juntar-se a seus filhos. Agora, enquanto viajavam a Jerusalém, ela se lembrou de outras palavras de Jesus: "Peçam, e lhes será dado; busquem, e encontrarão; batam, e a porta lhes será aberta". Ela não mais se demoraria para pedir o que seu coração tanto desejava. Prostrando-se diante dele, suplicou:

— Declara que no teu Reino estes meus dois filhos se assentarão um à tua direita e o outro à tua esquerda.

Em vez de responder a ela, Jesus virou-se para Tiago e João e disse:

— Vocês não sabem o que estão pedindo. Podem vocês beber o cálice que eu vou beber?

— Podemos — responderam.

Jesus continuou:

— Certamente vocês beberão do meu cálice; mas o assentar-se à minha direita ou à minha esquerda não cabe a mim conceder. Esses lugares pertencem àqueles para quem foram preparados por meu Pai.

Jesus, que conhecia melhor que ninguém os filhos de Zebedeu, sabia que Salomé estava apenas expressando em palavras as ambições crescentes deles. Como qualquer mãe amorosa, ela pediu apenas o que julgou que faria os filhos felizes. Mas, como a resposta de Jesus e os eventos subsequentes provaram, aquela mãe não sabia o que estava pedindo. Em breve, o homem de quem se aproximara como rei morreria numa cruz, e ela seria uma das mulheres a testemunhar sua morte.

Depois de tudo acabado, Salomé deve ter-se lembrado dos rostos aflitos dos homens que haviam sido crucificados com Jesus, um à sua direita e outro à sua esquerda — uma lembrança irônica de seu pedido na subida a Jerusalém. Tal lembrança só teria aumentado seu pavor pelo que poderia acontecer agora aos filhos.

Salomé esteve presente na manhã da ressurreição ao lado de outras mulheres fiéis. As palavras do anjo — "Ele não está aqui; ressuscitou" — devem ter sido um consolo para ela mais tarde quando o filho, Tiago, se tornou o primeiro apóstolo mártir, morrendo às mãos de Herodes Agripa.

Em vez de perguntar a Jesus o que ele queria para seus filhos, Salomé agiu como se soubesse exatamente o que ele devia fazer em favor deles. Talvez tenha se esquecido de que Jesus exortou os seguidores a deixarem para trás não só casas, irmãos, irmãs, pais e mães por sua causa, mas também filhos. No caso de Salomé, isso não significava voltar as costas aos filhos, mas entregá-los a Deus; significava colocar Jesus acima de tudo e de todos, amá-lo mais que aos próprios filhos. Só então ela compreenderia o sentido do que eles sofreriam como seguidores de Cristo. Só então saberia realmente como orar.

TERÇA-FEIRA • *Sua vida e sua época*

Maternidade

Nos tempos bíblicos, quando um homem se casava, recebia outro bem. Cada esposa estava sujeita à autoridade absoluta do marido. Quando um homem decidia "casar-se com uma mulher", o significado mais próximo da frase era "tornar-se senhor dela". Embora a posição da mulher na casa fosse de subserviência ao marido, ela ainda ocupava uma posição mais elevada que a de qualquer outra pessoa na casa.

O dever principal da mulher era gerar filhos, de preferência homens, que pudessem assegurar o futuro financeiro da família. Em geral, as mães amamentavam as crianças até por volta de três anos de idade. Durante esse período, os casais normalmente não tinham relações sexuais, um método natural de controle de natalidade que dava tempo à mãe para dedicar-se ao filho mais novo.

Cabia às mães o cuidado total dos filhos, tanto meninos como meninas, até que tivessem cerca de seis anos de idade. As crianças ajudavam a mãe nas tarefas domésticas, e ela lhes ensinava lições básicas sobre a vida em sua cultura. Depois dos seis anos, a maioria dos meninos tornava-se pastor de rebanhos ou começava a passar o dia com o pai, a fim de aprender o ofício da família. Davi, por ser o caçula, cuidava das ovelhas e cabras do pai (1Sm 16.11), e provavelmente Jesus aprendeu com o pai, José, a profissão de carpinteiro (Mc 6.3). As filhas ficavam com as mães enquanto cresciam. As mães lhes ensinavam a fiar, a tecer e a cozinhar, e também como ter um comportamento adequado e o que esperar de seu papel, no futuro, como esposas e mães.

Aos poucos o papel de mãe passou a incluir atividades como as descritas em Provérbios 31. Em todas as Escrituras, o papel de mãe é tão digno e importante a ponto de Deus descrever em seu amor por nós em termos maternais:

> Assim como uma mãe consola seu filho,
> também eu os consolarei.
>
> Isaías 66.13

Paulo descreve o cuidado de Deus pelos tessalonicenses como o de uma mãe pelos seus filhos: "fomos bondosos quando estávamos entre vocês, como uma mãe que cuida dos próprios filhos" (1Ts 2.7).

Ao ver-se envolvida na tarefa exaustiva de cuidar de seus filhos pequenos, lembre-se do importante papel que você desempenha em manter o mundo deles seguro e feliz. Quando se vir enterrada na confusão e no trabalho de educar seus filhos em idade escolar, lembre-se de como eles dependem de você para se sentir seguros. Quando se vir lutando com os revezes e transtornos de criar seus filhos adolescentes, lembre-se de quanto você os ama e de quanto precisam que você acredite neles. Lembre-se sempre disto: seus filhos (caso os tenha) são um de seus maiores legados.

QUARTA-FEIRA • *Seu legado nas Escrituras*

Leia Mateus 20.20-27.

1. Quando Salomé fez aquele pedido a Jesus (v. 20-21), o que você acha que ela queria para ela si mesma?
2. A que "cálice" Jesus estava se referindo?
3. O que Salomé não entendia a respeito de Jesus e de seu reino?
4. O que você faz (se é que faz algo) para buscar posição social ou reconhecimento para si própria? E para seus filhos?

5. Em sua opinião, onde Jesus estabeleceria o limite para as nossas ambições para nós mesmas e para nossos filhos?

QUINTA-FEIRA • *Sua promessa*

Embora a mulher típica dos tempos bíblicos ocupasse uma posição de subserviência, seu papel de mãe é exaltado nas Escrituras. Desde o princípio, Deus, o Pai, reconheceu o papel importante que a mãe desempenharia na vida dos filhos e prometeu abençoá-la. Essa mesma promessa se aplica a você hoje.

Promessas nas Escrituras

> Disse também Deus a Abraão: "De agora em diante sua mulher já não se chamará Sarai; seu nome será Sara. Eu a abençoarei e também por meio dela darei a você um filho. Sim, eu a abençoarei e dela procederão nações e reis de povos".
>
> Gênesis 17.15-16

> Dá um lar à estéril,
> e dela faz uma feliz mãe de filhos.
>
> Salmos 113.9

> Seus filhos se levantam e a elogiam;
> seu marido também a elogia, dizendo:
> "Muitas mulheres são exemplares,
> mas você a todas supera".
>
> Provérbios 31.28-29

> Haverá mãe que possa esquecer seu bebê que ainda mama
> e não ter compaixão do filho que gerou?
>
> Isaías 49.15

SEXTA-FEIRA • *Seu legado de oração*

> "Declara que no teu Reino estes meus dois filhos se assentarão um à tua direita e o outro à tua esquerda."
>
> Mateus 20.21

MEDITE: Mateus 20.20-28.

LOUVE A DEUS: Porque seu Filho nos mostrou o verdadeiro significado de grandeza.

AGRADEÇA: Todas as formas, grandes e pequenas, pelas quais Deus a tem servido.

CONFESSE: Qualquer orgulho e ambição equivocada.

PEÇA A DEUS: Graça para compreender que o caminho descendente leva ao ascendente, que a mulher humilde é que será considerada grande no reino.

Eleve o coração

Muitas mulheres ouviram a mensagem de servir aos outros e a internalizaram da maneira negativa. Em vez de compreender a dignidade inerente a cada mulher, passaram a definir seu valor com base nas outras pessoas. Homens e mulheres são chamados a seguir o modelo de serviço de Cristo, que não sofria de baixa autoestima. Sua humildade não era um disfarce para um sentimento de falta de valor.

Se você cometeu o erro de viver em função de seu marido ou filhos, peça graça a Deus para mudar essa situação. Admita que é um ser humano e que precisa de cuidado, consideração e fortalecimento. Peça a Deus que restaure o equilíbrio em sua vida. À medida que passar pelo processo de busca de equilíbrio, não elimine, porém, a palavra "humildade" de seu vocabulário, assumindo uma postura egoísta. Nesta semana, peça que, a cada dia, seus olhos enxerguem a necessidade alheia. A seguir, peça graça para servir de modo a ser um exemplo verdadeiro da humildade de Jesus.

Senhor, perdoa-me por algum sentimento de orgulho que tenha enchido meu coração. Sempre que eu for tentada a pensar ou a agir por ambição egoísta, coloca um sinal de alerta em meu espírito. Dá-me, em vez disso, coragem para ser serva. Abre espaço em meu coração para teu amor. Oro em nome de Jesus. Amém.

SEMANA 48

A viúva com duas moedas

SEU CARÁTER: Embora extremamente pobre, ela é uma das pessoas de maior coração na Bíblia. Logo depois de advertir aos discípulos que ficassem atentos aos mestres da lei que devoravam as casas das viúvas, Jesus a viu no templo. Ele pode ter chamado atenção para ela como um exemplo típico do que dizia.

SEU SOFRIMENTO: Viver sozinha, sem marido para sustentá-la.

SUA ALEGRIA: Entregar-se completamente a Deus, confiando nele para agir em seu favor.

TEXTOS-CHAVE: Marcos 12.41-44; Lucas 21.1-4.

SEGUNDA-FEIRA • *Sua história*

Com a aproximação da Páscoa, o templo estava lotado de adoradores de todo o Israel. No domingo anterior, Jesus havia provocado sensação ao descer do monte das Oliveiras para Jerusalém montado num jumentinho. Uma grande multidão se reunira, forrando a estrada com ramos de palmeiras e gritando:

> Hosana ao filho de Davi!
> Bendito é o que vem em nome do Senhor!
> Hosana nas alturas!
>
> Mateus 21.9

Alguns fariseus, escandalizados ao ver Jesus ser aclamado como Messias, exigiram:

— Mestre, repreende os teus discípulos!

— Eu lhes digo — respondeu Jesus —, se eles se calarem, as pedras clamarão.

Irritados com as palavras de Jesus, os mestres da lei começaram a conspirar um modo de burlar a lei e assassiná-lo na primeira oportunidade.

Dias depois de advertir aos discípulos que tomasse cuidado com os mestres da lei que ficavam à espreita para pegar o dinheiro das viúvas, Jesus sentou-se do lado oposto à tesouraria do templo, no átrio das Mulheres. O lugar estava lotado de mulheres que colocavam suas ofertas num dos treze receptáculos em forma de trombeta pendurados nas das paredes. Jesus, porém, tinha o olhar fixo numa só mulher. Ficou observando quando uma viúva depositou duas pequenas moedas, menos que o salário de um dia.

Ele chamou rapidamente a atenção dos discípulos:

— Afirmo-lhes que esta viúva pobre colocou mais do que todos os outros. Todos esses deram do que lhes sobrava; mas ela, da sua pobreza, deu tudo o que possuía para viver.

Ninguém, além de Jesus, havia notado a mulher. No entanto, com olhos que penetraram tanto as circunstâncias como o coração dela, ele reconheceu a natureza admirável daquela oferta. O gesto era um sinal de entrega total a Deus.

Sem fé, a viúva não teria oferecido sua última moeda acreditando que Deus cuidaria dela melhor que ela poderia cuidar de si mesma. Há, porém, outro aspecto mais sutil de sua história. Teria sido muito fácil para ela concluir que sua dádiva era pequena demais para oferecer. Que necessidade Deus teria de duas moedas de cobre? É claro que teriam mais valor para ela que para Deus. De certa forma, ela teve a graça de crer no valor de sua pequena oferta.

É possível que Deus, por assim dizer, precisasse realmente daquela dádiva. É possível que o gesto dela tenha confortado Jesus pouco antes de sua paixão e morte. Ela havia dado todo o seu sustento; ele, em breve, daria a própria vida.

A história da viúva e de suas duas moedas de cobre lembra-nos de que o reino de Deus funciona sobre princípios completamente diferentes daqueles do reino deste mundo. Na economia divina, o tamanho da oferta não é importante; o que importa é o tamanho do coração do doador.

TERÇA-FEIRA • *Sua vida e sua época*

Dinheiro

Duas pequeninas moedas. Marcos as descreve como dois *lepta* gregos, "duas pequeninas moedas de cobre, de muito pouco valor" (Mc 12.42).

As moedas romanas (denário), as moedas gregas (dracma, ceitil) e as moedas judaicas (asse, libra, siclo e talento) são todas mencionadas no Novo Testamento. Normalmente, os israelitas usavam a cunhagem da nação que os governava, mas desenvolveram também um sistema próprio de cunhagem.

As moedas só passaram a ser usadas em Israel depois que povo voltou do exílio entre 500 e 400 a.C. Antes desse período, as pessoas trocavam produtos, animais e metais preciosos por mercadorias e serviços. Uma mulher podia negociar um frasco de óleo por um manto novo ou a lã de um cordeiro por uma candeia nova.

É provável que os israelitas tenham levado moedas persas e babilônicas para Israel quando voltaram do exílio naquelas terras. Eram moedas bastante rústicas. Cada moeda era cunhada em ouro, prata ou outro metal, com um desenho de cada lado. As moedas gregas, em sua maioria, continham estampas da natureza, de animais ou de deuses. Mais tarde, as moedas romanas traziam gravada a imagem do imperador da época, bem como seu nome. Foram encontradas moedas com imagens dos doze imperadores romanos.

Na época de Jesus, uma ampla variedade de moedas circulava na Palestina. Os judeus do Novo Testamento usavam moedas romanas e gregas, bem como as de sua própria cunhagem. O tributo do templo tinha de ser pago em moeda judaica — em siclos. Assim, os cambistas estabeleceram seu negócio para converter em siclos as moedas estrangeiras trazidas por pessoas que vinham de fora para visitar o templo em Jerusalém. Para piorar ainda mais, os cambistas enganavam seus clientes e cobravam preços exorbitantes. Jesus não se opunha à operação desses negócios; ele se opunha à desonestidade dos cambistas e ao fato de operarem dentro do templo. Indignado, Jesus os expulsou, declarando que a casa de seu Pai era uma casa de oração, e não um local de comércio (Mt 21.12-13).

Embora o dinheiro seja necessário para viver na maioria das culturas, a Bíblia adverte sobre dar maior importância a ele do que deveria realmente ter. A viúva dessa história oferece-nos o melhor exemplo do reconhecimento da necessidade de ter dinheiro — ela possuía dinheiro, apesar de muito pouco —, mas também da necessidade de desprendimento, pois ela deu tudo o que possuía de boa vontade e com amor. Pedro exorta: "Não façam isso por ganância" (1Pe 5.2), e o autor de Hebreus adverte: "Conservem-se livres do amor ao dinheiro e contentem-se com o que vocês têm" (Hb 13.5). Em sua primeira carta a Timóteo, Paulo incluiu estas palavras famosas (e muitas vezes mal interpretadas) sobre o dinheiro: "Pois o amor ao dinheiro é a raiz de todos os males. Algumas pessoas, por cobiçarem o dinheiro, desviaram-se da fé e se atormentaram com muitos sofrimentos" (1Tm 6.10).

A ganância pelo dinheiro e por tudo que ele pode proporcionar — a necessidade de ter mais, de trabalhar mais e de ganhar mais — provavelmente predomina em nossa cultura mais do que em qualquer outra na história. Os cristãos são tão suscetíveis à ganância como os incrédulos. Além disso, o dinheiro coloca uma barreira poderosa e eficaz entre nosso Salvador e nós. Jesus sabia disso e lembrou enfaticamente esse fato nestas palavras: "Nenhum servo pode servir a dois senhores; pois odiará um e amará outro, ou se dedicará a um e desprezará outro. Vocês não podem servir a Deus e ao Dinheiro" (Lc 16.13).

QUARTA-FEIRA • *Seu legado nas Escrituras*

Leia Marcos 12.41-44.

1. Por que Jesus estava observando as pessoas que colocavam dinheiro na caixa de ofertas?
2. Por que você acha que ele destacou a viúva aos discípulos? O que ele queria que eles entendessem a respeito dela e a respeito dos mestres da lei que tiravam proveito das viúvas?
3. Por que alguém ofertaria todo o dinheiro que possui para viver? Em sua opinião, essa pessoa estaria exercendo um ato de fé ou cometendo uma tolice? Por quê?
4. Descreva seu relacionamento com o dinheiro. Até que ponto você esbanja, economiza, doa ou ama o dinheiro?

QUINTA-FEIRA • *Sua promessa*

Nesta história da viúva que deu tudo o que possuía, a promessa da provisão de Deus evidencia-se mais que em qualquer outra passagem das Escrituras. Ela não tinha ninguém mais em quem confiar — a não ser em Deus. Isso também se aplica a todas nós, não é mesmo? Independentemente de nossa situação financeira — se temos muito dinheiro ou se vivemos raspando o fundo do tacho —, não temos ninguém mais em quem confiar. Nossa verdadeira segurança não está nos bens que possuímos nem em nossa conta bancária, mas somente em Deus. E ele prometeu suprir todas as nossas necessidades.

Promessas nas Escrituras

> O próprio SENHOR irá a sua frente e estará com você: ele nunca o deixará, nunca o abandonará. Não tenha medo! Não desanime!
>
> Deuteronômio 31.8

> Os que conhecem o teu nome confiam em ti,
> pois tu, SENHOR, jamais abandonas os que te buscam.
>
> Salmos 9.10

> Alguns confiam em carros e outros em cavalos,
> mas nós confiamos no nome do SENHOR, o nosso Deus.
>
> Salmos 20.7

> Portanto eu lhes digo: Não se preocupem com sua própria vida, quanto ao que comer ou beber; nem com seu próprio corpo, quanto ao que vestir. Não é a vida mais importante que a comida, e o corpo mais importante que a roupa? Observem as aves do céu: não semeiam nem colhem nem armazenam em celeiros; contudo, o Pai celestial as alimenta. Não têm vocês muito mais valor do que elas?
>
> Mateus 6.25-26

SEXTA-FEIRA • *Seu legado de oração*

Chamando a si os seus discípulos, Jesus declarou: “Afirmo-lhes que esta viúva pobre colocou na caixa de ofertas mais do que todos os outros. Todos deram do que lhes sobrava; mas ela, da sua pobreza, teu tudo o que possuía para viver".

Marcos 12.43-44

MEDITE: Marcos 12.41-44.

LOUVE A DEUS: Por não julgar pelas aparências, mas como alguém que vê o coração.

AGRADEÇA: As bênçãos do dinheiro, do tempo, da energia e dos recursos emocionais.

CONFESSE: Qualquer tendência de agir como se sua segurança dependesse mais de você que de Deus.

PEÇA A DEUS: Que a torne uma mulher generosa, cheia de fé para crer que vale a pena dar até pequenas ofertas.

Eleve o coração

Nesta semana, pense numa área de sua vida que pareça especialmente vazia ou empobrecida. Talvez você esteja solitária, enfrentando dificuldades financeiras ou preocupada com o futuro. Seja qual for o caso, ore a respeito. Ouça a voz do Espírito Santo. Deus está convidando você a fazer alguma coisa para expressar sua confiança nele? Que tipo de oferta o agradaria mais? Ao ouvir a voz do Senhor, não demore a entregar-lhe o que o coração dele deseja.

Pai, tu és a fonte de toda bênção. Nesta semana, ajuda-me a ofertar, não apenas minha riqueza, mas também minha pobreza. Lembra-me de que pertenço a ti, de corpo e alma, de coração e mente, no passado, no presente e no futuro.

SEMANA 49

Maria Madalena

SEU NOME PODE SIGNIFICAR *"amargura"*

SEU CARÁTER: Embora Maria Madalena seja erroneamente caracterizada como prostituta em muitos escritos populares, a Bíblia diz apenas que ela estava possuída por sete demônios. É provável que sofresse de alguma doença grave, física ou mental, da qual Jesus a livrou. Trata-se de um lindo exemplo de uma mulher cuja vida foi totalmente entregue a Deus em resposta à graça extraordinária do Senhor.

SEU SOFRIMENTO: Assistir à agonia de Jesus no Calvário.

SUA ALEGRIA: Ser a primeira testemunha da ressurreição.

TEXTOS-CHAVE: Mateus 27.56,61; 28.1; Marcos 15.40,47; 16.1-19; Lucas 8.2; 24.10; João 19.25; 20.1-18.

SEGUNDA-FEIRA • *Sua história*

Ela avançou através das sombras até o túmulo no jardim, grata pela escuridão que encobria suas lágrimas. Não entendia como o mundo continuava a girar como se nada tivesse acontecido. Como os montes permaneceram firmes, sem desmoronar, e o céu não desabara? Será que todos, menos ela, tinham perdido o juízo? Ninguém notara que o mundo havia entrado em colapso dois dias atrás?

Durante os três últimos anos, ela seguira o rabino por toda a Galileia e Judeia, sustentando-o com seus parcos recursos. Adorava a risada sincera dele e o sorriso que brilhava em seu rosto sempre que a via. Aonde quer que fossem, sentia-se privilegiada ao contar sua história, grata por fazer parte daquele grupo de fiéis seguidores.

Maria crescera em Magdala, uma cidade próspera na margem oeste do mar da Galileia. Mas ela própria não havia prosperado. Como uma mulher poderia ser bem-sucedida se vivia cheia de demônios que lhe controlavam a mente? Apesar de pedir misericórdia, nada recebera. Ao contrário, suas desilusões a fechavam num mundo de pesadelos, privando-a até dos pequenos prazeres e da simples bondade.

Foi então que Jesus chegou à cidade. Diferente de todos os rabinos que ela encontrara, Jesus parecia não temer sua enfermidade nem sentir repulsa por ela. "Maria", ele a chamou, como se a conhecesse a vida inteira. Apesar do calor, ela tremeu quando ele se aproximou, sentindo um embrulho no estômago. Embora tenha recuado, ela sentiu uma grande luz avançando em sua direção, expulsando as trevas. De repente, seus companheiros de todos os dias começaram a suplicar misericórdia, mas nenhuma lhes foi dada.

Maria Madalena, mulher possuída por sete demônios, foi restaurada ao juízo perfeito; sua escravidão tornou-se coisa do passado. Os olhos, que antes eram buracos fundos engolindo a luz, agora brilhavam como lagos refletindo o sol.

Desde então, todos em Magdala maravilhavam-se com sua mudança. Como não amar tal homem? Como poderia não desejar fazer tudo por ele? A sensação era a de estar vivendo no céu — estar perto de Jesus; testemunhar uma cura após a outra; ser inspirada, surpreendida e renovada pelos ensinamentos dele. Isso é que era alegria para uma mulher desacostumada a esse sentimento.

Jesus tinha, no entanto, sua cota de inimigos, ela sabia disso. Os líderes religiosos de Jerusalém sentiam-se ofendidos com as verdades ditas por ele, indignados com sua irritante falta de diplomacia. Mesmo assim, tinha escapado de todas as armadilhas que preparam para ele... até agora.

De repente, os mestres da lei partiram para o ataque, embora Jerusalém estivesse lotada de peregrinos para a Páscoa. A guarda do templo prendera Jesus à noite e, depois, o entregara às autoridades romanas, que zombaram dele e o açoitaram até quase à morte. O rabino da Galileia, que prometera aos pobres de espírito que certamente herdariam o reino dos céus, estava agora acorrentado. Sua fome e sede de justiça não fora satisfeita, mas o deixara vazio e machucado. Sem receber a bênção, tornara-se maldição, e seu corpo nu foi pendurado numa cruz romana.

Maria fez o possível para lutar contra as trevas que se aproximavam novamente, enquanto aguardava durante as terríveis horas da agonia dele, incapaz de assistir ao espetáculo hediondo à sua frente, mas também incapaz de afastar-se. Por maior que fosse o sofrimento de Jesus, ela precisava ficar junto dele.

Quando tudo terminou, Maria viu Nicodemos e José de Arimateia tirarem o corpo de Jesus da cruz. Eles o envolveram gentilmente em mirra e aloés, o equivalente ao sepultamento de um rei. Só depois que a pedra foi rolada para fechar o sepulcro, selando-o, foi que ela se virou para ir embora.

Ao findar do sábado, no dia seguinte, Maria comprou mais especiarias. Antes de o sol nascer, no domingo, ela chegou ao túmulo. Como faria para rolar a pedra enorme? Mas, para sua surpresa, a entrada do túmulo estava escancarada. Faixas de linho achavam-se caídas no chão, e o pano, antes enrolado na cabeça de Jesus, estava dobrado à parte. O que teriam feito com seu corpo? Ser privada dessa última oportunidade de tocá-lo e de cuidar dele era mais do que ela poderia suportar.

Seus olhos se encheram de lágrimas, enquanto ela permanecia ao lado do túmulo. Depois se curvou para olhar dentro dele. Viu duas criaturas vestidas de branco sentadas no suporte de pedra sobre o qual o corpo de Jesus havia sido colocado.

— Mulher, por que você está chorando? — eles perguntaram.

— Levaram embora o meu Senhor — respondeu ela —, e não sei onde o puseram.

Nisso ela se voltou e viu um homem olhando-a. Disse ele:

— Mulher, por que está chorando? Quem você está procurando?

Supondo que fosse o jardineiro, ela respondeu:

— Se o senhor o levou embora, diga-me onde o colocou, e eu o levarei.

Disse-lhe Jesus:

— Maria!

Surpresa, ela exclamou:

— Rabôni (que significa "Mestre")!

O sol agora já se levantara, e com ele desapareceu a escuridão que a perseguira desde que ouvira as notícias da prisão de Jesus. Aquele que a ressuscitara de uma quase morte, havia ele mesmo ressuscitado dentre os mortos.

Maria caiu de joelhos, num gesto de reverência, lembrando-se das palavras do profeta Isaías:

O povo que caminhava em trevas
viu uma grande luz;

sobre os que viviam na terra da sombra da morte
raiou a luz.

Isaías 9.2

O jardim, que recentemente era um lugar escuro e sombrio, parecia agora verde e brilhante, como se o próprio paraíso estivesse ali.

O Jesus ressurreto não aparecera a governantes e reis, nem mesmo em primeiro lugar a seus discípulos homens, mas a uma mulher, cujo amor a mantivera junto à cruz e a conduzira ao sepulcro. Maria Madalena, que havia sido possuída por demônios, cujo testemunho não teria sido aceito num tribunal da época pelo fato de ela ser mulher, foi a primeira testemunha da ressurreição. Mais uma vez, Deus se revelara aos desvalidos, e o faria apenas aos humildes cuja audição fosse aguçada o suficiente para perceber a mensagem de seu amor.

TERÇA-FEIRA • *Sua vida e sua época*

As mulheres na vida e no ministério de Jesus

Cozinhar, cuidar da família, fiar, tecer, costurar, assar pão, limpar — tarefas comuns para as mulheres nos dias do Novo Testamento. Em geral, as mulheres passavam a maior parte do tempo em casa, cuidando da família. Várias, porém, saíram do âmbito cultural reservado a elas naquela época para desempenhar um papel importante no ministério de Jesus. Só os doze discípulos são mencionados com mais frequência que certas mulheres, inclusive Maria Madalena.

Marcos nos conta que muitas mulheres “tinham seguido e servido a Jesus” (Mc 15.41). Durante os anos do ministério de Jesus, enquanto ele e seus discípulos não trabalhavam para seu próprio sustento, várias mulheres entraram em cena e usaram seus recursos financeiros para ajudar no sustento de Jesus e dos discípulos (Lc 8.3). É provável que, enquanto Jesus ensinava e curava, essas mulheres passassem o tempo comprando alimentos, preparando-os e servindo-os. É possível também que buscassem casas onde Jesus e os discípulos pudessem ficar durante as viagens. Talvez essas mulheres não tivessem filhos, ou já fossem adultos, de modo que suas responsabilidades domésticas eram menores. Assim, podiam ajudar naquilo que Jesus e seus discípulos precisassem.

Duas mulheres em Betânia, Maria e Marta, sempre abriram generosamente a porta de sua casa para Jesus quando ele se encontrava na cidade, oferecendo-lhe refeições e um lugar para descansar (Lc 10.38). Jesus era bastante chegado dessas duas mulheres e de seu irmão, Lázaro, a ponto de chamá-los amigos (Jo 11.11).

A mulher mais importante na vida de Jesus era, claro, Maria, sua mãe. Ela permaneceu nos bastidores durante os anos de seu ministério público. O meigo cuidado dele por ela, quando pendurado na cruz, revela o verdadeiro amor de um filho pela mãe.

As mulheres viram Jesus sofrer na cruz e ali ficaram até seu último suspiro e sepultamento. As mulheres foram as primeiras a ir até o túmulo, na manhã de domingo, e a testemunhar a ressurreição.

O Evangelho de Lucas, em especial, retrata Jesus como alguém que compreendia e respeitava as mulheres, conferindo-lhes uma posição da qual a maioria delas não havia desfrutado anteriormente. O trato de Jesus com as mulheres, em todos os Evangelhos, apresenta a todos — homens e mulheres — um modelo a ser seguido em relação à posição e ao tratamento das mulheres com quem convivemos.

QUARTA-FEIRA • *Seu legado nas Escrituras*

Leia Marcos 15.33-41.

1. O que você acha que Maria Madalena pensou e sentiu quando viu Jesus clamar a Deus na cruz (v. 34)?
2. Qual deve ter sido sua reação ao vê-lo morrer?
3. Em sua opinião, por que ela assistiu àquele espetáculo hediondo? Por que não se poupou daquele sofrimento?

Leia João 20.1-16.

4. Por que Maria só reconheceu Jesus depois que ele falou com ela?
5. Até que ponto você tem certeza de que Jesus sabe seu nome (Is 43.1)?
6. Como você compararia seu amor por Jesus com o amor de Maria por ele? O que alimenta ou reprime seu amor por ele?

QUINTA-FEIRA • *Sua promessa*

Jesus não só sabia o nome de Maria, como também conhecia tudo sobre ela. Ele se lembrava do dia em que expulsou sete demônios dela e também de seus gestos de bondade. Viu como ela sofreu com ele enquanto assistia à sua morte na cruz.

Da mesma forma que Jesus conhecia os detalhes íntimos da vida de Maria, ele também conhece tudo sobre você. Quando você for tentada a perder a esperança, quando a vida lhe parecer vazia demais para continuar, quando a tristeza quiser dominá-la, lembre-se de que Jesus se importa com você. Quando aqueles que você ama a decepcionarem, quando achar que você chegou a seu limite, quando seu fardo estiver pesado demais, lembre-se de que Jesus se importa com você. Ele a chama pelo nome, como fez com Maria. E você poderá continuar a viver do mesmo modo que as mulheres quando se afastaram do sepulcro, talvez ainda um pouco amedrontadas, mas "cheias de alegria" (Mt 28.8).

Promessas nas Escrituras

> Não tema, pois eu o resgatei;
> eu o chamei pelo nome; você é meu.
>
> Isaías 43.1

> Não se vendem dois pardais por uma moedinha? Contudo, nenhum deles cai no chão sem o consentimento do Pai de você. Até os cabelos da cabeça de vocês estão todos contados. Portanto, não tenham medo; vocês valem mais do que muitos pardais!
>
> Mateus 10.29-31

> [Nada] será capaz de nos separar do amor de Deus que está em Cristo Jesus, nosso Senhor.
>
> Romanos 8.39

> Lancem sobre ele toda a sua ansiedade, porque ele tem cuidado de vocês.
>
> 1Pedro 5.7

SEXTA-FEIRA • *Seu legado de oração*

> Jesus lhe disse: "Maria!". Então, voltando-se para ele, Maria exclamou em aramaico: "Rabôni!" (que significa "Mestre!").
>
> João 20.16

MEDITE: João 20.1-18.

LOUVE A DEUS: Pelo Pai ter revelado seu amor de maneira tão poderosa em Jesus.

AGRADEÇA: A morte e a ressurreição de Jesus, seu Filho e nosso Salvador.

CONFESSE: Suas dúvidas sobre o poder de Deus ou sobre sua disposição para livrá-la de algum mal em sua vida.

PEÇA A DEUS: A graça do livramento.

Eleve o coração

Num dia desta semana, acerte seu despertador para você se levantar meia hora antes do nascer do sol. Encontre um lugar onde possa observar a alvorada. Nas sombras da madrugada, converse com Deus sobre alguma área de escuridão em sua vida ou na vida de alguém que você ama. Talvez uma doença, um pecado persistente, solidão, um casamento conturbado, um vício ou um filho desviado. O que quer que seja, entregue o problema a Deus, imaginando que o está colocando no túmulo do jardim, perto do corpo de Jesus. Quando o sol nascer, medite naquela primeira manhã de Páscoa e lembre-se de que, quando Jesus saiu do túmulo, você saiu com ele. Peça a Deus fé para esperar até que o poder libertador dele entre em ação.

> *Senhor, torna-me uma mulher que não te segue por causa de um entendimento legalista da fé, mas, como Maria Madalena, por um sentimento enorme de gratidão e amor por tua preciosa graça. Ajuda-me a entregar minha escuridão a ti e enche minha vida com a luz de tua presença.*

Dorcas

SEU NOME SIGNIFICA *"gazela"; "Tabita" é o equivalente em hebraico.*

SEU CARÁTER: Habitante de Jope, uma cidade na costa do Mediterrâneo, 56 quilômetros a noroeste de Jerusalém, Dorcas pertencia a uma das primeiras congregações cristãs. Era uma discípula conhecida por suas obras de caridade.

SEU SOFRIMENTO: Ter padecido de uma doença grave.

SUA ALEGRIA: Servir a Jesus por meio de serviço prestado aos pobres.

TEXTO-CHAVE: Atos 9.36-43

SEGUNDA-FEIRA • *Sua história*

Os ventos rugiam ao longo da costa, amontoando violentamente as águas ao longo do litoral rochoso. Embora estivesse deitada, em silêncio, no andar superior da casa perto do mar, Dorcas nada ouvia. Nem notou a onda de tristeza que invadiu o quarto, partindo do coração de cada mulher ali presente. Pela primeira vez, Dorcas não tinha nada a oferecer, nem uma palavra de consolação, nem um ato de bondade para suavizar o sofrimento delas. Ao contrário, estava inerte, enquanto as outras mulheres cuidavam dela, passando carinhosamente uma esponja por seu corpo a fim de prepará-lo para o enterro.

Ao aproximar-se da casa, Pedro ouviu o som de luto, um som mais desolador que a violência do vento. Dois homens tinham ido procurá-lo em Lida, onde acabara de curar um paralítico. Insistiram que ele partisse imediatamente, porque uma das discípulas do Senhor, em Jope, havia morrido. Pedro saiu apressado, na esperança de chegar à casa de Dorcas antes que ela fosse sepultada.

No momento em que entrou no quarto onde jazia o corpo, as viúvas o cercaram, mostrando-lhe provas tangíveis da bondade de Dorcas

— roupas e outras peças que a mulher que elas tanto amavam costurara para vestir os pobres. Pedro pediu que saíssem, como se quisesse afastar o desespero do ambiente. Depois, ajoelhou-se ao lado do corpo.

Enquanto orava, Pedro lembrou-se de uma promessa feita por Jesus:

— Digo-lhes a verdade: Aquele que crê em mim fará também as obras que tenho realizado. Fará coisas ainda maiores do que estas, porque eu estou indo para o Pai.

Com uma fé tão forte quanto o vento lá fora, Pedro dirigiu-se à mulher morta e disse:

— Tabita, levante-se.

Segurando-a pela mão, ele ajudou-a a ficar em pé.

No dia seguinte, Dorcas subiu sozinha ao terraço da casa. A praia estava cheia de gravetos e entulhos deixados pela tempestade da véspera. Ela respirou fundo, inalando o cheiro penetrante e salgado do mar. As ondas batendo nas pedras lá embaixo a acalmaram. De modo estranho, a cena parecia translúcida, como se outro mundo a aguardasse logo atrás da cortina daquela nova realidade. Dorcas protegeu os olhos com a mão, olhando para o mar. Mas não viu nada além do ajuntamento normal de barcos de pesca balançando no sobe e desce das ondas.

Com um suspiro, ela virou-se e entrou na casa. Tinha coisas para fazer — roupas para costurar, pão para assar, pobres para alimentar e vestir. Porém, mesmo em meio a tantos preparativos, seu anseio por aquele outro mundo aumentou, semelhante à sensação de fome antes de um banquete. E ela alimentou esse desejo com seus muitos atos práticos de amor.

Embora não saibamos o que se passou na mente de Pedro enquanto orava ajoelhado junto ao leito de Dorcas, sabemos que Deus operou por meio dele de forma extraordinária. As Escrituras não relatam como Dorcas reagiu àquela incrível experiência, mas não é difícil imaginar sua alegria. A história de seu milagre espalhou-se por toda Jope, levando muitos a crer.

TERÇA-FEIRA • *Sua vida e sua época*

Discípulos

Havia em Jope uma discípula chamada Tabita (cuja tradução para o grego é Dorcas) (At 9.36). Ela é a única mulher nas Escrituras que foi honrada com a designação de "discípula". A presença de mulheres nos grupos de discípulos é, por vezes, insinuada, mas só Dorcas foi chamada especificamente de discípula.

A palavra *discípulo* tem suas raízes em verbos que significam "aprender". Esses dois verbos descrevem a atividade ou postura do discípulo do Novo Testamento. O termo *discípulo* é usado quase trezentas vezes na Bíblia. Duas delas ocorrem em Isaías e as restantes nos Evangelhos e em Atos. Quase sempre as Escrituras usam essa palavra para se referir a um seguidor de Jesus.

O discípulo é, em primeiro lugar, um aprendiz, um aluno. Os discípulos de Jesus sentavam-se a seus pés enquanto ele os ensinava. Eles ouviam e assimilavam o conhecimento e a sabedoria de Cristo, quando falava a eles e às multidões que inevitavelmente se reuniam à sua volta. Jesus ensinou-lhes muitas coisas, mas todo o seu ensino pode ser resumido em seu mandamento para amar a Deus e ao próximo (Mc 12.31). Os discípulos aceitavam como verdade o que Jesus ensinava, confiando nele como mestre e dispostos a pôr em prática todos os seus ensinamentos.

Em segundo lugar, discípulo é um seguidor. Os discípulos seguiram Jesus aonde quer que ele fosse. A primeira coisa que Jesus disse a Pedro e a seu irmão André foi: "Sigam-me". Quando Jesus chamou Tiago e João em seu barco, eles deixaram rapidamente o barco e o pai e seguiram Jesus (Mt 4.18-22). A ordem "sigam-me", no texto, não significa apenas caminhar com o mestre, mas também estar disposto a adotar os conceitos e o estilo de vida dele. Os doze discípulos deixaram família, meios de sustento e antigos modos de vida para seguir Jesus.

Dorcas, uma discípula verdadeira, tomou conhecimento de Jesus e decidiu segui-lo. Adotou suas ideias e modo de vida. Com amor, pôs em prática os mandamentos dele, ministrando aos pobres que a rodeavam. Não havia nenhuma possibilidade de erro, nenhuma dúvida, nenhuma incerteza — todos os que conheciam Dorcas sabiam quem ela era e quem ela seguia. Sua dedicação é registrada para todas as gerações futuras com estas palavras simples, porém profundas: "Em Jope havia uma discípula chamada [...] Dorcas" (At 9.36).

QUARTA-FEIRA • *Seu legado nas Escrituras*

Leia Atos 9.36-43.

1. Que coisas você acha que Dorcas provavelmente fazia?

2. Descreva, com suas palavras, como foi a cena quando Pedro levou Dorcas de volta aos amigos e vizinhos.
3. Dorcas era conhecida por fazer o bem e ajudar os pobres. Onde essas atividades se encaixam em sua vida?
4. Em sua opinião, por que Deus escolheu ressuscitar Dorcas e não ressuscitou os outros discípulos que presumivelmente morreram naquele ano e nos anos subsequentes?
5. Deus foi glorificado na vida, morte e ressurreição de Dorcas. E se Dorcas não tivesse sido ressuscitada? Deus teria sido glorificado? Como?

QUINTA-FEIRA • *Sua promessa*

Deus é glorificado na história de Dorcas, não apenas por ela ter sido ressuscitada, mas também por causa de seus atos de bondade, de sua generosidade e disposição para ajudar os outros. Não pense que você precisa realizar atos grandiosos, nobres e notáveis para que sua vida glorifique a Deus. Ele será glorificado por meio de simples gestos de amor e de obediência, não importa quais sejam, onde você estiver.

Promessas nas Escrituras

Que as palavras da minha boca
e a meditação do meu coração
sejam agradáveis a ti, SENHOR,
minha Rocha e meu Resgatador!

Salmos 19.14

Oprimir o pobre é ultrajar o seu Criador,
mas tratar com bondade o necessitado é honrar a Deus.

Provérbios 14.31

"Ele defendeu a causa do pobre e do necessitado,
e, assim tudo corria bem.
Não é isso que significa conhecer-me?",
declara o SENHOR.

Jeremias 22.16

> Mas quando você der esmola, que a sua mão esquerda não saiba o que está fazendo a direita, de forma que você preste a sua ajuda em segredo. E seu Pai, que vê o que é feito em segredo, o recompensará.
>
> Mateus 6.3-4

SEXTA-FEIRA • *Seu legado de oração*

> Pedro foi com eles e, quando chegou, foi levado para o quarto no andar superior. Todas as viúvas o rodearam, chorando e mostrando-lhe os vestidos e outras roupas que Dorcas tinha feito quando ainda estava com elas.
>
> Atos 9.39

MEDITE: Atos 9.36-43.
LOUVE A DEUS: Por seu poder sobre a morte.
AGRADEÇA: As orações respondidas.
CONFESSE: Qualquer hábito que limite o poder da oração.
PEÇA A DEUS: Que faça de você uma mulher cujo amor a ele tenha ramificações práticas a seu redor.

Eleve o coração

Há uma Dorcas em sua vida, uma pessoa bondosa — seja ela homem ou mulher? Talvez essa pessoa, que lhe deu grande apoio, está sofrendo. Resista à tentação de ficar deprimida com o que está acontecendo com ela; ao contrário, dedique um tempo nesta semana para orar por ela com base na história de Dorcas. Permita que esse milagre aumente sua fé e modele suas orações. Se tiver uma fotografia da pessoa, coloque-a no painel do carro, na porta da geladeira ou na frente do computar para lembrar-se de orar por ela. Peça a Deus que transforme em luz a escuridão na qual ela vive atualmente.

Senhor, mostra-me como orar com fé cada vez maior, sabendo que teu Espírito é tão poderoso quanto foi há dois mil anos. Age em favor de tua serva, e que teu nome seja glorificado pelo que fizeres.

Lídia

SEU NOME DERIVA DA REGIÃO ONDE NASCEU: *Lídia, situada na Ásia Menor*

SEU CARÁTER: Lídia, uma gentia que seguia o judaísmo, era uma mulher de negócios bem-sucedida que vendia um tipo de tecido muito apreciado por sua cor púrpura. Era chefe de família, talvez por ser viúva ou solteira. Era tão firme na fé que toda a sua casa seguiu seu exemplo e foi batizada. Ela hospedou Paulo e seus companheiros, mesmo depois de terem sido presos.

SEU SOFRIMENTO: Ver Paulo e Silas açoitados e lançados na prisão por causa do evangelho que ela aceitara.

SUA ALEGRIA: Porque Deus conduziu Paulo e seus companheiros à Macedônia, permitindo que ela e outras pessoas em Filipos ouvissem o evangelho pela primeira vez.

TEXTO- CHAVE: Atos 16.6-40.

SEGUNDA-FEIRA • *Sua história*

O vento brincava com os galhos acima, transformando-a numa cobertura em forma de dossel, cuja sombra dançava sobre o círculo de mulheres com o corpo curvado em oração. Havia poucos judeus em Filipos para sustentar uma sinagoga, mas isso não era importante; a beira do rio tornara-se um lugar de adoração para aquelas mulheres, um santuário verde onde elas se reuniam aos sábados para orar.

Lídia ouviu quando um estrangeiro de Tarso pronunciou as palavras conhecidas do *shema:*

— Ouça, ó Israel: O SENHOR, o nosso Deus, é o único SENHOR. Ame o SENHOR, o seu Deus, de todo o seu coração, de toda a sua alma e de todas as suas forças.

Essas orações eram como uma rajada de vento impulsionando seu anseio. Lídia, uma gentia que chegara a Filipos proveniente da Ásia Menor, era uma comerciante de grande destaque que vendia tecidos finos para quem tinha condições de comprá-los. Embora não fosse judia, queria conhecer aquele Deus tão poderoso que dividiu o mar, e, ao mesmo tempo, tão meigo a ponto de desejar ardentemente o amor de seu povo.

Depois de citar o *shema* tradicional, Paulo falou de um Deus cujo Filho, Jesus, havia sido assassinado por amor. Esse Jesus ressuscitara e saíra do túmulo, depois de sofrer a morte mais hedionda imaginável. Ele era o Messias, o ser misericordioso e santo que veio ao mundo para salvar o povo de Deus.

As mulheres permaneceram em silêncio enquanto Paulo contava a história. Até os galhos acima delas interromperam seu farfalhar ruidoso. Porém, naquela quietude, Lídia sentiu um vento forte percorrer-lhe o corpo. Lágrimas correram por seu rosto, embora ela sentisse vontade de cantar. Mais tarde, ela e sua família foram batizadas no rio Gangites, perto de Filipos. Lídia insistiu com Paulo e Silas (e provavelmente com Timóteo e Lucas) para que aceitassem sua hospitalidade. Seu lar pode ter-se tornado a sede da igreja em Filipos.

Filipos parecia um lugar improvável para semear o evangelho. A cidade recebera esse nome em homenagem a Filipe II, pai de Alexandre, o Grande, que havia sido atraído pelas minas de ouro nas montanhas ao norte da cidade. Agora era uma próspera colônia romana localizada na estrada principal que ligava as províncias orientais a Roma e que abrigava um grande número de soldados romanos aposentados. Apesar de seu tamanho, Filipos não possuía um número suficiente de judeus para cumprir o requisito de dez homens confiáveis para formar uma sinagoga — e Paulo tinha o hábito de pregar primeiro na sinagoga. Mesmo assim, havia em Filipos um grupo de mulheres judias e gentias que oravam.

É interessante notar que Paulo não planejara visitar Filipos, mas estava a caminho da Ásia quando se sentiu constrangido pelo Espírito Santo a mudar de direção. Logo depois, teve uma visão na qual um homem da Macedônia lhe suplicava: "Passe à Macedônia e ajude-nos" (At 16.9). Alguns dias depois, ele se encontrava à beira do rio, pregando às mulheres que se reuniam ali para orar.

Pouco tempo depois de sua conversão, Lídia soube que seus hóspedes, Paulo e Silas, tinham sido açoitados e presos. Paulo havia sido condenado por expulsar um espírito maligno de uma jovem escrava que os seguia. Irritados com a perda do lucro de sua adivinhadora, os donos da jovem arrastaram Paulo e Silas diante dos magistrados da cidade, afirmando:

— Estes homens são judeus e estão perturbando a nossa cidade, propagando costumes que a nós, romanos, não é permitido aceitar nem praticar.

Naquela noite, com os pés no tronco, Paulo e Silas oraram e cantaram hinos a Deus, enquanto os outros prisioneiros ouviam. Por volta da meia-noite, um terremoto abalou os alicerces da prisão com tanta violência que as portas se abriram e as correntes de todos os presos se soltaram. Em consequência disso, o carcereiro e toda a sua casa se converteram. Depois de solto, Paulo voltou à casa de Lídia por algum tempo.

Ao se despedir do apóstolo e de seus companheiros, que continuariam a viagem missionária, Lídia deve ter se lembrado das palavras dos acusadores: "Estes homens são judeus e estão perturbando a nossa cidade". De fato, Deus perturbara toda a região, causando um rebuliço do qual o lugar nunca se recuperaria.

Lídia tem a honra de ser a primeira convertida de Paulo na Europa e o primeiro membro da igreja de Filipos, comunidade que, mais tarde, veio a ser fonte de grande consolo para o apóstolo quando se achava preso. As orações dela, somadas às de outras mulheres reunidas à beira do rio, provavelmente ajudaram a preparar o caminho para que o evangelho fosse semeado na Europa.

TERÇA-FEIRA • *Sua vida e sua época*

Tecidos e tintas

O sucesso de Lídia como comerciante na cidade de Filipos residia na venda de um tecido tingido de um tom especial de púrpura. Original de Tiatira, Lídia provavelmente conhecia as fórmulas secretas das tintas ali fabricadas. Somente os que pertenciam à associação dos tintureiros tinham permissão para trabalhar nesse ramo. Feitas com a secreção de um molusco encontrado na região, essas tintas especiais coloriam as roupas dos ricos. Os tons de púrpura variavam de vermelho escarlate a um tom púrpura escuro.

Tecidos tingidos de várias cores são mencionados desde o êxodo do Egito, quando o Senhor instruiu Moisés a receber presentes do povo de

Israel para construir o tabernáculo: "Estas são as ofertas que deverá receber deles: ouro, prata e bronze, fios de tecidos azul, roxo e vermelho, linho fino, pelos de cabra, peles de carneiro tingidas de vermelho" (Êx 25.3-5).

Os melhores corantes vermelhos e escarlates eram feitos de uma lagarta que se alimentava do carvalho e de outras plantas. Uma forma menos dispendiosa de corante vermelho podia ser obtida da raiz da garança (planta corante). A casca da romã servia de base para corantes azulados. Os corantes amarelos eram feitos com cártamo e açafrão.

As roupas mais comuns nos tempos bíblicos eram feitas de lã, que tinham cores naturais, desde o branco até o amarelo, castanho e marrom. A lã era também facilmente tingida de outras cores. O linho era mais difícil de tingir e há menção dele no Egito antigo (Gn 41.42) e na confecção das cortinas do tabernáculo (Êx 26). O couro para cintos, escudos, sandálias, bolsas ou sacos podia ser também tingido de diversas cores.

A ocupação de Lídia era, portanto, um ofício comercial importante. Ela deve ter sido pelo menos moderadamente bem-sucedida, pois as Escrituras registram o fato de que ela tinha casa própria e servos. Sua posição singular como mulher de negócios deu-lhe oportunidade de viajar, de aprender sobre Cristo e de oferecer sua casa e hospitalidade a Paulo e a seus companheiros, como ministros do evangelho.

QUARTA-FEIRA • *Seu legado nas Escrituras*

Leia Atos 16.11-40.

1. Como você acha que Lídia descreveria seu primeiro encontro com Paulo e seu grupo à beira do rio?
2. Em sua opinião, como os eventos dos versículos 16 a 37 exerceram influência sobre Lídia?
3. Por que Lídia e os outros cristãos em Filipos precisaram de encorajamento (v. 40) quando Paulo estava partindo da cidade?
4. Pense nestas palavras: "O Senhor abriu seu coração para atender à mensagem de Paulo" (v. 14). Se isso já aconteceu com você, quais foram as circunstâncias e qual foi sua reação?
5. Lídia foi obediente ao Senhor numa cidade profundamente hostil às boas novas de Cristo. Que reação o Senhor espera de você neste momento, não obstante os obstáculos que você possa estar enfrentando?

QUINTA-FEIRA • *Sua promessa*

A vida de Lídia nos revela um Deus que deseja ardentemente relacionar-se com seu povo. A receptividade de Lídia às verdades pregadas por Paulo não ocorreu por iniciativa dela; antes, Deus viu seu anseio por ele e satisfez sua maior necessidade: a necessidade que aquela mulher tinha dele. Deus toca corações até hoje. A intimidade que você almeja ter com ele, o vazio que sente quando já tentou de tudo e continua insatisfeita, a necessidade ardente que tem por sentir-se plena — essas coisas só podem ser saciadas quando você começar com o Alfa e terminar com o Ômega, Jesus Cristo, nosso princípio e nosso fim.

Promessas nas Escrituras

> Satisfaze-me pela manhã com o teu amor leal,
> e todos os nossos dias cantaremos felizes.
>
> Salmos 90.14

> Por que gastar dinheiro naquilo que não é pão,
> e o seu trabalho árduo naquilo que não satisfaz?
> Escutem, escutem-me, e comam o que é bom,
> e a alma de vocês se deliciará com a mais fina refeição. [...]
> Busquem o SENHOR enquanto é possível achá-lo;
> clamem por ele enquanto está perto.
>
> Isaías 55.2,6

> Mas quem beber da água que eu lhe der nunca mais terá sede. Ao contrário, a água que eu lhe der se tornará nele uma fonte de água a jorrar para a vida eterna.
>
> João 4.14

> Disse-me ainda: "Está feito. Eu sou o Alfa e o Ômega, o Princípio e o Fim. A quem tiver sede, darei de beber gratuitamente da fonte a água da vida".
>
> Apocalipse 21.6

SEXTA-FEIRA • *Seu legado de oração*

> No sábado saímos da cidade e fomos para a beira do rio, onde esperávamos encontrar um lugar de oração. Sentamo-nos e começamos a conversar com as mulheres que haviam se reunido ali.
>
> Atos 16.13

MEDITE: Atos 16.6-14.

LOUVE A DEUS: Por enviar mensageiros do evangelho.

AGRADEÇA: Porque Deus nos capacita a crer preparando, primeiro, nosso coração para receber a fé.

CONFESSE: Quaisquer momentos em que você negligenciou a oração, especialmente em comunhão com outros cristãos.

PEÇA A DEUS: Que a ajude a fazer da oração uma prioridade ainda maior em sua vida.

Eleve o coração

É interessante notar que o Espírito Santo dirigiu Paulo à Macedônia e, finalmente, a um grupo de mulheres que já se reunia para orar. Parece até que a fidelidade das mulheres na oração foi um ímã que atraiu o Espírito de Deus. Nesta semana, convide algumas amigas para orar com você. Reúnam-se em sua casa ou encontrem um "santuário verde" ao ar livre. Cantem hinos e peçam a Deus que promova um novo derramamento de seu Espírito na igreja, no lar, no bairro e no país de vocês. Orem por uma aceitação em massa do evangelho. Talvez Deus crie um "rebuliço" em sua cidade em decorrência de suas orações.

> *Senhor, as Escrituras dizem que habitas nos louvores de teu povo. Vem, agora, habitar conosco enquanto buscamos tua face. Permite que o vento renovado de teu Espírito Santo venha sobre nós. Que nossas igrejas, nossos lares e nossos bairros se tornem lugares de oração, sacudindo o mundo à nossa volta de modo que todos venham a te glorificar.*

Priscila

SEU NOME, DIMINUTIVO DE "PRISCA", SIGNIFICA *"digna" ou "respeitável"*

SEU CARÁTER: Uma das primeiras missionárias e líderes da igreja primitiva, em companhia de seu marido, Áquila, arriscou a vida pelo apóstolo Paulo. Priscila era uma mulher cuja maturidade espiritual e compreensão da fé ajudaram a edificar a igreja primitiva.

SEU SOFRIMENTO: Sofrer oposição ao evangelho tanto de judeus como de gentios.

SUA ALEGRIA: Proclamar o evangelho e apoiar a igreja.

TEXTOS-CHAVE: Atos 18—19; Romanos 16.3-4; 1Coríntios 16.19; 2Timóteo 4.19.

SEGUNDA-FEIRA • *Sua história*

"Como é bom ter Paulo de volta", ela pensou. Éfeso resplendia de entusiasmo pelo evangelho e a nova igreja tornava-se mais forte a cada dia que passava. A pregação e os milagres de Paulo haviam levado muitos a crer no evangelho. Até o toque de seu lenço curara doenças e livrara pessoas de espíritos malignos.

Priscila não pôde conter o riso quando ouviu a história dos sete filhos de Ceva, exorcistas judeus que tentaram reproduzir tais prodígios expulsando um espírito maligno com uma invocação mágica:

— Em nome de Jesus, a quem Paulo prega, eu lhes ordeno que saiam!

O espírito, porém, simplesmente zombou deles:

— Jesus eu conheço, Paulo, eu sei quem é; mas vocês, quem são?

O homem que eles estavam tentando libertar espancou-os com tal violência que eles fugiram da casa, nus e sangrando.

Os efésios ficaram tão impressionados com o ocorrido que vários feiticeiros fizeram uma fogueira para queimar seus livros em público. Suas fórmulas mágicas e encantamentos pareciam inúteis diante do poder superior de Jesus.

Apesar do progresso do evangelho, Priscila notou uma crescente oposição. Certo dia, ouviu os ruídos de uma multidão se formando nas ruas. Um ourives gritava para outros profissionais que ganhavam seu sustento vendendo miniaturas da deusa Ártemis:

> Senhores, vocês sabem que temos uma boa fonte de lucro nesta atividade, e estão vendo e ouvindo como este indivíduo, Paulo, está convencendo e desviando grande número de pessoas aqui em Éfeso e em quase toda a província da Ásia. Diz ele que deuses feitos por mãos humanas não são deuses. Não somente há o perigo de nossa profissão perder sua reputação, mas também de o templo da grande deusa Ártemis cair em descrédito e de a própria deusa, adorada em toda a província da Ásia e em todo o mundo, ser destituída de sua majestade divina.
>
> Atos 19.25-27

Formou-se, então, um tumulto e a multidão agarrou dois companheiros de Paulo. Priscila ficou aflita quando Paulo insistiu em falar com os amotinados. Tinha certeza de que tal ousadia só provocaria maior violência. Com a ajuda do marido, conseguiu detê-lo até que uma autoridade do governo acalmasse a multidão, que se dispersou. Cessado o tumulto, Paulo partiu para levar o evangelho à Macedônia.

Embora descreva o motim em Éfeso, Atos não menciona se Priscila ou Áquila estavam de fato presentes, mas só que alguns discípulos impediram Paulo de participar da desordem, possivelmente salvando-lhe a vida. Uma vez que Priscila e o marido eram líderes da igreja em Éfeso, é bem provável que estivessem entre aqueles que interferiram em favor de Paulo.

A fé de Priscila havia sido plantada anos antes num ambiente de conflito e de controvérsia, primeiro em Roma e mais tarde em Corinto. Este último era um centro comercial famoso por sua inclinação para o vício e lugar pouco adequado para alimentar a fé de um novo cristão. Todavia, foi para lá que Deus a enviou com o marido, Áquila, depois que Cláudio expulsou os judeus de Roma, em 49 d.C., cansado das brigas constantes deles a respeito de Cresto (uma provável referência a Cristo).

Embora vários deuses fossem adorados em Corinto, nenhum era tão popular quanto Afrodite, a deusa grega do amor, cujo templo, em certa época, gabava-se de possuir mais de mil prostitutas sagradas. Em todo o império, a expressão "mulher de Corinto" era apenas outro nome para "prostituta".

Depois de permanecer em Corinto por cerca de um ano, o casal conheceu um homem que os envolveria em mais controvérsias. Paulo de Tarso era um judeu que perseguira impiedosamente os seguidores de Jesus até o dia de sua dramática conversão. Nos últimos tempos, viajara pela Ásia Menor e Macedônia, pregando o evangelho por onde andava. Ao chegar a Corinto, Paulo provavelmente conheceu o casal em razão de sua profissão em comum — fabricantes de tendas. Priscila e Áquila convidaram o apóstolo para permanecer em sua casa e trabalhar com eles.

Como sempre, Paulo pregou o evangelho primeiro na sinagoga local e depois aos gentios. Passados dezoito meses, os judeus de Corinto se levantaram e o arrastaram até o procônsul para acusá-lo de divulgar uma religião ilícita. Retirada a acusação, Paulo navegou para Éfeso levando Áquila e Priscila com ele.

Os três missionários devem ter ficado ansiosos por ver uma cidade de importância equivalente a Roma, Corinto, Antioquia e Alexandria. Capital da província da Ásia, Éfeso possuía um templo dedicado a Ártemis (também chamada Diana) tão grande que era considerado uma das sete maravilhas do mundo antigo. Pouco tempo depois, Paulo seguiu para outros portos, deixando o casal para trás com a missão de dirigir a igreja que se reunia na casa deles.

Em breve, outro judeu chegou a Éfeso, pregando eloquentemente sobre Jesus aos judeus da cidade. Mas Apolo, natural de Alexandria, só entendera uma parte do evangelho, mais de acordo com a mensagem de João Batista que com a de Jesus. Em vez de denunciá-lo por sua apresentação inadequada, Priscila e Áquila simplesmente o chamaram de lado e o instruíram na fé. Fizeram, na verdade, um trabalho tão bom que, com o passar do tempo, os cristãos de Éfeso enviaram o pregador talentoso a Corinto, onde ele deu continuidade à obra iniciada por Paulo.

Priscila deve ter sido uma mulher espiritualmente madura, cujos dons incluíam o espírito de liderança. Seu nome precede o de Áquila em quatro das seis vezes em que o casal é mencionado no Novo Testamento, provavelmente indicando sua maior habilidade como líder ou talvez porque a posição social de sua família fosse mais elevada que a da dele. Qualquer que seja o caso, o papel de Priscila ao instruir Apolo e ao dirigir a primeira igreja é digno de nota.

Ela e Áquila foram os melhores amigos que Paulo poderia ter tido, ajudando-o a organizar a igreja e arriscando a vida por ele. Paulo menciona a coragem do casal em uma de suas cartas, sem, no entanto, descrever as circunstâncias.

Em vez de murchar no solo da controvérsia, a fé de Priscila parecia florescer. Ela ajudou a estabelecer a igreja primitiva num ambiente hostil, pondo a própria vida em perigo em prol do evangelho que amava.

TERÇA-FEIRA • *Sua vida e sua época*

Fabricação de tendas

Embora as tendas sejam mencionadas muitas vezes na Bíblia, a habilidade necessária para o ofício só é mencionada uma vez, em Atos 18. Uma vez que tinham a mesma profissão, Paulo ficou morando e trabalhando com Áquila e Priscila, pois eram fabricantes de tendas (v. 3).

Na época do Novo Testamento, os israelitas moravam em povoados e cidades. Não viviam mais como nômades, precisando mudar suas tendas de um lugar para outro. Mas as tendas ainda eram usadas por comerciantes e viajantes, assim como por alguns povos do deserto, no Oriente Próximo, que continuavam a morar nelas. De fato, alguns povos que vivem no deserto habitam em tendas até hoje.

Naqueles dias, as tendas eram feitas de um tecido resistente de pelo de cabra. As peças de tecido eram costuradas para formar tendas, algumas redondas e em declive, outras retangulares. Eram sustentadas por postes, com cordas esticadas até as estacas cravadas no solo, que mantinham os postes e o tecido firmes no lugar. Tapetes de papiro ou de pelo de cabra formavam cortinas laterais e paredes internas, para separar as pessoas umas das outras ou de seus animais.

Paulo era natural de Tarso, cidade importante da Cilícia, uma província conhecida pela produção de tecido de pelo de cabra de qualidade superior. Os pais judeus levavam a sério a responsabilidade de ensinar um ofício aos filhos, e os pais de Paulo não foram exceção à regra. O apóstolo aprendeu o ofício de fazer tendas, e fez uso dele em algumas ocasiões para sustentar-se durante seu ministério.

Embora Paulo fosse fabricante de tendas, sua habilidade talvez tenha sido usada para fazer outras coisas além de tendas. Na cultura daquela época, o mercado de tendas era pequeno. Em vez de tendas, pode ser que ele tenha se dedicado à fabricação de produtos ou roupas de couro.

Quando pensamos em Paulo, geralmente nos lembramos de suas grandes aventuras missionárias. É raro pensarmos nele como praticante de um ofício que exigia que trabalhasse mais com as mãos que com sua mente ágil e capaz. Acima de tudo, a tarefa de Paulo como fabricante de tendas revela a natureza sagrada de todo trabalho, quer seja apreciado por nossa cultura quer não. Todo trabalho é valioso e digno aos olhos de Deus, e todo trabalho deve ser feito "de todo o coração, como para o Senhor, e não para os homens [...]. É a Cristo, o Senhor, que vocês estão servindo" (Cl 3.23-24).

QUARTA-FEIRA • *Seu legado nas Escrituras*

Leia Atos 18.1-28.

1. De acordo com o versículo 2, como era a vida de uma mulher judia no império romano?
2. Faça uma lista de tudo o que esse capítulo diz que Priscila fez para proclamar o evangelho.
3. Que impressão você tem de Priscila como pessoa?

Leia Romanos 16.3-5.

4. O que mais você aprendeu sobre o serviço de Priscila nessa passagem?
5. Em sua opinião, que papel Deus deseja que você desempenhe na proclamação do evangelho?

QUINTA-FEIRA • *Sua promessa*

As Escrituras não relatam exatamente qual foi o papel desempenhado por Priscila nas circunstâncias descritas no Novo Testamento. Será que ela atuava diretamente no ensino do evangelho? Ou exercia atividades de apoio?? No entanto, o fato de seu nome aparecer sempre junto com o do marido nos diz algo: Priscila foi uma discípula valiosa, alguém que fez diferença na vida de Paulo e em seu mundo.

Seja qual for seu papel como mulher em sua igreja, exercendo atividades de apoio ou de liderança, fique certa de que seu trabalho é importante. Cada tarefa — não importa se pequena ou grande — tem seu papel na propagação do evangelho. Você faz parte da comunidade de sua igreja, e Deus promete usá-la.

Promessas nas Escrituras

> Quando Priscila e Áquila [...] ouviram [Apolo], convidaram-no para ir à sua casa e lhe explicaram com mais exatidão o caminho de Deus.
>
> Atos 18.26

> Saúdem Trifena e Trifosa, mulheres que trabalham arduamente no Senhor. Saúdem a amada Pérside, outra que trabalhou arduamente no Senhor. Saúdem Rufo, eleito no Senhor, e sua mãe, que tem sido mãe também para mim.
>
> Romanos 16.12-13

> Sim, peço a você, leal companheiro de jugo, que [...] ajude [Evódia e Síntique]; pois lutaram ao meu lado na causa do evangelho.
>
> Filipenses 4.3

SEXTA-FEIRA • *Seu legado de oração*

> Saúdem Priscila e Áquila, meus colaboradores em Cristo Jesus. Arriscaram a vida por mim. Sou grato a eles; não apenas eu, mas todas as igrejas dos gentios.
>
> Romanos 16.3-4

MEDITE: Atos 18.18-28.

LOUVE A DEUS: Por planejar que tanto os homens como a mulheres fossem parte central de seu plano de salvação.

AGRADEÇA: A vida das mulheres cuja fé alimentou a sua.

CONFESSE: Qualquer tendência de viver sua fé com indiferença, limitando a maneira como Deus quer usar você.

PEÇA A DEUS: Que não a deixe temer as controvérsias produzidas por uma vida fiel.

Eleve o coração

A felicidade não se compra é um filme que conta a história emocionante da visita de um anjo a George Bailey, na véspera de Natal, que cura sua depressão suicida, mostrando-lhe como sua vida havia sido valiosa. A verdade é que a maioria de nós exerce influência na vida de outras pessoas de maneira mais positiva que imaginamos, especialmente se pertencemos a Cristo. Embora a maioria de nós não encontre um anjo que conte a história de nossa vida do ponto de vista do céu, podemos pedir encorajamento a Deus, lembrando que todo bem que tenhamos feito foi realizado mediante sua graça.

Este é um exercício prático de visualização dos efeitos positivos de sua fé: pense nos cristãos como se fossem pedras atiradas num lago — o propósito da vida de cada cristão é gerar ondas de propagação para que outras pessoas sintam a influência de nossos dons e de nossa fé. Nesta semana, passe alguns momentos de joelhos ou em sua poltrona favorita e feche os olhos. Imagine-se como uma pedra na mão de Deus. Observe-o atirá-la na água. Que tipo de ondulações vê? Grandes ou pequenas? Talvez seu marido seja cristão porque você compartilhou sua fé com ele. Talvez sua filha sua tenha aceitado o perdão de Deus porque você lhe perdoou primeiro. Deus pode ter usado você para levar justiça a uma situação de grande injustiça.

Seja agradecida a Deus pelas ondas geradas por sua vida, mesmo que o círculo de sua influência ainda pareça bem pequeno. Quando se atira uma pedra comum na água, isso gera círculos passageiros; ao contrário desses círculos, o efeito da fé não precisa acabar enquanto você viver. Ore para que Deus forme ondas com a sua fé, ondas fortes que cheguem até a sacudir os barcos que encontrarem.

Pai, não quero ficar estagnada, professando minha fé em ti, mas agindo como se tudo de bom na vida viesse do mundo ao meu redor. Capacita-me a ser como Priscila, cuja fé aumentou apesar das circunstâncias. Permite que os efeitos de minha fé possam edificar tua Igreja.

Apêndices

Todas as mulheres da Bíblia

Abia 1 1Cr 2.24
Abia 2 2Rs 18.2; 2Cr 29.1
Abiail 1 Nm 3.35
Abiail 2 1Cr 2.29
Abiail 3 2Cr 11.18
Abigail 1 1Sm 25; 2Sm 3.3
Abigail 2 2Sm 17.25; 1Cr 2.16-17
Abisague 1Rs 1.1-4, 15; 2.13-25
Abital 2Sm 3.4; 1Cr 3.3
Acsa Js 15.16-19; Jz 1.12-15; 1Cr 2.49
Ada 1 Gn 4.19-23
Ada 2 Gn 36.2,4,10,12,16
Adoradora de deus estranho Ml 2.11 (ARA)
Áfia Fm 1.2
Ainoã 1 1Sm 14.50
Ainoã 2 1Sm 25.43; 27.3; 30.5; 2Sm 2.2; 3.2; 1Cr 3.1
Alai 1Cr 2.31,34
Ama de Joás 2Rs 11.2-3; 2Cr 22.11
Ama de Mefibosete 2Sm 4.4
Ana (mãe de Samuel) 1Sm 1—2
Ana (profetisa) Lc 2.36-38
Aquela que está em Babilônia 1Pe 5.13
Ártemis At 19.24-41
Atalia 2Rs 8.26; 11; 2Cr 22.2,10-11; 23.12-15; 24.7
Atara 1Cr 2.26
Azenate Gn 41.45-50; 46.20
Azuba 1 1Cr 2.18-19
Azuba 2 1Rs 22.42; 2Cr 20.31
Baara 1Cr 8.8
Basemate 1 Gn 26.34; 36.3,4,10,13,17
Basemate 2 1Rs 4.15
Bate-Seba 2Sm 11.1—12.25; 1Rs 1—2.25; 1Cr 3.5
Berenice At 25.13-14,23; 26.30
Bila Gn 29.29; 30.3-7; 37.2; 46.25; 1Cr 7.13
Bitia 1Cr 4.18
Candace At 8.27
Claudia 2Tm 4.21
Cloe 1Co 1.11
Concubina do levita Jz 19.1-10, 20-30
Cortejo de virgens Sl 45.14-15
Cosbi Nm 25.6-18
Criada (na negação de Pedro) Mt 26.69-71; Mc 14.66-69; Lc 22.56-59; Jo 18.16-17
Dalila Jz 16.1-22
Dâmaris At 17.34
Débora (ama de Rebeca) Gn 24.59; 35.8
Débora (profetisa) Jz 4—5
Dez concubinas de Davi 2Sm 15.16; 16.21-22; 20.3
Dez virgens Mt 25.1-12
Diná Gn 30.21; 34; 46.15
Dorcas (Tabita) At 9.36-43
Drusila At 24.24
Duas mães prostitutas 1Rs 3.16-28
Duas mulheres com asas Zc 5.5-11
Efá 1Cr 2.46
Efrate 1Cr 2.19,50; 4.4
Eglá 2Sm 3.5; 1Cr 3.3
Eliseba Êx 6.23
Ester Et 2—9
Eunice (mãe de Timóteo) At 16.1; 2Tm 1.5
Eva Gn 2.1—4.2; 2Co 11.3; 1Tm 2.13-14
Evódia Fp 4.2
Febe Rm 16.1-2
Filha de Barzilai Ne 7.63-64
Filha de Herodias (Salomé 1) Mt 14.6-11; Mc 6.22-28

Mulheres da Bíblia em ordem alfabética

Abigail
Ana
Ana, a profetisa
Atalia
Bate-Seba
Dalila
Débora
Dorcas
Ester
Eva
Filha do faraó, a
Gômer
Hagar
Herodias
Hulda
Isabel
Jael
Jeoseba
Jezabel
Joana
Joquebede
Lia
Lídia
Maria de Betânia
Maria Madalena
Maria, mãe de Jesus
Marta
Mical
Miriã
Mulher com hemorragia, a
Mulher de En-Dor, a
Mulher de Ló, a
Mulher de Potifar, a
Mulher de Provérbios 31, a
Mulher pecadora, a
Mulher sábia de Abel-Bete-Maaca, a
Mulher siro-fenícia, a
Noemi
Priscila
Raabe
Rainha de Sabá,
Raquel
Rebeca
Rizpa
Rute
Salomé, mãe de Tiago e João
Samaritana, a
Sara
Sulamita, a
Sunamita, a
Tamar, filha do rei Davi
Tamar, nora de Judá
Viúva com duas moedas, a
Viúva de Sarepta, a

Cronologia das mulheres da Bíblia

a.C. | 2000 | 1500 | 1000 | 500 | 1 d.C. | 500

Eva
Mulher de Noé
Sara
Mulher de Ló
Hagar
Rebeca
Lia
Raquel
Mãe de Moisés
Miriã
Raabe
Débora (1225)
Ana
Mãe de Sansão
Dalila
Noemi
Rute
Mical
Abigail
Bate-Seba
Rainha de Sabá
Jezabel
Viúva de Sarepta
Atalia
Sunamita
Gômer
Vasti
Ester
Ana
Isabel
Maria
Maria Madalena
Maria de Betânia
Marta
Mulher à beira do poço
Mulher adúltera
Safira
Dorcas
Rode
Lídia
Priscila
Lóide
Eunice

As mulheres da árvore genealógica de Jesus

Abraão (Sara)
Isaque (Rebeca)
Jacó (Lia)
Judá (Tamar)
Perez (desconhecida)
Esrom (desconhecida)
Arão (desconhecida)
Aminadabe (desconhecida)
Naassom (desconhecida)
Salmom (Raabe)
Boaz (Rute)
Obede (desconhecida)
Jessé (desconhecida)
Davi (Bate-Seba)
Salomão (Naamá)
Roboão (Maaca)
Abias (desconhecida)
Asa (Azuba)
Josafá (desconhecida)
Jorão (Atalia)
Uzias (Jerusa)
Jotão (desconhecida)
Acaz (Abia)
Ezequias (Hefzibá)
Manassés (desconhecida)
Amom (Jedida)
Josias (Zebida)
Jeconias (desconhecida)
Salatiel (desconhecida)
Zorobabel (desconhecida)
Abiúde (desconhecida)
Eliaquim (desconhecida)
Azor (desconhecida)
Sadoque (desconhecida)
Aquim (desconhecida)
Eliúde (desconhecida)
Eleazar (desconhecida)
Matã (desconhecida)
Jacó (desconhecida)
José (Maria)

JESUS

Mulheres no ministério e na vida de Jesus

JESUS E...	O QUE ACONTECE	ESCRITURAS
Maria, sua mãe	Ama-o como seu filho e Salvador.	Mt 1—2; 12.46-50 Mc 3.31-35 Lc 1—2; 8.19-21 Jo 2.1-11; 19.25 At 1.14
Isabel	Dá à luz o precursor de Jesus.	Lc 1.5-80
Ana	Louva a Deus pelo menino Jesus.	Lc 2.36-38
Mulher à beira do poço	Crê que Jesus é o Messias.	Jo 4.1-42
Sogra de Pedro	Jesus a cura.	Mt 8.14-15 Mc 1.29-31 Lc 4.38-39
Viúva de Naim	Jesus ressuscita o filho dela.	Lc 7.11-17
Mulher pecadora na casa de Simão	Lava os pés de Jesus com suas lágrimas.	Lc 7.36-50
Joana	Sustenta Jesus financeiramente.	Lc 8.1-3; 23.55; 24.10
Susana	Ajuda Jesus em seu ministério.	Lc 8.1-3
Mulher com hemorragia	É curada quando toca em Jesus.	Mt 9.20-22 Mc 5.25-34 Lc 8.43-48
Filha de Jairo	Jesus a ressuscita.	Mt 9.18-26 Mc 5.21-43 Lc 8.41-56
Mulher siro-fenícia	Jesus atende à sua súplica.	Mt 15.21-28 Mc 7.24-30

Mulher surpreendida em adultério	Jesus a salva e ordena que não peque mais.	Jo 8.1-11
Maria de Betânia	Senta-se aos pés de Jesus.	Lc 10.38-42 Jo 11; 12.1-8
Marta	Jesus põe as prioridades dela em ordem.	Lc 10.38-42 Jo 11; 12.1-2
Mulher na multidão	Abençoa a mãe de Jesus em alta voz.	Lc 11.27-28
Mulher encurvada	Jesus a cura.	Lc 13.10-13
Mãe de Tiago e João	Pede um favor a Jesus, e ele a repreende.	Mt 20.20-28; 27.56 Mc 15.40-41; 16.1-2
Viúva com duas moedas	Dá um exemplo de generosidade aos discípulos.	Mc 12.41-44 Lc 21.1-4
Filhas de Jerusalém	Choram enquanto Jesus caminha para a morte.	Lc 23.27-31
Mulheres no Calvário	Choram ao ver Jesus morrer.	Mt 27.55
Maria, mãe de Tiago e José	Ajuda a cuidar de Jesus.	Mt 27.56,61;28.1 Mc 15.40-41,47;16.1 Lc 13.10; Jo 19.25
Maria Madalena	Segue Jesus fielmente.	Mt 27.56; 28.1 Mc 15.40-47; 16.1-11 Lc 8.1-10; 24.10 Jo 19.25; 20.1-18

Anotações

Anotações

Anotações

Compartilhe suas impressões de leitura,
mencionando o título da obra, pelo e-mail
opiniao-do-leitor@mundocristao.com.br
ou por nossas redes sociais

Esta obra foi composta com tipografia Archer
e impressa em papel Pólen Natural 70 g/m² na gráfica Eskenazi